A Dieta Galveston

Dra. Mary Claire Haver

A Dieta Galveston

Um plano médico testado e aprovado para queimar gordura e controlar os sintomas hormonais

Escolha sempre alimentos anti-inflamatórios

Ajuste os macronutrientes da sua dieta

Repense a sua janela de alimentação

EDITORA ALAÚDE
Rio de Janeiro, 2024

A Dieta Galveston

ISBN: 978-85-7881-731-2

Impresso no Brasil — 1ª Edição, 2024 — Edição revisada conforme o Acordo Ortográfico da Língua Portuguesa de 2009.

Nenhum livro pode substituir a experiência diagnóstica e o aconselhamento médico de um médico de confiança. Por favor, certifique-se de consultar seu médico antes de tomar qualquer decisão que afete sua saúde, especialmente se você sofrer de qualquer condição médica ou apresentar quaisquer sintomas que possam necessitam de tratamento.

Dados Internacionais de Catalogação na Publicação (CIP)
(BENITEZ Catalogação Ass. Editorial, MS, Brasil)

H322d
1.ed. Haver, Marie Claire
A Dieta Glaveston : um plano médico testado e aprovado para queimar gordura e controlar os sintomas hormonais / Dra Marie Claire Haver. – 1.ed. – Rio de Janeiro : Alaúde, 2024.
256 p.; 15,7 x 23 cm.

ISBN 978-85-7881-731-2

1. Alimentação saudável. 2. Dieta emagrecimento. 3. Hormônios – Aspectos fisiológicos. 4. Medicina e saúde. 5. Qualidade de vida. I. Título.

08-2024/209 CDD 613.25

Índice para catálogo sistemático:
1. Dieta de emagrecimento : Nutrição : Promoção da saúde 613.25

Aline Graziele Benitez – Bibliotecária – CRB-1/3129

Produção Editorial: Grupo Editorial Alta Books
Diretor Editorial: Anderson Vieira
Editor da Obra: Ibraíma Tavares
Vendas Governamentais: Cristiane Mutüs
Gerência Comercial: Claudio Lima

Produtora Editorial: Gabriela Paiva
Tradução: Edite Siegert
Copidesque: Rafael de Oliveira
Revisão: Paulo H. de Aragão
Diagramação: Rita Motta
Capa: Lorrahn Candido
Revisão Técnica: Estúdio AB Aeterno

ALTA BOOKS
GRUPO EDITORIAL

Rua Viúva Cláudio, 291 — Bairro Industrial do Jacaré
CEP: 20.970-031 — Rio de Janeiro (RJ)
Tels.: (21) 3278-8069 / 3278-8419
www.altabooks.com.br — altabooks@altabooks.com.br
Ouvidoria: ouvidoria@altabooks.com.br

Editora **afiliada à:**

Para cada paciente, amiga, colega de trabalho, aluna e seguidora que me disse:
"Ajude-me, não entendo o que está acontecendo comigo."

SUMÁRIO

INTRODUÇÃO

Do primeiro ao último dia de vida, nosso corpo muda constantemente. Isso faz parte do envelhecimento — um processo natural do qual ninguém escapa. As mudanças que ocorrem nas mulheres de meia-idade são únicas e, muitas vezes, perturbadoras. De repente, sintomas estranhos como ondas de calor e um acúmulo de gordura na região abdominal nos afligem. Nossa pele fica mais ressecada e enrugada. É possível que sintamos dores nas articulações, queda de cabelo, dores de cabeça, distensão abdominal e agravamento da ansiedade ou da depressão. Dormir fica difícil. A relação sexual pode provocar dor. Pequenas coisas nos irritam.

Muitos desses sintomas podem estar ocorrendo agora, mas saiba que você não está sozinha Vou lhe apresentar alguém que sabe exatamente pelo que você está passando: eu.

Aos 40 e tantos anos, eu era uma médica, mãe e esposa ocupada. Meu principal problema de saúde era a síndrome do ovário policístico (SOP), um quadro causado pela resistência à insulina, que não consegue realizar sua função de transportar a glicose para o interior das células e gerar energia. Essa síndrome provoca ciclos menstruais irregulares, acne, infertilidade, cistos ovarianos e surgimento de pelos indesejáveis.

Cerca de uma em cada dez mulheres em idade fértil tem SOP. A maioria (aproximadamente 70%) tem excesso de peso ou é obesa, mas eu me encontrava entre os 30% com peso normal. Felizmente, a SOP é tratável e, no meu caso, a ingestão de hormônios foi de grande ajuda.

De repente, aconteceu uma morte na família; perdi meu irmão, Bob, por insuficiência hepática. Fiquei desesperada. Ele era o tio predileto de minhas filhas, uma pessoa divertida e criativa com quem eu tinha uma ligação especial.

Éramos parceiros de dança quando mais jovens, e vencemos competições em toda a Louisiana. Quando ele morreu, fiquei arrasada e senti uma dor terrível.

O sofrimento faz coisas estranhas com a gente. No meu caso, ele me levou à compulsão alimentar. Todas as noites, após longos plantões na clínica, eu ficava diante da despensa devorando montes de bolachas. E as engolia com várias taças de vinho. Rapidamente engordei 10 quilos. Eu parecia outra pessoa e me sentia horrível.

Meus conhecimentos médicos me diziam que, na minha idade, era hora de parar por um período com os hormônios que estava tomando por conta da SOP. Então, conversei com meu médico e concordamos que eu faria isso.

Porém, tomar hormônios ocultava os sintomas da pré-menopausa, que ocorrem na meia-idade e, duas semanas depois de interromper o uso, tudo mudou bruscamente — para pior. Eu tinha ondas de calor e parecia queimar de dentro para fora. Depois, vieram as noites insones e, o mais preocupante: a sensação de confusão e esquecimento, que chamamos de "névoa mental". Meus cabelos longos e espessos começaram a cair a cada escovada. Minha pele estava ressecada dos pés à cabeça e tive de mudar minha rotina de cuidados para mantê-la hidratada. Meu corpo doía tanto que brinquei com uma amiga que eu daria meu primogênito em troca de alívio. O período do sono tornou-se um looping de acordar diversas vezes durante a noite — primeiro, encharcada de suor, e depois, com um frio intenso quando a onda de calor passava.

Eu sabia que estava atravessando um período de mudanças hormonais — a pré-menopausa —, mas os sintomas que sentia eram tão intensos que realmente me assustei. Tudo isso *mais* o aumento de peso? Eu estava péssima.

Então, ouvi a voz de Bob em minha cabeça: "Garota, não sofra mais com isso. Você entrou nessa sozinha e você pode sair dessa sozinha."

Primeiro, cuidei do meu peso. Fiz exatamente o que os médicos sempre aconselham: comer menos, exercitar-se mais.

De certa forma, meus esforços deram resultado. Perdi uns 2 quilos, mas foi só. E o peso tornava a aumentar. Eu passava fome e me exercitava obsessivamente, mas quase não perdia peso. Era muito frustrante. Eu queria me recuperar, mas nada que fazia ou tentava surtia efeito.

Dei-me conta de que lutava com os mesmos problemas de peso que muitas de minhas pacientes me relatavam. Elas se sentavam em meu consultório, muitas vezes amassando o avental descartável, e me pediam conselhos sobre perder peso, frustradas com o fato de terem mudado a alimentação e os hábitos de exercício e, mesmo assim, verem o ponteiro da balança avançar na direção errada. Eu passava os minutos seguintes falando sobre o poder da combinação de dietas e exercícios. Mas, para a maioria das mulheres na meia-idade, o que eu tinha aprendido e tinha funcionado para mim, não funcionava. Elas já lutavam há anos para se livrar do peso que teimava em não mudar. Infelizmente, tive de passar pelo mesmo problema para mudar de tom, essa é a verdade. Quando meus bons conselhos não me ajudaram, ocorreu-me que eu estava fazendo algo errado.

Assim, atirei-me em pesquisas de controle de peso e metabolismo humano — especificamente as relacionadas às mulheres. A faculdade de medicina e a residência em ginecologia e obstetrícia me ensinaram que "ingerir calorias/eliminar calorias" era a única maneira de controlar o peso, mas tinha de haver outras. Eu não tinha todas as respostas, mas as queria — para me sentir melhor e, também, orientar e ensinar mulheres como atingir o peso, o nível de energia e a boa saúde que elas querem e merecem. Eu ansiava por entender por que temos tanta dificuldade em perder e manter o peso, principalmente quando nos aproximamos da meia-idade e ingressamos nela.

Minha grande paixão por encontrar respostas, combinada à motivação e à determinação, me levou a lugares inesperados e empolgantes.

Três temas surgiram nas pesquisas: jejum intermitente, alimentação anti-inflamatória para auxiliar a controlar as mudanças hormonais, e a nova e importante ciência da relação correta entre proteína, carboidratos e gordura que precisamos ingerir para queimar calorias.

Seriam eles o segredo?

Decidi criar um plano usando esses três princípios. Foi então que minha jornada individual para a saúde começou. Experimentei a nova dieta que criei antes. Concentrei-me primeiro no tempo e, depois, aos poucos, iniciei um jejum intermitente. Depois de dominar esses aspectos, foquei o conteúdo: comecei a ingerir mais proteínas e fibras. Usei azeite de oliva, abacate, castanhas e sementes como principais fontes de gordura. Afastei-me de carboidratos refinados e processados (chega de bolachas!). Limitei alimentos e ingredientes como corantes e sabores artificiais que causam inflamação e prejudicam o funcionamento do intestino. E *nunca contei calorias.* Em seguida, ajustei melhor as porcentagens dos macronutrientes para prover mais gordura, moderar as quantidades de proteína e reduzir os carboidratos.

Em alguns meses, perdi aqueles 10 quilos — principalmente na região abdominal. Fiquei eufórica, mas logo me dei conta de que a perda de peso era apenas um agradável efeito colateral. Mais importante, eu me sentia mais saudável, mais forte e mais disposta. As ondas de calor diminuíram drasticamente e eu estava dormindo melhor.

Eu estava no caminho certo, então, pedi a minhas amigas que experimentassem o método. Assim como eu, elas se surpreenderam com os quilos e centímetros que estavam perdendo. E o melhor de tudo, elas concordaram que era fácil. Não sentíamos fome o tempo todo. Não tínhamos desejos incontroláveis. Nem sensações de privação ou proibição.

Em seguida, fiz cópias desse plano de três níveis e as entreguei às minhas pacientes. Os resultados foram os mesmos: perda de peso, sintomas de menopausa mais brandos e aumento de energia. Além disso, elas mantinham o peso, algo que nunca tinham conseguido fazer em nenhuma dieta anterior.

Depois de ver essas histórias de sucesso, senti que era hora de compartilhar meu plano com um público mais amplo. Lancei o programa inicial no Facebook, gratuitamente, e pedi a voluntárias que o experimentassem. Então soube que as pessoas estavam tendo uma perda de peso significativa, inclusive de gordura abdominal. Assim, quis que mais pessoas tivessem acesso a esse segredo e vivenciassem o mesmo sucesso.

Formalizei o plano e o disponibilizei para um público ainda maior por meio de um programa online. Sem certeza do que aconteceria, notei que as mulheres começaram a se inscrever no programa, uma semana após a outra, e entramos em plena atividade. Admito que me surpreendi com a popularidade que o plano conquistou em tão pouco tempo. Era a dieta médica de que todos falavam.

As inscrições cresceram ainda mais e, até hoje, o plano ajuda dezenas de milhares de mulheres a perder os quilos indesejados, reduzir a medida da cintura e melhorar a saúde.

Dei à dieta o nome de Galveston, uma cidade litorânea no Texas. Embora não tenha nascido lá, meu marido e eu criamos nossas filhas nessa cidade. Eu a considero meu lar e foi onde passei a maior parte de minha carreira médica. Agora, ela é o berço de *A Dieta Galveston*!

Depois de o programa deslanchar, ansiei aumentar meus conhecimentos sobre nutrição. Eu me inscrevi no famoso Programa de Medicina Culinária da Universidade de Tulane, na Louisiana. Ele ensina e treina médicos e outros profissionais da área médica a compreender e aplicar princípios de nutrição clínica de modo prático. Dessa forma, ajudamos nossos pacientes com modificações alimentares que melhoram sua saúde.

Em 2019, depois de sessenta horas de trabalhos no curso e muitas horas de prática em laboratório, recebi o Certificado de Especialista em Medicina Culinária. A experiência solidificou e confirmou que eu estava no caminho certo com o que tinha desenvolvido para *A Dieta Galveston*, especialmente a importância da nutrição anti-inflamatória. O curso também enfatizou algo que me marcou: *A nutrição é a medicação mais subutilizada, porém, a mais eficaz.*

Assim, aqui estou hoje, despretensiosa e agradecida pelo fato de tantas mulheres *finalmente* estarem atingindo o que sempre quiseram: um corpo maravilhosamente em forma por fora e incrivelmente saudável por dentro.

A Dieta Galveston e você

Este livro amplia meu programa online com novas informações e estratégias. Essas novas funcionalidades incluem ajuda para desintoxicar o corpo do açúcar, novos insights sobre questões da menopausa, a importância de certos nutrientes subvalorizados, aspectos recentes da ciência que revelam como os macronutrientes sustentam a saúde na meia-idade, receitas inéditas, planos de refeições totalmente novos, um plano de manutenção e outras informações que não podem ser obtidas online.

Mesmo que você tenha se aplicado no programa online, este livro será um guia e um recurso útil enquanto continua a jornada da Dieta Galveston. Caso não conheça o programa, seja bem-vinda! Agora você tem a oportunidade de obter uma experiência completa para atingir uma perda de peso de longo prazo e realizar uma transição feliz e saudável da pré-menopausa e menopausa para a pós-menopausa.

E, tanto para as alunas novas quanto para as remotas, este livro ajudará você a conhecer seu corpo e ensinará a tratá-lo como um amigo querido. Você atingirá paz de espírito, sabendo como criar hábitos que lhe darão alegria e uma saúde melhor, e que agirão em seu corpo para torná-la forte, esbelta e linda.

Meu plano não é uma dieta comum — um método de "21 ou 30 dias e pronto", que você vê com frequência por aí. Nada disso! Embora muitas mulheres tenham ingressado no programa para perder peso de modo seguro e contínuo, meu objetivo principal é que você o use todos os dias para *sempre* — e faça uma mudança total em seu estilo de vida.

Com esse objetivo em mente e mantendo-me fiel aos princípios que funcionaram tão bem para mim no início, planejei os três componentes de *A Dieta Galveston*. Basicamente, são ações promotoras de saúde que fazem o programa funcionar porque conduzem à formação de bons hábitos. Nascem a partir de ações, aprendizado e repetição, de modo que o comportamento se torne automático. Ou seja, você as realiza quase sem pensar. Para criar bons hábitos, você colocará estas três ações em prática ao mesmo tempo:

1. Jejum intermitente. Esta prática gera enormes benefícios para as mulheres em termos de equilíbrio hormonal, metabolismo e redução de inflamações. De todos os componentes do programa, este é o que muda a situação de modo notável para a maioria das mulheres. Elas me contaram que se sentiram melhor depois de aprender a jejuar de maneira intermitente.

Na Dieta Galveston, você fará algo chamado de "forma de jejum intermitente 16:8": 16 horas de jejum com uma janela de alimentação de 8 horas. Prefiro este método porque a janela de jejum ocorre durante a noite. Isso significa que você dorme a maior parte dessas 16 horas (o ideal é metade delas)! Assim, fica fácil criar o hábito.

2. Nutrição anti-inflamatória. Uma questão inerente a muitas doenças, a inflamação crônica desencadeia o ganho de peso. Mas esse ganho também desencadeia a inflamação, de modo que se alimentam mutuamente em um círculo descontrolado. A inflamação tende a piorar em mulheres à medida que envelhecem e experimentam flutuações hormonais causadas pela menopausa. Grande parte dos alimentos que ingerimos também não ajuda, porque cria inflamação em todo o corpo. No entanto, não precisa ser assim. Há muitos alimentos que realmente combatem inflamações. *A Dieta Galveston* se concentra em limitar alimentos pró-inflamatórios e aumentar os anti-inflamatórios.

3. Recuperação da energia. Para que a perda de peso seja consistente e você consiga mantê-la, o seu corpo precisa depender mais da gordura como fonte de energia, e não da glicose (que geralmente é proporcionada por dietas ricas em carboidratos). Se você não queimar toda a glicose presente em sua corrente sanguínea, o excesso fica armazenado no corpo em forma de gordura. Esse fato metabólico levou-me a criar um protocolo nutricional formado de 70% de gorduras saudáveis, 20% de proteínas magras e 10% de carboidratos de qualidade. Essa proporção realiza três feitos metabólicos importantes: ela encoraja o corpo a queimar gorduras; treina o corpo a romper a dependência do açúcar e dos carboidratos processados; e volta o foco de sua alimentação a fontes saudáveis de gorduras, proteína e carboidratos.

Mais tarde, quando você estiver pronta para iniciar a manutenção, eu lhe apresentarei o programa A Dieta Galveston para a vida, no qual você reduz gradativamente a porcentagem de gordura e aumenta a de carboidratos, por fim estabilizando em 40% de gordura, 20% de proteína e 40% de carboidratos para manter uma dieta bem-sucedida a vida toda.

Quando você estiver acostumada às três ações, o seu corpo começará a queimar gordura com mais facilidade e deixará de depositá-la em locais indesejáveis como seu abdome. Portanto, você pode perder uma grande quantidade de peso com o programa. Kelli é um bom exemplo. Ela iniciou a Dieta Galveston, se manteve firme por meses e acabou perdendo 50 quilos! A medida de sua cintura reduziu em 36 centímetros e a dos quadris em 24 centímetros. Porém, além da perda de peso, Kelli notou melhorias extraordinárias em seus padrões de sono, níveis de energia e função digestiva, além da redução de sintomas da menopausa como ondas de calor, ocasionando uma sensação maior de bem-estar geral.

O grande segredo para a Dieta Galveston ser tão eficaz é que os três componentes trabalhem em conjunto de modo sinérgico, proporcionando os melhores resultados. É preciso utilizar o jejum intermitente para reduzir a inflamação e começar a queimar gordura. Entretanto, não adianta jejuar e adotar uma dieta cheia de alimentos inflamatórios esperando queimar gordura de maneira contínua. Você precisa nutrir o seu corpo com uma grande variedade de alimentos anti-inflamatórios. E deve mudar o foco quanto às escolhas de macronutrientes para incluir mais gordura, quantidades moderadas de proteína e carboidratos saudáveis em sua alimentação.

Você quer saber quanto tempo essa dieta leva para lhe dar uma ótima saúde? Bem, a resposta é muito simples: não há um prazo determinado; cada pessoa perde peso e recupera a saúde em um ritmo diferente. Mas, mais importante que isso, lembre-se e entenda que a Dieta Galveston não é uma *dieta* no sentido comum da palavra. É um estilo de vida.

Por favor, não desanime pelo fato de ser um plano vitalício. Depois de aprender a viver e a comer da forma como proponho aqui, isso se torna sua segunda natureza e os antigos hábitos que prejudicam a saúde — como recorrer a fast-foods ou carboidratos ricos em açúcar o tempo todo — se tornarão parte do passado.

Sim, a Dieta Galveston começa com um plano de quatro semanas firmemente organizado para ajudá-la a mudar sua alimentação, mas isso é apenas o começo. Para ajudá-la a continuar com ela *para sempre*, você passará para o programa A Dieta Galveston para a vida, do qual falarei no capítulo final.

A maioria dos livros mostra planos nutricionais de curto prazo, sem orientação de o que fazer depois de segui-los durante várias semanas. Eles a deixam "no ar", tentada a voltar aos velhos hábitos alimentares prejudiciais (acompanhados da frustrante recuperação do peso!). Mas com esse programa de manutenção, isso não vai acontecer. Ele é um plano que mostra como recolocar mais alimentos anti-inflamatórios em seu estilo de vida, como mudar as porcentagens de macronutrientes para incluir menos gordura e mais carboidratos em sua alimentação e como usar o jejum intermitente como uma ferramenta poderosa de manutenção de peso.

Lembre-se de que a palavra *dieta* vem do grego, que significa "viver normalmente". Entretanto, hoje ela costuma estar ligada à redução de calorias, e até de grupos alimentares inteiros, para ajudar a perder peso em vez de ser uma forma de desfrutar os alimentos e a saúde. *A Dieta Galveston* a ajudará a perder peso de modo permanente, algo essencialmente importante para a saúde porque o sobrepeso contribui para muitas doenças crônicas graves nas mulheres. Mas a Dieta Galveston, acompanhada de seu plano de manutenção é, antes de tudo, um padrão de alimentação no sentido original da palavra — um modo de vida — que promove saúde duradoura.

Se você adotar a Dieta Galveston e mudar seu modo de vida, descobrirá, como eu, que a perda de peso é apenas um grande benefício. (A propósito, você pode adotar esse plano mesmo que esteja satisfeita com seu peso. Eu atingi um peso saudável e vivo assim.) Há muitos outros benefícios além da perda de peso: menos sintomas de menopausa, controle da glicemia, normalização dos valores de lipídios no sangue, sono de qualidade, melhor saúde intestinal, mais energia, pele mais macia etc. Você simplesmente se sentirá melhor, de modo geral. Lembre-se, *A Dieta Galveston* não é uma parada em sua jornada. Ela é a jornada! Pode haver altos e baixos. Talvez você recue um pouco antes de avançar, mas tudo bem. Esta é, de fato, uma jornada para a frente, e você está neste caminho para se cuidar. Assuma o compromisso firme de percorrê-lo e você verá a mudança em sua vida e em sua saúde. Estou muito feliz de acompanhá-la nesta jornada.

Dra. Mary Claire Haver

PARTE I

A PROMESSA

CAPÍTULO 1

Seu corpo em mudança, suas necessidades em mudança

Dizer que minha transição da pré-menopausa para a menopausa foi extenuante é pouco. Ela foi um inferno, puro e simples — com ondas de calor, suores noturnos, queda de cabelo, pele seca e ganho de peso. Eu estava mais do que pronta para pôr um fim em tudo.

Mas agora, quando relembro, vejo fatos que não estavam claros na época. Por exemplo, gostaria de ter sabido que os sintomas podem começar aos 30 anos, que se tivesse iniciado a terapia de reposição hormonal mais cedo poderia ter me sentido muito melhor, e que estados mentais como mau humor, depressão ou ansiedade não são sinônimos de loucura!

Sim, seu corpo está mudando, mas essa é uma parte normal da vida pela qual todas as mulheres passam — causada principalmente por oscilações hormonais. Esse período de mudanças físicas é categorizado por três etapas: pré-menopausa, menopausa e pós-menopausa. Nós as vivenciamos de forma única. Vejamos o que ocorre em cada etapa.

Pré-menopausa

Por volta dos 30 e poucos e início dos 40 anos, pode parecer que seu corpo está passando por uma metamorfose diante de seus olhos. Talvez você descubra — e fique irritada com isso — que suas roupas não lhe caem mais tão bem, mesmo sem nenhum ganho de peso. Sua pele fica mais seca. Algumas rugas ficam visíveis. Você parece e se sente mais cansada do que quando era mais jovem. É como ver uma estranha no espelho.

Se essas mudanças estão acontecendo com você, é muito provável que esteja entrando no primeiro estágio de oscilação hormonal — a pré-menopausa. Esse é um período natural de transição que começa muitos anos antes da menopausa. Ele pode durar de alguns meses a dez anos antes da menopausa e é a transição natural do corpo para produzir menos estrogênio. Quando seus ovários produzem menos estrogênio, a menstruação se torna irregular. É possível que falhe vez ou outra. E, no fim, seu ciclo menstrual cessará por completo. Depois de um ano sem menstruar, você terá atingido a menopausa.

Sintomas na pré-menopausa

Cada mulher vive esse período de maneira única. Algumas não apresentam nenhum sintoma ou apenas alguns mais brandos, enquanto outras exibem uma grande variedade de sintomas que podem ser bem intensos. Eles começam na pré-menopausa e continuam até a menopausa. Felizmente, quando você chega à pós-menopausa, os principais problemas desaparecem. Aqui estão os sintomas que começam na pré-menopausa e, muitas vezes, persistem até a menopausa:

Ganho de peso. Esse pode ser o sintoma que a trouxe a este livro! Enquanto antes você ia com tudo para cima de salgadinhos, doces e hambúrgueres — e continuava usando roupas tamanho 38 — agora, algumas batatas fritas a obrigam a usar vestidos mais largos e calças com elástico na cintura.

O acúmulo de quilos de modo inexplicável acontece, principalmente, por causa dos efeitos das mudanças hormonais que afetam o apetite e o metabolismo, também por influência dos hormônios que controlam como e onde armazenamos gordura. O excesso de peso pode, então, aumentar e agravar outros sintomas, como suores noturnos e ondas de calor, problemas nos músculos, nas articulações e na bexiga.

O aumento de ondas de calor, em especial, foi associado ao que os pesquisadores chamam de "teoria termorregulatória". Se você tem mais gordura corporal em sua estrutura em relação aos músculos, essa gordura está isolando seu corpo, dificultando a dissipação de calor. Então seu corpo retém o calor, que, por sua vez, não pode ser distribuído. O resultado são ondas de calor mais intensas.

Grande parte disso foi comprovado em pesquisas. Um estudo de 2017 mostrou claras evidências de que mulheres com sobrepeso ou obesas têm uma menopausa mais difícil, com mais suores noturnos e ondas de calor. Além disso, outros sintomas como dores nas articulações, dores musculares, secura vaginal e incontinência urinária, além de outros problemas na bexiga, são piores em mulheres com excesso de peso.

Outro desafio para as mulheres de meia-idade tem a ver com gordura visceral, a que envolve nossos órgãos. Eu chamo isso de "meio da menopausa". Ela é causada pelo aumento da atividade de nossos androgênios circulantes (testosterona e outros). A gordura visceral é marcada por um aumento na relação cintura-quadril (RCQ). O cálculo da RCQ é a proporção da circunferência da cintura em relação à dos quadris e oferece uma indicação clara de quanta gordura está armazenada na cintura, nos quadris e nas nádegas.

Além de afetar a aparência (e como nos sentimos em relação a ela), a gordura visceral está associada ao aumento do risco de problemas graves, como doenças do coração, câncer de mama e de útero, diabetes, hipertensão, derrame cerebral, apneia do sono e muitas outras doenças preocupantes.

Portanto, caso consiga controlar o peso, facilitará em muito a tarefa de abrandar muitos dos sintomas mais graves da pré-menopausa e da menopausa — além de reduzir os fatores de risco para muitas dessas doenças assustadoras. Excesso de gordura abdominal não é só uma preocupação estética, mas também um problema que pode afetar seriamente a saúde.

Ondas de calor. Você está toda elegante, arrumou o cabelo, se maquiou quando, de repente, *aaai*! Lá vem um calor intenso que percorre a parte superior do seu tronco e sua face. Ele pode durar de alguns segundos a muitos minutos, mas você está pronta para se despir no mesmo momento. Algumas mulheres sentem ondas de calor uma ou duas vezes ao mês, enquanto outras as têm todos os dias. Ondas de calor à noite (suores noturnos) podem acordá-la, interromper seu sono, o que faz com se sinta cansada e lenta durante o dia.

Queda e mudança nos cabelos. Seu cabelo muda na meia-idade. Geralmente, fica mais fino em algumas partes do couro cabeludo, em vez de formar pontos de calvície. Além disso, grandes tufos podem cair quando você escovar ou lavar a cabeça.

A queda de cabelos na meia-idade é causada principalmente pelo desequilíbrio hormonal especificamente associado ao declínio de estrogênio e pelo aumento da atividade da testosterona. Os fios crescem mais depressa e ficam mais tempo na cabeça quando o estrogênio é abundante e a atividade da testosterona é relativamente baixa.

E de onde raios vieram esses pelos no seu rosto e no queixo? Também é culpa do aumento da atividade da testosterona.

Insônia. Agora, seus padrões de sono se parecem com os de um recém-nascido. Você acorda a cada duas horas. Sente fome. E precisa fazer xixi. Você vira de um lado para o outro durante horas todas as noites, desejando que sua mente desligue e lhe permita dormir.

Talvez você esteja sofrendo de insônia (dificuldade em pegar no sono) ou acorda mais cedo que o normal. O suor também pode dificultar o sono.

Novamente, a culpa é das oscilações hormonais. Seus níveis de estrogênio e progesterona estão subindo e descendo.

Perda de memória e névoa mental. Sabe quando você está tentando se lembrar de algo e a palavra está na ponta da língua, mas você não consegue acessá-la? Ou quando se vê no meio da sala e não tem ideia de como chegou lá ou do que deveria fazer? Ou ainda, contou várias vezes a mesma história para seu marido ou seus filhos na mesma semana? Isso pode estar acontecendo com você todos os dias o dia inteiro. Esse problema é conhecido como névoa mental, e é comum durante a pré-menopausa e menopausa porque seu corpo está produzindo menos estrogênio.

Problemas vaginais e de bexiga. Com a queda dos níveis de estrogênio, as paredes vaginais ficam mais secas, mais finas e menos elásticas. Conheço uma mulher que descreveu essa secura como se a sua vagina tivesse criado teias de aranha! Essas mudanças podem causar dor e desconforto durante as relações sexuais. Quando os níveis de estrogênio estão baixos, pode-se ficar mais suscetível a infecções vaginais.

Por causa da proximidade entre a bexiga e a vagina, o afinamento das paredes desta também afeta aquela. A perda da tonicidade dos tecidos pode causar incontinência urinária e infecções na bexiga também.

Mudanças sexuais. Nossa vida sexual — como a própria vida — muda conforme as alterações acontecem. Uma delas é a redução de hormônios na meia-idade. Essa mudança tem muitas ramificações, incluindo a diminuição da excitação sexual e do desejo. Entretanto, se você foi sexualmente ativa antes da menopausa, provavelmente continuará tendo um impulso sexual. E se imagina como será o sexo após os 50, 60 anos ou mais, é importante lembrar que sua vida sexual pode e vai durar a vida toda — se você quiser!

Mudanças de humor. Irritável não é a melhor palavra para descrever seu estado, certo? Com frequência, suas emoções saem do controle por motivos insignificantes e você tem a impressão de que não consegue controlar as oscilações de humor e seu estado de espírito. Combine isso com cansaço (por ter sido acordada por ondas de calor) e criou-se um problema. Para muitas mulheres, esse é o pior sintoma, simplesmente porque, de repente, você se sente *como se fosse outra pessoa.*

Outra vez, um dos motivos para essa mudança é o nível de estrogênio. Esse hormônio controla quanta serotonina seu cérebro produz. A serotonina é uma substância química que ajuda a regular o humor. Se você produzir menos estrogênio, também produzirá menos serotonina. Isso pode exercer um impacto direto nas sensações de estabilidade e de otimismo.

Se você estiver se deparando com mudanças de humor, lembre-se de que seu corpo está mudando e você não é responsável por essas emoções. Também é importante que explique a fisiologia desse sintoma em especial ao seu parceiro, para que ele possa ser mais paciente e compreensivo em relação à sua... bem, impaciência!

Outros sintomas. Muitos outros sintomas surgem durante a pré-menopausa e raramente você é advertida sobre eles. Por exemplo:

Dor no peito
Secura e/ou pruridos na pele
Palpitações
Ataques de pânico
Constipação
Tontura
Boca seca
Incontinência urinária
Fúria
Pressão alta
Colesterol alto
Secura nos olhos
Vertigem
Dores de cabeça ou enxaqueca

As estratégias alimentares e de estilo de vida da Dieta Galveston a ajudarão a combater ganho de peso e outros sintomas durante a pré-menopausa.

Menopausa

Depois da pré-menopausa, vem a menopausa — o estágio durante o qual nossos ovários param de produzir hormônios reprodutivos e não menstruamos mais mensalmente por doze meses consecutivos. Embora a idade média para o início da menopausa seja de 51 anos, é normal que ela chegue aos 45 ou até aos 55.

Na menopausa, o ganho de peso pode se tornar ainda mais pronunciado — e perdê-lo, uma frustração. Em média, as mulheres ganham entre 5 e 6 quilos entre os 45 e os 55 anos. Você verá sinais mais intensos de fome também, o que a fará comer mais e, consequentemente, aumentará suas chances de ganhar uns quilos extras.

Além disso, surgem outros problemas metabólicos nessa época, incluindo resistência à insulina e a distúrbios na metabolização da glicose e das gorduras. O risco de desenvolver diabetes tipo 2, osteoporose, doenças cardíacas e câncer também aumenta.

Um importante estudo analisou como a dieta afeta as mulheres quando entram na menopausa. Ele acompanhou 35 mil mulheres durante 4 anos, e os resultados foram surpreendentes. As que ingeriam alimentos ricos em carboidratos processados, como arroz, massas, batatas fritas e salgadinhos, entraram na menopausa um ano e meio antes, em média, do que aquelas cuja dieta consistia basicamente em peixe e alimentos ricos em vitaminas (verduras, frutas, ovos etc.).

Por que mulheres com alta ingestão de carboidratos processados entraram na menopausa mais cedo? Os pesquisadores consideraram que a grande quantidade de carboidratos aumentou os níveis de insulina circulante, o que provavelmente causou resistência à insulina e interferiu na atividade do hormônio sexual.

As descobertas desse estudo forneceram uma advertência importante: desenvolver e manter padrões alimentares saudáveis, mais cedo do que tarde, é essencial à saúde e à experiência da menopausa na meia-idade. É por isso que você vai adotar a Dieta Galveston!

Infelizmente, vários outros riscos para a saúde também estão associados à menopausa. Antes dela, o estrogênio gerado pelos ovários nos protegia de ataques cardíacos e derrames cerebrais. As mulheres perdem muito dessa proteção após a menopausa porque é produzido menos estrogênio. A meia-idade também traz outros fatores de risco para doenças cardíacas, como excesso de colesterol, pressão alta e falta de atividade física.

Você aprenderá a aliviar, controlar e até deter esses sintomas quando estiver praticando o programa da Dieta Galveston.

A alegria da mudança

Sandra conviveu a vida toda com um excesso de peso que variava entre 19 e 23 quilos. Quando completou 50 anos, decidiu que era hora de ser saudável.

Frustrada com a eterna luta contra o peso, Sandra adotou a Dieta Galveston. Ela nos contou: "Não acreditei na mudança que ocorreu."

Sandra perdeu 25 quilos e atingiu saudáveis 55 quilos pela primeira vez na vida. A Dieta Galveston não só é eficaz para a perda de peso, mas também alivia os sintomas da menopausa. No caso de Sandra, ela descobriu que estava dormindo melhor, se sentia mais disposta do que nos últimos vinte anos e parou de sentir dor nas costas.

"Eu me sinto ótima!"

Pós-menopausa

A pós-menopausa é o estágio da vida em que você não menstruou mais durante doze meses ou mais. Durante esse período, suas células armazenam ainda mais gordura e são mais lentas em liberá-la. Mulheres na pós-menopausa correm risco quase cinco vezes maior de desenvolver gordura visceral comparadas às que estão na menopausa.

Além disso, é provável que você tenha menos massa muscular, o que faz com que seu metabolismo fique mais lento, impedindo o corpo de queimar calorias de modo tão eficaz quanto antes. Quando você entra na menopausa, seus níveis hormonais permanecem constantemente baixos.

Devo ressaltar que existem várias complicações de saúde associadas à pós-menopausa. Para ficar saudável nessa fase da vida, entenda esses problemas e seus fatores de risco. Assim, é possível adotar medidas, incluindo boa alimentação, para reduzir os riscos.

Osteoporose. Esse é um problema médico que causa o afinamento dos ossos e a torna suscetível a fraturas, especialmente nos quadris, na coluna e nos punhos. A perda de densidade óssea aumenta após a menopausa. É possível perder até

25% dessa densidade até os 60 anos. Isso ocorre porque a quantidade de estrogênio em seu corpo diminui.

A osteoporose afeta uma em cada três mulheres na pós-menopausa, e o risco de fraturas por fragilidade durante o resto da vida é maior do que o de desenvolver câncer de mama.

Mesmo que tenha recebido um diagnóstico de osteoporose, você não está impotente. Há muitos tratamentos para o problema, e um dos melhores é praticar exercícios de musculação, como o treino de resistência. Adoro musculação. Ela não só deixa os músculos em forma, como também fortalece os ossos, que devem resistir à força da gravidade para que o exercício a ajude na prevenção de uma perda óssea maior. A alimentação também é essencial, e a Dieta Galveston lhe fornece o que precisa.

Doenças cardiovasculares. Um dos maiores mitos da medicina é que doenças cardiovasculares são um problema masculino. Elas são a principal ameaça para mulheres, principalmente durante a menopausa e a pós-menopausa.

A menopausa não é a *causa* direta das doenças cardiovasculares, mas pode aumentar o risco de desenvolvê-las. Quando o nível de seus hormônios cai, os fatores de risco para doenças cardíacas crescem. Após a menopausa, é possível apresentar um aumento da pressão arterial, do colesterol LDL (o tipo "ruim") e dos triglicerídeos. Segundo a American Heart Association, uma em cada três mulheres desenvolverão doenças cardiovasculares durante a menopausa. Há também um aumento da incidência de ataques cardíacos em mulheres dez anos após a menopausa.

A alegria da mudança

A Dieta Galveston tem ajudado mulheres com pressão arterial elevada. No programa, algumas pessoas até reduzem o uso de remédios (com permissão de seu médico). Lesia é uma dessas pessoas. Ela cortou a medicação pela metade, o que lhe permitiu manter o mesmo ou até um melhor controle da pressão arterial.

Essa situação ocorre com frequência quando há a perda de peso, principalmente com a redução da gordura visceral – que foi o que aconteceu com Lesia. Ela perdeu vários centímetros na cintura e agora está usando roupas de tamanho bem menor.

Depressão e outros problemas de saúde mental. Na pós-menopausa, o risco de desenvolver depressão parece ser maior do que em períodos anteriores da vida. Isso provavelmente acontece não por causa do declínio hormonal, mas também pelas mudanças significativas que acontecem nessa fase da vida e que podem provocar depressão, como ver os filhos saírem de casa, um divórcio ou a morte do cônjuge, o planejamento estressante da aposentadoria, problemas relativos ao envelhecimento etc.

Um estudo de 2019 analisou a frequência de depressão em 371 mulheres na pré-menopausa e na pós-menopausa que não se submeteram à terapia de reposição hormonal. Apenas 21% do grupo que estava na pré-menopausa teve somente uma depressão leve, enquanto quase 60% das mulheres do grupo de pós-menopausa sofriam de depressão profunda (que é mais perigosa do que a branda e requer tratamento médico urgente).

Uma pessoa deprimida pode sentir tristeza, irritação, falta de motivação ou a sensação de que as perspectivas para o futuro são desanimadoras. Talvez você sinta que se arrasta ao longo do dia. Atividades cotidianas podem levar mais tempo e não lhe trazerem satisfação. Mudanças desse tipo em sua saúde mental sempre devem ser discutidas com seu médico. A depressão é altamente tratável e você não precisa viver com ela.

Secura vaginal mais intensa. Geralmente, a secura vaginal começa na pré-menopausa, continua durante a menopausa e pode se tornar mais severa na pós-menopausa. As paredes vaginais se encolhem e afinam à medida que você envelhece em consequência das mudanças na produção hormonal. Quando os níveis de estrogênio caem, menos umidade é secretada pelas células nessas paredes mais finas. Isso pode causar relações sexuais dolorosas, infecções do trato urinário (ITU) ou vaginais e agravamento da incontinência.

Não há necessidade de se conformar com a falta de relações sexuais por causa de problemas na vagina, incluindo a secura. Sou totalmente a favor do uso abundante de lubrificantes vaginais. Muitos lubrificantes oferecidos pelas farmácias podem ser usados para aliviar a secura e a dor na região vaginal. Eles agem afetando o pH da região vaginal, o que também reduz o risco de uma ITU. Escolha um lubrificante destinado apenas à lubrificação vaginal. Evite produtos com perfume, extratos de ervas e cores artificiais. E comece a usar lubrificantes muito antes de atingir esse estágio da vida e poderá continuar se sentindo sensual e atraente — além de tornar o sexo até mais divertido e especial.

Você pode pedir ao seu médico para ele receitar uma terapia de reposição de estrogênio, na forma de creme ou anel que libera o hormônio diretamente nos tecidos vaginais, a fim de aumentar a umidade.

As estratégias relacionadas à alimentação e ao estilo de vida que você aprenderá na Dieta Galveston serão muito úteis para tornar os anos de pós-menopausa mais saudáveis e satisfatórios.

Em que ponto da jornada você está?

Caso não tenha certeza de onde está nessa jornada hormonal, responda ao breve questionário a seguir. Ele avaliará a intensidade dos sintomas comuns e a ajudará a determinar se está na pré-menopausa, na menopausa ou na pós-menopausa – ou ainda em nenhuma fase específica. Depois, informe sua classificação ao seu médico e use-a enquanto segue a Dieta Galveston.

Instruções: Classifique os sintomas com base na intensidade com que os vivencia. Marque Nenhuma, Leve, Moderada ou Severa.

1. **Ondas de calor**
   - Nenhuma
   - Leve
   - Moderada
   - Severa
2. **Vertigens**
   - Nenhuma
   - Leve
   - Moderada
   - Severa
3. **Dores de cabeça**
   - Nenhuma
   - Leve
   - Moderada
   - Severa
4. **Irritabilidade**
   - Nenhuma
   - Leve
   - Moderada
   - Severa

5. **Depressão**
    - Nenhuma
    - Leve
    - Moderada
    - Severa
6. **Sensação de desamor**
    - Nenhuma
    - Leve
    - Moderada
    - Severa
7. **Ansiedade/Mudanças de humor**
    - Nenhuma
    - Leve
    - Moderada
    - Severa
8. **Insônia**
    - Nenhuma
    - Leve
    - Moderada
    - Severa
9. **Cansaço incomum**
    - Nenhum
    - Leve
    - Moderado
    - Severo
10. **Dor nas costas**
    - Nenhuma
    - Leve
    - Moderada
    - Severa
11. **Dor nas articulações**
    - Nenhuma
    - Leve
    - Moderada
    - Severa
12. **Dores musculares**
    - Nenhuma
    - Leve
    - Moderada
    - Severa

13. Novos pelos faciais
- Nenhum
- Leve
- Moderado
- Severo

14. Pele seca
- Nenhuma
- Leve
- Moderada
- Severa

15. Comichões sob a pele
- Nenhuma
- Leve
- Moderada
- Severa

16. Libido baixa/Diminuição de desejo sexual
- Nenhuma
- Leve
- Moderada
- Severa

17. Dor nas relações sexuais
- Nenhuma
- Leve
- Moderada
- Severa

18. Secura vaginal
- Nenhuma
- Leve
- Moderada
- Severa

19. Frequência urinária
- Normal
- Leve
- Moderada
- Severa

20. Esquecimento e/ou confusão mental (névoa mental)
- Nenhum
- Leve
- Moderado
- Severo

Pontuação: Reveja suas respostas e marque os seguintes pontos para cada categoria: 0 para Nenhuma; 1 para Leve; 2 para Moderada e 3 para Severa.

Some seus pontos:

0-20: É improvável que seus sintomas estejam relacionados com a pré-menopausa ou a menopausa, embora talvez você esteja começando a sentir alguns deles.

21-40: É possível que seus sintomas estejam relacionados à pré-menopausa ou à menopausa.

41+: É provável que seus sintomas estejam relacionados à pré-menopausa ou à menopausa.

Três estratégias para reverter a situação – A Dieta Galveston

Eu não só passei pelas mudanças fisiológicas associadas à pré-menopausa e à menopausa, como também orientei cerca de 100 mil mulheres no programa online da Dieta Galveston. Essas experiências me ajudaram a identificar os segredos para combater a aparentemente inevitável e obstinada gordura, incluindo a abdominal, além de meios de resolver problemas de saúde que atormentam as mulheres de meia-idade.

Vamos recapitular as três principais ações que envolvem a Dieta Galveston — estratégias que você começará a aplicar em sua vida em breve.

1. Jejum intermitente

Como esclareci na introdução deste livro, o jejum intermitente é essencial à dieta, principalmente durante a menopausa. Apesar de parecer intimidante, garanto que é o hábito mais fácil para criar e manter!

O que é jejum intermitente? Simplesmente, é jejuar por cerca de 16 horas por dia (grande parte durante a noite) e, depois, comer durante uma janela de 8 horas consecutivas. Ele apresenta uma longa lista de benefícios para mulheres de meia-idade, e mostro detalhes dessa estratégia no Capítulo 4.

2. Alimentação anti-inflamatória

Na maior parte do tempo, a inflamação no corpo pode salvar vidas. Ela permite ao corpo lutar contra diversos vírus, bactérias e outros agentes patogênicos causadores de doenças. Mas, às vezes, o processo febril não é interrompido quando se espera, gerando, dessa forma, consequências para a saúde. Por exemplo, a inflamação no corpo pode causar ganho de peso e dificultar perdê-lo.

Felizmente, a Dieta Galveston facilita tudo isso, eliminando alimentos que promovem inflamação e estimulando a ingestão de outros que a combatem. Açúcares adicionados e simples, além de carboidratos processados, são extremamente inflamatórios. Não quero ser radical, mas limite o consumo desses alimentos a todo custo. É até melhor para sua saúde, seus sintomas e seu peso eliminá-los totalmente. Ao fazer isso, você não só diminuirá a severidade dos sintomas da menopausa, mas também a sua frequência. É um jogo de ganha-ganha!

Falaremos mais sobre esse assunto no Capítulo 5.

3. Reorientação das fontes de energia

Se você tem boa saúde e adota uma dieta centrada em carboidratos, seu corpo queima as calorias para gerar energia e armazena qualquer excesso na forma de gordura. Mas, para evitar o armazenamento de gordura e estimular sua queima, é preciso reduzir muito os carboidratos. Durante a fase de reorientação das fontes de energia da Dieta Galveston, você ajustará a proporção de macronutrientes (proteínas, carboidratos complexos e gorduras boas) de modo a estimular seu corpo a utilizar a gordura para gerar energia. Sua nova proporção será de 70% de gorduras boas, 20% de proteínas magras e 10% de carboidratos.

Reorientar as fontes de energia para o seu corpo dessa forma não significa que você está adotando uma dieta cetogênica. As dietas cetogênicas tradicionais são extremamente inflamatórias para a maioria das pessoas, por isso a Dieta Galveston não é uma delas. Ela foca a redução da inflamação, e não sua criação.

A principal condição aqui é aprofundada no Capítulo 7: como ser rigorosa com seus carboidratos. Escolha os ricos em fibras, vitaminas e antioxidantes: quinoa, aveia, batata-doce, mirtilos e maçãs são bons exemplos de carboidratos anti-inflamatórios.

Quando você iniciar o programa A Dieta Galveston para a vida — que é um plano de manutenção —, mudará outra vez a proporção de macronutrientes para ingerir mais carboidratos e menos gordura. Por fim, você ajustará os macros para 40% de gorduras, 20% de proteínas e 40% de carboidratos — chegando, assim, a um patamar de estabilidade.

A alegria da mudança

Paula descobriu a Dieta Galveston quando era uma mulher desesperada que lutava contra o peso desde os tempos do colégio, sofria de síndrome do ovário policístico (SOP) desde os 20 e poucos anos e sobreviveu a um câncer de tireoide aos 30.

Nada do que tentou fazer a ajudou a perder peso e, aos 40 e poucos anos, estava engordando ainda mais. Ela tinha desistido. Paula é bombeira e sabe da importância de ser saudável e ficar em forma – mas tudo isso lhe escapou até que começou a Dieta Galveston.

Ela contou o seguinte sobre a sua experiência: "Comecei a fazer o jejum intermitente, a comer alimentos anti-inflamatórios e a contar os macronutrientes a fim de recuperar a energia. O peso simplesmente passou a diminuir. Parecia muito fácil! Meu endocrinologista reduziu a dosagem da metformina para a SOP pela metade e acha que posso parar por completo. Realmente acredito que essa dieta curou a resistência à insulina com a qual lutei por mais de vinte anos. Acho que ela evitou um diagnóstico de diabetes tipo 2."

O apoio dos amigos e entes queridos é muito importante quando se está mudando o estilo de vida. O marido de Paula também adotou o programa e perdeu 23 quilos.

Ela acrescentou: "Nem sei dizer o quanto isso mudou a nossa vida. Definitivamente, é um estilo de vida para nós agora".

Aviso importante: não descuide dos exercícios regulares

Como parte do estilo de vida da Dieta Galveston, insisto para que você pratique uma combinação de musculação e exercícios aeróbicos (caminhada vigorosa, corrida ao ar livre ou em aparelhos – o que você preferir). Não tema os pesos. Até os leves ajudam. Os músculos "encolhem" um pouco durante o processo de envelhecimento, a isso a medicina chama de sarcopenia. Se não fizermos musculação, perdemos massa muscular, o que desacelera o metabolismo. O resultado – você adivinhou – é um inexplicado ganho de peso! Além disso, a prática de exercícios aeróbicos e musculação fará com que você queime calorias durante mais tempo após o treino, de modo que é mais um fator positivo.

Avance com a atitude correta

As mulheres atravessam portas maravilhosas ao longo da vida. O início do ciclo menstrual é a porta para a feminilidade; para algumas, a gravidez e ter filhos é a porta para a maternidade. Ambas são vistas como triunfos milagrosos, enquanto a menopausa geralmente é descrita como uma perda — a perda da fertilidade, da beleza, da sexualidade e do amor-próprio.

Mas eu diria que a menopausa é a porta para uma nova vida com um forte ponto positivo. As mulheres passam 40% da vida na pós-menopausa. Pense nisso por alguns instantes.

Imagine o que você pode fazer com todo esse tempo! A menopausa costuma coincidir com a época em que os filhos — se você os tem — iniciam ou já iniciaram a vida adulta. Isso significa que você tem mais tempo para si e uma oportunidade de reinventar sua vida futura. Você tem tempo para revelar e assumir suas paixões — para começar um novo negócio, dedicar suas energias a uma causa, escrever, exercer uma atividade artística, passar mais tempo com a família e amigos, desfrutar a natureza, candidatar-se a um cargo eletivo ou buscar qualquer atividade que lhe interesse. Qualquer coisa!

Assim, pense na menopausa como um privilégio. Ela significa que você viveu bastante — uma oportunidade que muitas outras não usufruem, por um ou outro motivo. Por exemplo, eu comemoro meu aniversário em grande estilo porque sou muito agradecida por estar aqui, mesmo que isso signifique algumas rugas, alguns fios de cabelo brancos e juntas doloridas.

Portanto, encare esse período como uma época para aprender mais sobre si. Em vez de se sentir mal com essa fase da vida e ficar aborrecida com os sintomas, seja consciente de suas escolhas. Aprenda mais sobre seu corpo e sobre o que funciona ou não para você, seja comida, sejam exercícios ou relacionamentos — e, então, concentre-se nos pontos positivos e não nos negativos. Se você conseguir reestruturar o modo de encarar a menopausa e adotar os princípios da Dieta Galveston, essa poderá ser uma época maravilhosa em sua vida.

CAPÍTULO 2

Controlando seus hormônios

Durante muito tempo, ouvimos a mentira de que perder peso e mantê-lo é só uma questão de força de vontade. Cerre os dentes, aguente o nervosismo e lá se vão os quilos. Mas se você "cair do trem da dieta", é um fracasso.

Eis a verdade: você não é um fracasso. Você não falhou em nenhuma das dietas que tentou fazer; elas falharam com você. *Você não tem culpa* dos seus problemas passados com perda e manutenção de peso. E eles pouco têm a ver com força de vontade.

O verdadeiro problema está nos hormônios. Os hormônios e fatores metabólicos associados a eles são o motivo pelo qual ganhamos peso durante a meia-idade.

Quando perder peso é uma dificuldade, o resultado é frustração e impotência, e, às vezes, recriminação por fracassar com a dieta. Cria-se então um círculo vicioso de perda e ganho de peso acompanhado de muita pressão emocional. Contudo, o ganho de peso nada tem a ver com você, com seu caráter ou com sua personalidade. Repita comigo: são os hormônios!

A ciência equivocada do ganho de peso

Durante quase um século, a causa do ganho de peso e da obesidade tem sido descrita como "um desequilíbrio de energia entre calorias consumidas e calorias gastas", segundo a Organização Mundial da Saúde. Em outras palavras, a obesidade é um distúrbio de equilíbrio de energia: calorias ingeridas — calorias despendidas = perda de gordura. Eu também acreditava nisso. Foi o que aprendi na faculdade e na residência em medicina. Na verdade, pesquisas mais modernas sobre obesidade provaram que essa linha de pensamento estava totalmente equivocada.

Felizmente, todo esse paradigma está sendo contestado. Um estudo importante publicado em 2020, na *American Journal of Clinical Nutrition,* de autoria de vários cientistas importantes na área de obesidade, afirma que ela *não* é um distúrbio de equilíbrio de energia, mas, sim, um distúrbio hormonal que controla o armazenamento de gordura e o metabolismo independentemente da quantidade de calorias ingeridas.

Em resumo, seu peso é controlado principalmente pelos hormônios que, por sua vez, são extraordinariamente influenciados pela *qualidade* da sua alimentação (especialmente carboidratos) e menos pela *quantidade* da comida ingerida. Você não ganha peso só porque come demais ou ingere mais calorias do que queima. Você também ganha peso porque os carboidratos em sua dieta — a quantidade e qualidade deles — criam um ambiente hormonal que faz com que você acumule quilos de gordura. Além disso, como mulheres, lidamos com a queda dos níveis de estrogênio à medida que envelhecemos e descobrimos novas camadas de gordura se instalando em nossa cintura — não importa quantos "verdinhos" consumimos ou quantos quilômetros na esteira corremos!

A alegria da mudança

Steph teve muita dificuldade em perder peso durante a vida e, a cada tentativa, falhava de modo espetacular. Tentando depender da força de vontade, experimentou vários tipos de dietas: as pobres em calorias, as pirâmides alimentares, a da contagem de calorias, a dos amantes dos carboidratos e tudo o que você pode imaginar.

Ainda mais assustador, o peso dela contribuiu para o surgimento de alguns problemas graves de saúde. Há cinco anos, ela recebeu o diagnóstico de pré-diabetes e hipertensão arterial. Os dois problemas poderiam piorar caso ela não mudasse o estilo de vida.

Felizmente, Steph entrou em ação depois de ver no celular algumas fotos das férias em família. Ela não gostou de sua aparência; na verdade, ficou chocada com quanto peso tinha ganhado.

Ao descobrir a Dieta Galveston, ficou intrigada. A dieta era diferente de tudo o que já havia testado. Foi criada para regular o ganho de peso hormonal mudando nutricionalmente as suas fontes de energia para longe de carboidratos e de alimentos inflamatórios.

Steph começou, então, a seguir a Dieta Galveston – e teve grande sucesso.

"Perdi mais de 30 quilos em 8 meses. A dieta me ajudou a perder o peso de que precisava desesperadamente me livrar, colaborando para eu deixar de ser pré-diabética. Já não tomo remédios para pressão arterial e me sinto bem como não me sentia há mais de vinte anos."

Você e seus hormônios

Os hormônios são os mensageiros químicos de seu corpo. Dezenas de glândulas e órgãos — incluindo intestino, ovários, glândulas adrenais e cérebro — secretam vários hormônios o tempo todo. Esses hormônios agem nas células do corpo inteiro, indicando a elas como devem se comportar. Além disso, eles estão em constante comunicação, entre si e com outras substâncias no corpo, para se manterem em equilíbrio.

Quando se trata de peso e outros sintomas da pré-menopausa e menopausa, os hormônios exercem o papel principal, pois controlam o apetite, a fome, os desejos por comida, a taxa metabólica, o ganho e a distribuição de gordura, entre outras coisas. Se determinados hormônios estão fora de sintonia, os esforços para perder peso serão sabotados. E mais, como ressaltei no Capítulo 1, níveis abaixo dos parâmetros de certos hormônios estão ligados não só à obesidade, mas também à inflamação crônica, a doenças cardíacas, derrames, diabetes etc.

Felizmente, regular os hormônios ajuda a evitar ganho de peso e a combater a inflamação. O poder de fazer tudo isso está em suas mãos — com as estratégias baseadas em nutrição que você aprenderá em *A Dieta Galveston.*

O segredo para resolver o ganho de peso relacionado a causas hormonais e outros sintomas da meia-idade está em nove hormônios — e, principalmente, em controlá-los por meio da nutrição.

Estrogênio

O estrogênio é o principal hormônio sexual feminino mais intimamente associado à pré-menopausa e à menopausa. *Estrogênio* é um termo genérico para três hormônios quimicamente semelhantes: estrona, estradiol e estriol. Sua principal função é controlar a expressão das características sexuais femininas e regular o ciclo menstrual. O estrogênio também permite que a gordura corporal seja distribuída pelas coxas, nádegas e abdome. Nos anos reprodutivos, a gordura adicional depositada nesses locais proporciona uma fonte de energia para a eventual ocorrência de gravidez e lactação.

Esse hormônio também afeta a saúde de diversas outras maneiras. Por exemplo:

- Ajuda a formar os ossos e a manter a força.
- Ajuda a controlar os níveis de colesterol.
- Aumenta o suprimento de sangue para a pele e regula a sua espessura.
- Mantém os tecidos do assoalho pélvico, da vagina e da bexiga fortes e saudáveis.
- Ajuda até o humor, podendo controlar a ansiedade e a depressão.

Quando entramos na meia-idade, o estrogênio sofre grandes oscilações. Quando os ovários começam a reduzir a produção desse hormônio na pré-menopausa, nosso corpo intensifica a produção do hormônio folículo-estimulante (FSH) para tentar fazer com que os ovários produzam mais estrogênio. Isso acarreta algumas flutuações descontroladas de estrogênio na pré-menopausa.

Durante a transição para a menopausa, quando os níveis de estrogênio caem, o fígado começa a reduzir a produção de globulina ligadora de hormônios sexuais (SHBG). A SHBG se liga aos nossos hormônios sexuais e os deixa inativos. À medida que os níveis de SHBG caem, a atividade dos hormônios sexuais, especialmente os androgênios (como a testosterona), aumenta. Essa cadeia de eventos hormonais leva a alterações no colesterol, ganho de gordura visceral e crescimento de pelos indesejados.

Como a Dieta Galveston ajuda a controlar o estrogênio

No Capítulo 7, você verá que as recomendações alimentares estão bastante concentradas em vegetais verdes e crucíferos, além de abacate, salmão e sementes. Todos esses alimentos ajudam a neutralizar os efeitos das flutuações do estrogênio. Veja como:

Vegetais crucíferos, como brócolis, brotos de brócolis, couve-de-bruxelas e couve-flor estão fortemente associados ao estrogênio. Pesquisas mostram que mulheres que adotam uma dieta rica em vegetais crucíferos apresentam menor risco de sofrer de doenças cardíacas, derrame cerebral e câncer e, em geral, têm melhores níveis de hormônios e de estrogênio.

Um dos problemas vivenciados por muitas mulheres de meia-idade é ter, em vez de muito pouco, um excesso de estrogênio no corpo. Isso acontece porque a mulher não está ovulando regularmente, o que leva à produção de estrogênio sem oposição, e pouca ou nenhuma produção de progesterona, ou o corpo não está metabolizando o estrogênio e removendo-o do organismo como deveria. O excesso de peso corporal também pode causar aumento dos níveis de estrogênio, já que androgênios são convertidos em estrogênio em nossas células adiposas.

Outras causas relacionadas ao excesso de estrogênio no corpo incluem exagerada ingestão de álcool; problemas no fígado que fazem com que o corpo não consiga metabolizar adequadamente o estrogênio ou demasiada exposição a "xenoestrogênios" sintéticos, que são substâncias químicas encontradas no ambiente que agem como o estrogênio quando estão dentro do corpo.

Uma das formas de combater a elevação de estrogênio é ingerir mais vegetais crucíferos. Esses vegetais contêm um fitoquímico chamado diindolilmetano

(DIM), que ajuda o corpo a se livrar do *excesso* de estrogênio. Vegetais crucíferos também contêm compostos sulfúricos que ajudam a desintoxicar um fígado preguiçoso, que pode desencadear excesso de peso, inchaço, gases e constipação.

Folhas verdes também contêm DIM, assim como substâncias químicas como indol-3-carbinol (I3C) e cálcio-D-glucarate, que ajudam a aumentar a capacidade de o fígado eliminar os metabolitos de estrogênio (estes são subprodutos do metabolismo do estrogênio) do corpo.

Abacates são ricos em gorduras boas, que são associadas ao equilíbrio da progesterona e do estrogênio.

Peixes ricos em ácidos graxos ômega-3 ajudam a estimular a produção de estrogênio. O salmão, em especial, contém quantidades ideais de ácidos graxos ômega-3.

Linhaça e sementes de abóbora contêm lignanas alimentares que ajudam a inibir as enzimas envolvidas no metabolismo saudável do estrogênio. As lignanas são nutrientes vegetais ricos em fibras e também agem como antioxidantes que estimulam o sistema imunológico. Elas também são excelentes para aumentar os níveis hormonais no corpo, especialmente do estrogênio.

Sementes de abóbora são ricas em zinco, gorduras poli-insaturadas e proteína, fazendo delas o melhor alimento para ajudar no equilíbrio do estrogênio.

Insulina

A insulina é um hormônio produzido pelo pâncreas em resposta à quantidade de carboidratos que você ingere. Ela exerce muitas funções, mas a principal é permitir que as células absorvam o açúcar do sangue e o armazenem para produzir energia (dependendo do que for necessário).

Outro papel essencial da insulina no corpo relaciona-se ao armazenamento de gordura. Ela bloqueia a degradação do tecido adiposo e estimula a criação de gordura corporal. Assim, se você tem excesso de peso, diabetes, ou predisposição ao diabetes, deve normalizar os níveis de insulina no seu corpo o mais rápido possível, para evitar acúmulo de gordura e controlar seu peso. Uma solução importante é limitar a ingestão de carboidratos, principalmente os refinados, e de açúcar adicionado.

Conforme envelhecemos e desenvolvemos mais gordura visceral (abdominal), é possível desenvolver resistência à insulina (RI), ou seja, é necessário mais insulina do que o normal para "empurrar" o açúcar para as células e fazer o seu trabalho.

Uma dieta rica em açúcar, carboidratos refinados e *fast foods* impulsiona a resistência à insulina e, consequentemente, ao aumento de peso. Um estudo extremamente interessante constatou que pessoas que comem em restaurantes *fast food* duas ou mais vezes por semana ganharam peso e desenvolveram resistência à insulina, indicando que esses alimentos aumentam o risco de obesidade e diabetes tipo 2.

Aviso importante: sinais de que você pode ter resistência à insulina

- Sede ou fome extremas.
- Fome mesmo depois das refeições.
- Infecções vaginais ou urinárias frequentes.
- Aumento da circunferência abdominal e gordura corporal.
- Necessidade de urinar com mais frequência.
- Formigamento nas mãos e nos pés.
- Surgimento de pólipos na pele.
- Manchas aveludadas escuras no pescoço e nas axilas – um problema de pele conhecido como *acanthosis nigricans*.

Como a Dieta Galveston ajuda a normalizar os níveis de insulina e melhorar a sensibilidade a ela.

Na Dieta Galveston, você mudará seus hábitos alimentares para controlar e normalizar os níveis de insulina de modo natural. Veja em que nos concentraremos:

Limitar carboidratos. Dietas pobres em carboidratos têm se mostrado eficazes em reduzir os níveis de insulina e estabilizar os níveis de glicemia. Você aprenderá a controlar os carboidratos na fase de reorientação das fontes de energia da Dieta Galveston.

Reduzir ou evitar açúcares adicionados ou processados. Elevadas quantidades de frutose alimentar e sacarose elevam os níveis de insulina, além de promover a resistência a ela.

Ingerir grandes quantidades de proteína nas refeições. Embora os níveis de insulina aumentem logo após a ingestão de proteínas, os efeitos de longo prazo levam à diminuição de gordura abdominal e, consequentemente, ajudam a prevenir a RI.

Ingerir gorduras saudáveis. Alimentos ricos em gorduras ômega-3, em especial, ajudam a reduzir os níveis de insulina em jejum.

Aumentar a ingestão de fibras. É importante monitorar o consumo total de fibras e garantir que você esteja ingerindo pelo menos 25 gramas por dia (eu sugiro 35 gramas). Também é importante obter a combinação de fibras solúveis e insolúveis. Fibras solúveis são aquelas que se dissolvem em água e formam uma substância com consistência viscosa que ajuda a desacelerar a digestão e a absorção de açúcares. Exemplos de alimentos ricos em fibras solúveis incluem lentilhas, nozes, aveia e certas frutas e legumes.

Fibras insolúveis não se dissolvem em água, mas ajudam a comida a se mover pelo sistema digestivo mais depressa. Exemplos de alimentos que contêm fibras insolúveis incluem legumes e grãos integrais. Como o nome sugere, elas não se dissolvem em água, o que lhes confere a capacidade de permanecer intactas no trato digestivo. Isso permite que aumentem o volume das fezes e, assim, têm um efeito laxativo que pode ser usado para tratar problemas digestivos como a constipação.

Suplementar a alimentação com magnésio. Muitas vezes, pessoas resistentes à insulina têm insuficiência de magnésio, de modo que a suplementação desse mineral melhora a sensibilidade à insulina. Falaremos com mais detalhes sobre a importância do magnésio em sua alimentação no Capítulo 7.

Consumir alimentos ricos em antioxidantes. Frutas e legumes coloridos contêm antioxidantes que combatem a inflamação e causam a redução dos níveis de insulina.

Temperar alimentos com condimentos e ervas. Procuro usar vários condimentos e ervas em quase todas as minhas receitas. Alguns dos melhores temperos que descobri incluem feno-grego (rico em fibras solúveis), açafrão-da-terra (cúrcuma) — é um poderoso antioxidante, além de combater inflamações —, gengibre (melhora a função dos receptores de glicose nas células musculares), alho (outro poderoso antioxidante) e canela (1 a 6 gramas ou ¼ a ½ colher de chá por dia para regular o açúcar no sangue).

Beber chá verde. Ele é rico em antioxidantes que ajudam a combater a inflamação e aumentam a sensibilidade à insulina.

Praticar exercícios regularmente. Exercícios aeróbicos e treinamento de resistência regulares melhoram a sensibilidade à insulina.

Leptina

Produzida pelas células de gordura, a leptina é conhecida como o hormônio da saciedade. Ela reduz o apetite e faz com que você se sinta satisfeito depois de comer. Além disso, ela diz ao cérebro que há gordura suficiente armazenada e que não há necessidade de mais, o que ajuda a não comer em excesso.

Ironicamente, quando se está acima do peso, há muita leptina na corrente sanguínea — tanto que o corpo não registra a sensação de "estou satisfeita". Na verdade, uma pesquisa constatou que os níveis de leptina em pessoas obesas eram quatro vezes mais altos do que em pessoas com peso saudável.

A falta de sensibilidade à leptina causa um problema conhecido como resistência à leptina. Nesse caso, o cérebro não reconhece os sinais enviados por ela e, então, ativa desejos, hábitos alimentares não saudáveis e ganho de peso. O que pode iniciar um círculo vicioso. Você come mais e acumula gordura corporal. Mais gordura corporal cria mais leptina nas células de gordura e aumenta os níveis de insulina. Excesso de gordura corporal interrompe os sinais de leptina adequados e, assim, agrava a resistência à insulina. Em resumo, o seu cérebro acha que você está esfomeada, o que a faz querer comer mais. Você ganha ainda mais peso e, mesmo assim, sente mais fome, de modo que come mais e ganha mais gordura. E assim por diante.

Aviso importante: elimine estes seis alimentos para evitar a resistência à leptina

Acumular gordura visceral (abdominal) e consumir muitos alimentos processados ricos em frutose de xarope de milho são as duas principais razões de você ser resistente à leptina. Para solucionar este problema e evitar essa resistência, livre-se dos seguintes alimentos em sua dieta:

- Refrigerantes.
- Sucos de frutas com açúcar.
- Frutas enlatadas.
- Misturas prontas para sobremesas.
- Iogurte saborizado.
- Cereais matinais açucarados.

Como a Dieta Galveston ajuda a controlar a leptina

Prestar atenção aos hábitos alimentares é essencial para controlar a leptina e, na verdade, é mais fácil do que você imagina. Veja como fazer isso com a Dieta Galveston:

Evite alimentos processados. Esses alimentos provocam inflamação, o que causa resistência à leptina.

Consuma mais fibras. Elas ajudam a controlar o apetite, a saciedade e o peso. Fibras solúveis, em especial, ajudam a melhorar a saúde do intestino.

Baixe os triglicerídeos. Essa é a forma mais comum de gordura na corrente sanguínea. Triglicerídeos elevados impedem o transporte de leptina do sangue para o cérebro, evitando que o sinal de saciedade da leptina chegue até ele. Então, o cérebro acha que você está esfomeada e inicia mecanismos potentes para seu corpo recuperar essa perda de gordura. A melhor forma de reduzir os triglicerídeos é diminuir a ingestão de carboidratos.

Prefira a proteína. Ingerir as proteínas adequadas auxilia na perda de peso, o que resulta de uma melhoria na sensibilidade à leptina. Se você costuma fazer três refeições ao dia, consuma pelo menos de 20 a 25 gramas de proteína por refeição. Cada 30 gramas de proteína animal (que inclui peixes, aves e carne suína e bovina) contêm 8 gramas de proteína, enquanto fontes de proteína vegetariana como um ovo cozido e meia xícara de feijão têm cerca de 8 e 11 gramas, respectivamente. Servir uma porção de 90 gramas de proteína de qualidade três vezes ao dia é uma das formas mais fáceis de atingir sua cota de proteína.

Exercite-se regularmente. Atividade física ajuda a reverter a resistência à leptina.

Melhore a qualidade do sono. Pouco sono tem relação com problemas com a leptina.

Grelina

A grelina é um hormônio produzido no intestino. Ela percorre a corrente sanguínea até o cérebro, onde sinaliza que a pessoa deve procurar alimentos e consumi-los. Assim, sua principal função é aumentar o apetite.

Se você reduzir muito as calorias, os níveis de grelina subirão e você provavelmente se sentirá esfomeada — que é um dos motivos por que reduzir calorias dificulta a tarefa de continuar fiel a uma dieta.

Como a Dieta Galveston ajuda a melhorar a função da grelina

Quanto mais grelina é secretada, mais fome e vontade de comer você sente, por isso é fácil ver por que é importante manter os níveis desse hormônio sob controle! Veja como a Dieta Galveston faz isso:

Devagar com o consumo de açúcar. Evite açúcares adicionados, principalmente bebidas adoçadas com alto teor de frutose.

Consuma proteínas em todas as refeições. Especialmente quando você interromper o jejum. Para mulheres acima dos 50 anos, a meta ideal é cerca de 20 a 25 gramas por refeição ou cerca de 80 gramas por dia.

Consuma alimentos ricos em fibras. Elas satisfazem depressa e aumentam a saciedade. Também evitam que os níveis de açúcar no sangue aumentem depois de uma refeição.

Cortisol

Como se a meia-idade já não fosse uma etapa difícil de atravessar, há também o estresse — e muito. Ele está presente em casa, com a família, no trabalho... há estresse por todos os lados. Quando você está estressada, seu corpo libera os hormônios do estresse, e um deles é o cortisol.

Ao se deparar com um fator gerador de estresse, o cortisol estimula a liberação de gordura e carboidratos para nos dar energia para lutar ou fugir da situação. Essa súbita onda de energia nos ajuda a sobreviver em uma crise ou fugir do perigo. O problema é que o cortisol não sabe a diferença entre emergências reais (evitar uma colisão ou fugir de um assaltante) e "perigos" crônicos como preocupações financeiras, prazos, problemas familiares e outros desafios de um estilo de vida acelerado.

Quando o estresse é crônico e não resolvido, um fluxo constante de cortisol inunda nosso corpo. Isso eleva o açúcar no sangue, altera o apetite, estimula desejos, aumenta a taxa de armazenamento de gordura, redistribuindo-a e armazenando-a na região abdominal. Quando o cortisol fica elevado de maneira crônica, ele também faz com que as células se tornem resistentes à insulina.

Como a Dieta Galveston regula o cortisol

Se você já teve um período na vida em que ficou constantemente estressada, provavelmente se sentia infeliz e esgotada. O cortisol — em níveis mais elevados do que o normal — é o responsável por isso. Assim, é de extrema importância descobrir como *reduzi-lo*, e é possível fazer isso com certos alimentos que você encontrará na Dieta Galveston:

Chocolate amargo. Depois de um dia difícil, alguma doçura sempre parece satisfatória — motivo pelo qual eu recorro a um pouco de chocolate amargo. Com 70% ou mais de cacau, ele tem muitos nutrientes essenciais. Além disso, alivia o estresse. Duas pesquisas feitas com 95 adultos mostraram que consumir chocolate amargo reduziu a resposta do cortisol ao desafio do estresse.

Inclua probióticos e prebióticos em sua dieta. Probióticos são bactérias simbióticas benéficas encontradas em alimentos como iogurte, chucrute e kimchi. Vários estudos mostraram que o aumento de probióticos no intestino reduz os níveis de inflamação e cortisol e isso ajuda a aliviar os sintomas da depressão, da ansiedade e do estresse.

Encontrados em fibras solúveis, os prebióticos são alimentos para essas bactérias no intestino e ajudam a reduzir os níveis de cortisol.

Hidrate seu corpo. Ficar bem hidratada ajuda a manter baixos os níveis de estresse fisiológico. Quando você não fornece grande quantidade de líquido ao seu corpo, ele fica estressado e responde aumentando os níveis de cortisol. Como saber se você está bem hidratada? Olhe no vaso sanitário. Sua urina deve ser amarelo-clara, quase transparente. Uma urina mais escura pode indicar desidratação.

Foque o óleo de peixe. Alimentos ricos em ácidos graxos ômega-3 provaram reduzir o cortisol. Não os confunda com ácidos graxos ômega-6 — encontrados em petiscos processados, *fast foods*, bolos, carnes gordas e curadas — e costumam *promover* inflamação.

Algumas modificações no estilo de vida também ajudam a regular o cortisol. Quando estamos passando pelas mudanças hormonais da meia-idade, essas estratégias são ainda mais importantes, por exemplo:

Controle o estresse. Há muitas maneiras de aliviar o estresse, pode ser a participação em programas de relaxamento e de controle do estresse ou ioga, por exemplo. Uma das melhores estratégias que descobri foi a meditação. Está comprovado que ela reduz os níveis de cortisol de modo significativo. Considere baixar um aplicativo de meditação em seu celular para ter uma ideia de como ela funciona. A simples atividade de ouvir uma música de que gosta também pode reduzir os níveis do cortisol induzido pelo estresse.

Esforce-se para ter um sono de qualidade. Em diversos estudos, pessoas que dormem pouco ou mal mostraram ter níveis de cortisol mais elevados comparadas a grupos de controle.

Exercite-se. Estudos revelaram que exercícios moderados reduzem os níveis de cortisol.

Neuropeptídeo Y

Muito se discute sobre o poder viciante dos carboidratos. Eu concordo — e a facilidade com que você se torna dependente deles é algo que ouvi de muitas pacientes. Mas, assim como o ganho de peso, esses desejos que lembram dependência não são culpa sua. Jogue a responsabilidade deles nos neuropeptídeos Y (NPY), os responsáveis por desencadearem o desejo por carboidratos.

Outro aspecto maluco do NPY é estar intimamente envolvido com a motivação e a busca por comida. Sabe aqueles momentos em que você vasculha a geladeira procurando algo para comer? É o NPY em ação.

Produzido por células do cérebro e do sistema nervoso, o neuropeptídeo Y é um dos mais poderosos estimulantes de apetite. Ele é desencadeado por baixos níveis de leptina e restrição calórica (o que explica, em parte, por que tantas dietas falham); nossos níveis ficam mais altos quando fazemos jejum e mais baixos depois de uma refeição. Além disso, os níveis de NPY se elevam em momentos de estresse, o que leva ao consumo excessivo de comida e ganho de gordura visceral.

O NPY nos faz *diminuir* o intervalo entre as refeições, nos deixa mais motivadas a comer e retarda o sinal do cérebro de que estamos satisfeitas.

Como a Dieta Galveston reduz o NPY

Quando você começar a reorientar suas fontes de energia na Dieta Galveston, pode esperar que os desejos por carboidratos se tornem coisa do passado. Veja como fazer disso um hábito:

Consuma a quantidade certa de proteína. Pessoas com dietas pobres em proteína podem apresentar níveis elevados de NPY. A quantidade adequada de proteína para uma mulher com mais de 50 anos é de 20 a 25 gramas três vezes ao dia, ou cerca de 80 gramas de proteína de alta qualidade.

Inclua fibras solúveis prebióticas suficientes em sua dieta. Fibras solúveis alimentam bactérias benéficas no sistema digestivo, o que garante um intestino saudável e combate os desejos por carboidratos.

Controle o estresse. Como o cortisol, o NPY pode ser reduzido com a adoção de comportamentos que diminuem o estresse em sua vida.

Peptídeo-1 semelhante ao glucagon

O peptídeo-1 semelhante ao glucagon (GLP-1) é um hormônio produzido pelo trato gastrointestinal quando os nutrientes acessam o intestino. Níveis mais elevados de GLP-1 controlam o apetite e estão associados à perda de peso. Esse hormônio também desacelera o processo digestivo e ajuda os nutrientes a serem liberados de modo mais uniforme. Ele melhora a produção de insulina no corpo e evita que o fígado libere mais açúcar para a corrente sanguínea do que o necessário. O GP-1 é, portanto, muito importante para o controle da glicemia e da insulina.

Como a Dieta Galveston aumenta o GLP-1

Quando você começar a Dieta Galveston, descobrirá que tem menos fome e menos desejo por certos alimentos. Um dos principais motivos para isso é a ingestão de mais alimentos que impulsionam o GLP-1. Minhas recomendações são as seguintes:

Peixe, proteínas do soro do leite (queijo cottage, ricota e leite) e iogurte. Esses alimentos aumentam os níveis de GLP-1 e melhoram a sensibilidade à insulina.

Alimentos ricos em antioxidantes (especialmente legumes e frutas). Esses alimentos previnem a inflamação crônica, que está associada a baixos níveis de GLP-1, portanto, uma dieta com esses nutrientes pode aumentar os níveis desse hormônio. Pesquisas constataram que folhas verdes, como o espinafre e a couve, estimulam maiores níveis de GLP-1 e auxiliam na perda de peso.

Alimentos probióticos, como iogurte. Os probióticos aumentam os níveis de GLP-1 e reduzem a ingestão de alimentos.

Colecistocinina

Aqui está outro hormônio muito interessante — a colecistocinina (CCK). Ela é benéfica a todos que querem perder peso por dois motivos importantes:

Primeiro, ela age como um inibidor do apetite, reduzindo a ingestão de comida. Sem dúvida, isso é uma vantagem se você está tentando comer menos e perder gordura corporal. A CCK diminui a velocidade com que os alimentos se movem pelo trato digestivo, conferindo uma sensação de saciedade por mais tempo. Segundo, a CCK estimula a digestão das gorduras, o que ajuda a melhorar a composição corporal e a controlar o apetite.

No corpo, a CCK é secretada por células especiais da parede do intestino, estimuladas pela ingestão de alimentos que contêm gordura. Basicamente, ela desencadeia a liberação da bile e de enzimas pancreáticas para a digestão.

Como a Dieta Galveston aumenta a CCK

Alimentos ricos em proteínas, gordura e fibras aumentam a produção de CCK, mas você também os consumirá por muitos outros motivos (veja os anteriores!). Consuma também alimentos ricos em ácidos graxos ômega-3, como peixes.

Peptídeo YY

O peptídeo YY (PYY) é um hormônio produzido no intestino delgado. Ele é liberado após a alimentação e inibe o apetite. Na verdade, é um dos hormônios que provoca a saciedade depois de comer porque retarda o esvaziamento do estômago.

A quantidade de PYY enviada para o sangue depende do tipo de comida que ingerimos. Gorduras e proteínas, por exemplo, estimulam a liberação de uma quantidade maior do hormônio. Sua secreção também é estimulada pelos sucos digestivos (como a bile).

Os níveis de PYY ficam mais elevados na segunda hora após a alimentação, depois disso, eles caem gradativamente. Na ausência de alimentação, como durante a noite, os níveis desse hormônio ficam baixos.

Com baixas concentrações de PYY, o apetite aumenta e você quer continuar comendo. Pessoas obesas ou que têm diabetes tipo 2 costumam apresentar níveis baixos — o que obviamente agrava o ganho de peso.

Como a Dieta Galveston aumenta o PYY

Os planos alimentares da Dieta Galveston são formulados para ajudá-la a regular os níveis de PYY, além de outros hormônios. O cenário ideal é o seguinte:

Adote uma dieta pobre em carboidratos. Isso faz parte de um esforço para estabilizar os níveis de açúcar no sangue. Quando elevados, eles inibem os efeitos do PYY.

Consuma quantidades suficientes de proteína. A proteína pode ser de origem animal ou vegetal; meus planos alimentares mostrarão como fazer isso.

Inclua fibras adequadas. Ingerir a quantidade suficiente de fibras é essencial à sua alimentação.

Entender como os hormônios afetam seu peso e os sintomas relacionados à menopausa é um primeiro passo importante na direção da boa saúde. Quando você se dá conta de que seu comportamento em relação à comida é motivado pelos hormônios, pode começar a parar de se censurar por supostos fracassos e se concentrar em mudar o padrão de sua alimentação. Você tem muito mais controle sobre seu corpo do que imagina! Além disso, não tem nada a perder — exceto aqueles quilos teimosos!

Aviso importante: você deve considerar uma terapia de reposição hormonal?

Houve grandes avanços no campo da terapia de reposição hormonal (TRH), que chegou para ficar. A TRH pode mudar a vida de muitas mulheres.

A TRH proporciona muitos benefícios. Ela pode:

- Reduzir a cintura com a diminuição de gordura abdominal.
- Redistribuir a gordura corporal de modo que você fique um pouco mais proporcional.
- Reduzir a glicemia de jejum e os níveis de insulina, ajudando a evitar a resistência à insulina e o diabetes tipo 2.
- Melhorar os perfis de lipídios do sangue, incluindo o colesterol e os triglicerídeos, muitas vezes os vilões de um coração saudável e, assim, reduzir o risco de doenças cardiovasculares.
- Reduzir perda óssea, ajudando a evitar a osteoporose.
- Melhorar a cognição (menos névoa mental!).
- Aumentar a sensação de bem-estar.

Só você e seu médico podem decidir se a TRH é ideal para você, mas, quanto mais informações científicas tiver, mais consciente será a sua escolha e mais confiante você se sentirá sobre a decisão. Aqui estão alguns dos fatores essenciais que discuto com as mulheres que pensam em se submeter à TRH:

- Em geral, deve-se começar o tratamento durante a pré-menopausa ou nos primeiros anos da menopausa.
- Entenda que é principalmente a deficiência de estrogênio em seu organismo que causa parte de seu ganho de peso e outros sintomas importantes da pré-menopausa e menopausa. Por esse motivo, a TRH foi aprovada apenas para tratar distúrbios vasomotores (mudanças na função do sistema vascular, como ondas de calor) e para reverter alterações vaginais, como o afinamento da parede da vagina e a falta de lubrificação. A FDA[1] não aprovou a TRH para a perda de gordura visceral ou para a redução de inflamação (embora seja útil para ambas).
- Se você tem útero, entenda que não deve tomar apenas estrogênio, por causa do risco de desenvolver câncer endometrial. Adicionar progesterona à terapia reduz esse risco, e a terapia combinada é sempre uma terapia de escolha. Se você não tem o útero, a progesterona não é necessária.

Não deixe de consultar um médico experiente em TRH, que vai recomendar uma terapia especialmente pensada para a sua situação.

---

1 Food and Drug Administration — órgão governamental dos Estados Unidos que faz o controle dos alimentos (tanto humanos quanto veterinários), suplementos alimentares, medicamentos (humanos e veterinários), cosméticos, equipamentos médicos, materiais biológicos e produtos derivados do sangue humano. [N. da T.]

CAPÍTULO 3

Prepare-se para mudar sua vida

Perder peso e aliviar os sintomas da meia-idade enquanto segue a Dieta Galveston a deixará mais saudável. Mas a notícia realmente boa é que, ao se habituar ao programa, você reduzirá significativamente a gordura abdominal, as ondas de calor, a fadiga, a confusão mental, o mau humor etc. Vi mulheres que, há apenas duas semanas seguindo o programa, começaram a experimentar essas mudanças positivas. Portanto, cada esforço que fizer será recompensado!

Sei que você está ansiosa para iniciar seu novo estilo de vida. Mas antes de realmente começar, eu aconselho a ir com calma. Reserve alguns dias ou uma semana para ler este livro. É importante que você saiba exatamente o que está acontecendo em seu corpo nesta fase de sua vida, que compreenda por que o programa apresenta esse conteúdo, e que veja como as três partes do livro agem em conjunto. É preciso entender o que os planos alimentares implicam e por que estão estruturados da forma como estão.

Então, assimile essas informações. Armada de conhecimentos nutricionais, você será mais bem-sucedida nas mudanças em seu estilo de vida e fará maiores progressos para reduzir os riscos de doenças e se tornar mais saudável.

Portanto, meu primeiro conselho é não se apressar. Reserve um tempo para investir em si mesma. Você tem o resto da vida para dominar o plano! Então, aqui estão vários passos preparatórios que a ajudarão a ter sucesso.

Saiba quais são as suas medidas

Você só saberá se foi bem-sucedida se tiver uma visão clara de onde começou — de onde está. Assim, é importante tirar medidas do seu corpo e, de vez em quando, usar a balança para avaliar seus resultados.

1. Verifique o seu peso atual. Ensino às minhas alunas na Dieta Galveston a "romper" com a balança. Sei que isso parece assustador, mas conversaremos a respeito. A balança é útil, mas não é a única medida que existe, pois não avalia realmente seu nível de saúde. Lembre-se, a principal meta deste programa é deixar você o mais saudável possível. É comum que mulheres percam alguns centímetros com este programa, principalmente na cintura, sem nenhum registro de perda de peso na balança. Isso ocorre porque elas provavelmente estão ganhando massa muscular enquanto perdem gordura corporal, e músculos geralmente pesam mais que gordura. Além disso, músculos ocupam menos espaço no corpo. Está tudo bem considerar o número na balança em uma avaliação geral, mas não permita que ele dê a palavra final.

Assim, pese-se hoje, anote o peso e a data em um caderninho e deixe-o à mão. Lembre-se de que o peso é só um dado para avaliar o seu progresso; não fique obcecada com o que a balança diz.

2. Meça as circunferências de seu corpo. Compre uma fita métrica e meça os quadris, o abdômen e a coxa. Anote as medidas no caderninho onde registrou seu peso.

Aqui estão algumas dicas para tirar as medidas:

Para maior precisão, tire as medidas nua logo pela manhã, antes de quebrar o jejum, a fim de evitar qualquer inchaço causado pela refeição.

- Respire normalmente e não "se encolha" para obter um número melhor. Você quer que as medidas reflitam a sua situação real, não é?
- Meça-se diante do espelho para garantir que a fita métrica esteja reta.
- Para medir sua cintura, fique em pé e expire. Meça ao redor da parte mais estreita. Para muitas mulheres, isso costuma ser logo acima do umbigo, mas talvez a sua esteja mais ao alto.

Nota: A medida da cintura é uma das avaliações mais importantes da sua saúde geral. Gordura demais ao redor da cintura indica que você pode estar acumulando excesso de gordura visceral. Essa gordura apresenta riscos significativos à saúde. O ideal é que você tenha uma cintura com menos de 88 centímetros.

- No quadril, meça ao redor da parte mais larga das nádegas. Embora isso varie de uma pessoa para outra, a medida do quadril é tomada a cerca de 18 centímetros abaixo da cintura.
- Estique a fita métrica de modo a ficar justa, mas não muito apertada.

3. Calcule a sua relação cintura-quadril. A relação cintura-quadril (RCQ) é o indicador da distribuição de peso em seu corpo, especialmente em termos de saúde. Na verdade, é a avaliação mais importante feita na Dieta Galveston porque indica o quão saudável você está, além de apontar quaisquer riscos à saúde que possa estar enfrentando. Quando a sua RCQ melhora, o mesmo acontece com sua saúde — e esse é o principal objetivo deste programa.

Agora, para calcular a sua RCQ, divida a circunferência da cintura pela do quadril. Registre a RCQ em seu caderninho.

4. Tire uma foto sua. Pode ser desconfortável e desencorajador, mas acredite, mais tarde, à medida que avança no programa, você vai adorar ver os resultados.

De acordo com o plano, você tomará suas medidas outra vez depois de quatro semanas e recalculará a sua RCQ. Espere para ficar totalmente inspirada pelos centímetros e quilos que perdeu — um sinal de que está queimando pura gordura e melhorando sua saúde em geral.

A RCQ e sua saúde

Um grande conjunto de evidências científicas mostra que uma RCQ elevada é um prognóstico de doenças cardiovasculares, hipertensão, diabetes, doenças na vesícula biliar e até mesmo câncer.

Com frequência, mulheres na menopausa experienciam um aumento significativo em sua RCQ – o que quer dizer que correm grande risco de apresentar doenças cardíacas, fraturas no quadril e certos tipos de câncer (incluindo o de mama e o endometrial). Por outro lado, os pesquisadores também constataram que a redução da RCQ está associada a maiores benefícios à saúde e menores riscos de desenvolver essas doenças.

Como orientação geral, aqui está uma tabela comumente usada para lhe dar uma ideia do que a sua RCQ atual pode indicar.

Relação cintura-quadril

Risco à saúde	RCQ
Baixo	0,80 ou menor
Moderado	0,81-0,85
Alto	0,86 ou maior

Baixe um aplicativo de nutrição

Desde a fundação da organização e da criação da Dieta Galveston em 2017, notei que as mulheres mais bem-sucedidas com o programa são aquelas que monitoram seus micro e macronutrientes ("os macros").

Macronutrientes são as três categorias de nutrientes que você mais consome e que proporcionam a maior parte de sua energia: carboidratos, proteínas e gordura. Micronutrientes, por outro lado, são nutrientes vitais que o corpo usa em quantidades menores: vitaminas, minerais, fibras, antioxidantes e fitoquímicos. É possível monitorá-los com um aplicativo de celular.

O meu aplicativo preferido para monitoramento nutricional é o Cronometer. Ele tem um banco de dados nutricionais abrangente e amplo que ajuda a desenvolver o hábito de reorientar suas fontes de energia. Outros bons aplicativos são o Carb Manager, MyFitnessPal, Fitbit, Lose It! e MyNetDiary.[1] Naturalmente, você precisa ter um celular. Depois de baixar o aplicativo escolhido, use o banco de dados para começar a controlar suas escolhas nutricionais e ficar mais consciente do que ingere. Usar esses aplicativos é como usar dinheiro ou um cartão de débito em vez de um cartão de crédito para pagar algo: você sempre sabe exatamente onde se encontra no "orçamento" nutricional.

Certifique-se de que o aplicativo escolhido está personalizado para rastrear porcentagens de macros e *net carbs*, ou carboidratos líquidos (total de gramas de carboidratos menos seus gramas de fibras; veja mais detalhes sobre por que isso é importante na página 92). A título de experimentação, use o aplicativo

---

1 Com exceção do MyFitnessPal e do Lose It!, os outros aplicativos indicados pela autora estão em inglês. O FatSecret e o Lifesum, entre outros, também são aplicativos em português. (N. E.)

escolhido para começar a monitorar o que come na semana inicial em que está lendo o livro.

Você não vai monitorar ou contar calorias na Dieta Galveston. Como já mencionei, contar calorias não é o melhor método para perder peso — eis aqui o motivo. As calorias não são criadas da mesma forma; diferentes alimentos exercem efeitos muito diferentes nos hormônios, no gasto de energia e na sensação de fome. Quando você ingere alimentos processados de baixa qualidade e ricos em calorias vazias, seu corpo nunca fica satisfeito. Ele continua pedindo mais comida, na esperança de que você continue a alimentá-lo e supri-lo com mais nutrientes. Ou seja: você come demais e ganha peso.

O oposto ocorre quando ingerimos alimentos nutritivos de alta qualidade. É menos provável que você coma demais porque está nutrindo o corpo com o que ele necessita nas quantidades adequadas. Para a maioria das pessoas, simplesmente mudar a seleção de alimentos para aqueles sugeridos neste plano ajudará na perda de peso, queimará gordura, desestimulará desejos e aumentará a saúde.

Crie um diário

Sou muito favorável à criação de um diário. A prática de se sentar e registrar seus pensamentos diários ajuda na definição e na realização de metas (mentais, físicas, alimentares etc.). Essa reflexão também leva à prática de gratidão pela ajuda ou pelo encorajamento recebidos de terceiros. Escrever um diário é, basicamente, uma forma de se manter responsável. O diário também é um ótimo local para registrar as medidas do corpo e a RCQ. As primeiras páginas podem ser usadas para fixar suas metas pessoais de peso e saúde.

O quanto escrever no diário depende de você e, de qualquer forma, sinta-se à vontade para escrever sobre qualquer coisa. Mas, em termos do programa, aqui estão alguns tópicos em que pensar todos os dias:

Hoje estou grata por: ______________________________________
Duas práticas de autocuidado que farei: ________________________
Vitórias ou comemorações de hoje: ____________________________
Minhas intenções para hoje: _________________________________

(Nota: Trata-se de comprometimentos pessoais, como “Tentarei fazer algo desafiador hoje”, “Estou satisfeita comigo mesma”, “Acho que sou linda”, “Assumirei o compromisso de seguir meu plano alimentar” etc.)

Hoje, vou deixar de: ___________________________________

(Por exemplo, alimentar ressentimentos, ter certos pensamentos negativos, ter arrependimentos, estresse autoimposto etc.)

Meu plano de exercícios de hoje: ___________________________

Minha janela de jejum: ______________ (Por exemplo, das 20 às 12 horas do dia seguinte.)

Meus macros diários: carbos ______________ gorduras ____________ proteínas _____________

Você não precisa de nada sofisticado para o seu diário — apenas um caderno simples, se for escrever à mão, ou um arquivo separado no seu computador ou tablet. Para mais ideias, veja o *Daily Recharge Journal* [Diário de Recarga Diária] que criei, está disponível em meu site [conteúdo em inglês]. Ele tem espaços para cada um desses tópicos todos os dias.

Considere a ingestão de certos suplementos

Muitas pessoas me perguntam sobre o valor de tomar suplementos nutricionais. Respondo sempre enfatizando que, acima de tudo, suplementos são apenas isso — destinados a *suplementar* a alimentação, não para substituir alimentos. A sua nutrição deve vir, principalmente, de alimentos naturais integrais, não de pílulas. Frutas, legumes e outros alimentos saudáveis contêm nutrientes e outras substâncias não encontradas em pílulas ou cápsulas. Não se consegue esse efeito sinérgico de um suplemento.

Dito isso, a dieta ocidental típica deixa muito a desejar. Estudos mostram que faltam vários nutrientes importantes a nossas refeições, incluindo magnésio, vitamina D e fibras. De fato, é difícil obter muitos desses nutrientes apenas por meio da alimentação, e eu mesma tive dificuldades nesse sentido.

Elaborei a Dieta Galveston para ser rica em fibras, vitamina D, magnésio, ácidos graxos ômega-3 e outros nutrientes essenciais. No Capítulo 7, você aprenderá como selecionar as fontes de alimentos mais nutritivos. Ainda assim, talvez não obtenha tudo de que precisa. Nesse caso, suplementos podem ser uma proteção que compensa o que está faltando. Embora você não precise de suplementos para ser bem-sucedida com a Dieta Galveston, pense em usar estes três suplementos a seguir — só para garantir.

Suplementos de fibras

Pode ser difícil obter todas as fibras necessárias para uma boa saúde só na ingestão de alimentos. Acredite, eu tentei! Todos precisamos de 25 a 30 gramas de fibras diariamente. Isso é muito, portanto a suplementação é uma ótima opção. Outra razão pela qual a recomendo é pessoal. Tive um tio que morreu de câncer de cólon aos 51 anos. A doença foi diagnosticada quando ele tinha 40 e poucos anos, e ele lutou muitos anos antes de sucumbir. Também tenho tias, tios, primos e dois irmãos que morreram de câncer. Acredito que haja uma predisposição genética e, talvez, eu seja propensa a desenvolver a doença — motivo pelo qual quero estar na melhor condição possível para lutar contra o câncer, caso me atinja.

As fibras podem proteger o corpo contra o câncer. Uma grande variedade de publicações sugere que ingerir muitos alimentos ricos em fibras exerce um efeito protetor contra o câncer de cólon, por exemplo. Há evidências também que mostram que uma alimentação rica em fibras protege contra o câncer de mama, de ovário, endometrial e gastrointestinal.

Há muitos suplementos de fibras disponíveis no mercado, e eu ofereço um em meu site (veja a seção Recursos na página 238 ou acesse o link lá presente para mais informações [conteúdo em inglês]). Se você está pensando em tomar um suplemento de fibras, veja o que procurar ao escolher o produto:

- Verifique se ele contém fibras solúveis e insolúveis.
- Atente-se à fonte das fibras. Algumas são derivadas de ingredientes naturais, enquanto outras são sintéticas. É melhor para a saúde e a digestão tomar suplementos com fibras naturais. Quando formulei o suplemento de fibras de nossa empresa, escolhi fibras naturais sem glúten, como trigo sarraceno (solúveis e insolúveis), chia (solúvel), painço (insolúvel), amaranto (insolúvel) e quinoa (solúvel e insolúvel). Outras boas fontes de fibras naturais são a pectina, uma fibra solúvel encontrada principalmente em frutas vermelhas, e o *psyllium*, uma fibra solúvel presente na casca das plantas do gênero *Plantago*.
- Leia o rótulo para conferir o teor de açúcar dos suplementos. Muitos suplementos de fibras saborizados — em pó e em gomas — contêm uma grande quantidade de açúcar. Há marcas de *psyllium* que contêm 16 gramas de açúcar por dose — isso equivale a 4 colheres de chá!

Evite todo esse açúcar optando por versões em pó sem açúcar (certifique-se de que são adoçados com estévia e não adoçantes químicos).

Atenção: se você não está habituada a tomar suplementos de fibras, comece devagar. Adicionar muitas fibras à sua dieta de imediato pode desencadear alguns efeitos colaterais desconfortáveis, como distensão abdominal, cólicas e flatulência. Aumente a quantidade aos poucos, você pode começar com metade da dose recomendada durante uma ou duas semanas antes de tomar a dose total por dia.

Vitamina D

O corpo precisa da luz do sol para produzir vitamina D, mas, nas grandes cidades, temos insuficiência dessa vitamina. Um dos motivos para isso é uma dieta cada vez mais pobre em laticínios, que são boas fontes de vitamina D. Além disso, cada vez mais pessoas ficam em ambientes internos (nos escritórios ou na frente do monitor, em casa) todos os dias, sem sair muito. Se você mora em um local em que o sol é limitado em parte do ano, provavelmente não obtém a vitamina D de que necessita nesse período. Ou, se você mora em locais com longos dias ensolarados, talvez use muito protetor solar ou fique na sombra a fim de evitar câncer de pele. E, finalmente, se a pigmentação de sua pele é mais escura, não absorve tanta luz solar, o que significa que você converte menos a vitamina D em sua forma ativa.

A vitamina D cuja ingestão é recomendada é a vitamina D_3, ou colecalciferol, porque o corpo a absorve com mais facilidade.

Suplementos de ácidos graxos ômega-3

Eu tenho um caso de amor permanente com ácidos graxos ômega-3 por causa dos muitos benefícios que oferecem para o corpo e para o cérebro; discuto esse assunto com mais detalhes no Capítulo 7.

Embora os ácidos graxos ômega-3 sejam encontrados nos alimentos — especialmente em peixes, sementes e nozes — pode ser difícil obter todos os benefícios que eles promovem à saúde apenas dos alimentos. Por esse motivo, recomendo a suplementação.

Ao escolher um suplemento, certifique-se de que contenha ácido eicosapentaenoico (EPA) e ácido docosahexaenoico (DHA), que são os ácidos graxos ômega-3 mais eficazes, encontrados em peixes gordurosos e algas.

Não há uma orientação oficial para o consumo de ômega-3, mas organizações de saúde respeitadas geralmente recomendam um mínimo de 500 miligramas de EPA e DHA combinados por dia, a menos que indicado de outra forma por um profissional de saúde.

Aviso importante: três coisas a fazer – e comece agora!

Se você está na pré-menopausa ou menopausa, preste atenção. Ao iniciar a Dieta Galveston (Parte II), comece a fazer três coisas agora para a sua saúde:

- Certifique-se de fazer o tipo certo de atividade física para o seu corpo e pelo período adequado. Geralmente, o ideal é uma combinação de treinamento de resistência e exercício aeróbico. Se você não está se exercitando no momento, procure uma academia, fale com um instrutor ou crie um plano de exercícios em sua casa. Pratique pelo menos três vezes por semana em sessões de 45 minutos a 1 hora. Estudos mostram que muitas das mudanças – tanto físicas quanto mentais – que associamos ao envelhecimento e à menopausa são, em parte, resultado da inatividade.
- Prepare-se mentalmente para mudar sua alimentação. Em se tratando de pré-menopausa e menopausa, fique atenta aos alimentos ricos em proteínas, antioxidantes, vitaminas e minerais, e fibras; por exemplo, legumes, frutas, peixes, aves. Acrescente esses alimentos à sua dieta, se já não os consome no dia a dia. Reduza as calorias vazias obtidas por meio do açúcar, de alimentos não saudáveis e do álcool. E tome bastante água todos os dias (cerca de dois litros por dia). A água transporta nutrientes, hormônios e oxigênio às suas células e elimina resíduos da corrente sanguínea e do sistema linfático (uma rede de tubos delicados em todo o corpo). A água também lubrifica as articulações, melhora a saúde e nos dá mais energia física e mental.
- Pare de fumar. Há inúmeras razões relacionadas à saúde para você parar de fumar. Mas existem ainda mais razões quando se trata da pré-menopausa e da menopausa. Para começar, mulheres fumantes têm mais ondas de calor enquanto passam pela menopausa, além disso, o fumo pode causar uma menopausa precoce por causa de seu impacto

na redução da produção de estrogênio. O principal motivo para isso tem a ver com a nicotina (do fumo ou do cigarro eletrônico); a nicotina corta os níveis de estrogênio circulante e leva à menopausa precoce.

Além disso, fumar durante a pré-menopausa e a menopausa aumenta em muito o risco de desenvolver doenças como câncer, cardiopatia, derrame cerebral e osteoporose. Se você está pensando em iniciar uma terapia de reposição hormonal, saiba que, se você fumar, a maioria dos médicos nem mesmo a prescreverá, por causa do efeito adverso do cigarro nos hormônios. Assim, entre para um programa de tratamento do tabagismo ou peça ao seu médico recomendações sobre como parar de fumar.

Quando seu corpo está em um momento de mudanças tão acentuadas, faz sentido que você queira toda ajuda adicional que puder obter. Essas três ações são um ótimo meio de começar.

Prepare o seu mundo para o sucesso

O seu ambiente — físico e social — exerce um forte impacto em seu sucesso de longo prazo e desempenha um papel importante em motivar comportamentos positivos. O ambiente influencia suas decisões, suas escolhas e suas atitudes.

Assim, o ambiente social é muito importante para a obtenção de sucesso. Por exemplo, é importante que sua família, seus amigos e seus colegas de trabalho saibam o que você está prestes a fazer. Não creio que eu teria tido êxito; não só em adotar minha primeira versão da dieta, mas também em desenvolvê-la; não fosse pelo total apoio da minha família.

Estudos mostram que refletimos o comportamento das pessoas que nos cercam. Isso significa que é essencial que nosso círculo social nos apoie e nos inspire. Mais importante, ele NÃO pode ser destrutivo ou negativo ou ter uma tendência de sabotar nossos esforços. Você gostaria de fazer a Dieta Galveston com uma amiga? Conseguiria encontrar alguém para se exercitar com você? Sempre que puder, cerque-se de pessoas que também estão agindo para melhorar a saúde, o preparo físico e a alimentação. Muitas mulheres que transformaram a Dieta Galveston em seu novo estilo de vida me contam que se beneficiaram do apoio encontrado em minha comunidade online. Junte-se a ela! Veja a seção Recursos na página 238.

Seu ambiente físico é igualmente importante. Aqui estão algumas sugestões fáceis para preparar esse ambiente de modo a contribuir para o seu sucesso:

- Abasteça sua despensa com todos os alimentos e ingredientes essenciais usados na Dieta Galveston.
- Retire os alimentos tentadores e os substitua pelos que atendam às suas metas. Ou compre os alimentos tentadores apenas para ocasiões especiais e, de preferência, em pequenas quantidades.
- Crie o hábito de preparar as refeições usando os planos de refeições no Capítulo 8 como guia. Por exemplo, prepare refeições e lanches com antecedência. Tenha à mão produtos frescos e naturais já preparados. Se necessário, compre legumes pré-cortados, por exemplo. Eu incluo algumas dicas de preparação no Capítulo 8.
- Criar um ambiente positivo é uma forma importante para progredir no programa. Assim, você controlará seu ambiente antes que ele a controle. Isso torna os comportamentos problemáticos *inconvenientes* e os saudáveis, *convenientes*.

Perder peso, mantê-lo e ficar mais saudável não são soluções rápidas. Nenhuma solução rápida fará com que você se mantenha no peso que deseja. Às vezes, essas soluções e as dietas da moda podem agravar uma situação e até mesmo prejudicar a saúde. A melhor maneira de manter o peso no longo prazo é perdendo-o devagar, seguindo uma dieta saudável voltada para atender às suas necessidades nesses estágios de flutuação hormonal da meia-idade. Portanto, concentre-se em comer alimentos saudáveis e em se envolver em atividades de que goste. Sim, você ainda pode comer a amada pizza de vez em quando e tomar uma taça de vinho. Modificar seus hábitos alimentares não significa ser restritiva; na verdade, significa ter liberdade. Você fará mudanças saudáveis com as quais viverá durante um tempo longo e mais feliz.

PARTE II

AS AÇÕES

CAPÍTULO 4

Ação 1: Jejum intermitente

Eu não quis adotar a prática do jejum intermitente (JI) assim que ouvi falar dele. Duvidei, achei que era uma moda passageira. Não queria desistir do café da manhã de que gostava tanto e não estava preparada para eliminá-lo.

Contudo, porque estava desenvolvendo a Dieta Galveston, mantive a mente aberta e mergulhei nas pesquisas. Assisti a um TED Talk do Dr. Mark Mattson, chefe do Laboratório de Neurociências do Instituto Nacional do Envelhecimento, que havia feito uma extensa pesquisa sobre jejum intermitente. Ele afirmou que o jejum intermitente definitivamente combate a inflamação. Esse ponto, por si só, foi suficiente para eu comprar a ideia. Eu já sabia que a Dieta Galveston incorporaria alimentos anti-inflamatórios, de modo que adicionar o jejum intermitente ao plano fazia sentido: era mais uma arma para lutar contra a inflamação.

Por experiência própria, sei que o jejum intermitente é fundamental. Vamos analisar como é feito e por que a ajudará a ficar mais magra, mais saudável e mais jovem por mais tempo.

O que é jejum intermitente?

O jejum intermitente é um padrão de alimentação que gira em torno de períodos de ingestão e não ingestão de alimentos (jejum). Há vários meios de praticá-lo. Um deles é o método 5:2, no qual se jejua o dia todo, duas vezes por semana. Depois dos dias de jejum, você consome refeições regulares nos cinco dias restantes.

Outro método é o coma-pare-coma, ou seja, você faz um jejum de 24 horas uma ou duas vezes por semana. Por exemplo, você jejua depois do jantar de um dia até o jantar do dia seguinte. Isso forma um jejum de 24 horas. Há também a dieta Uma refeição por dia (OMAD)[1], que consiste em jejuar a maior parte do dia e, depois, consumir uma boa refeição completa. Pode ser o café da manhã, o almoço ou o jantar. Seguindo o mesmo padrão de alimentação todos os dias.

Outra variação é o jejum em dias alternados. Consiste em um dia (24 horas) sem comer nada ou apenas uma pequena porção, seguido de 24 horas de alimentação normal (isto é, três refeições normais). Você simplesmente alterna os padrões: um dia de jejum seguido por um dia de refeições normais.

A alimentação com restrição de tempo é outro método. Ele restringe as refeições à parte da manhã e início da tarde, seguidas por um jejum que dura o resto do dia e da noite.

O jejum intermitente 16:8

Para a Dieta Galveston, recomendo o método de jejum intermitente 16:8. Esse padrão de jejum/alimentação consiste em consumir todas as refeições em uma janela de tempo diária de 8 horas. Então você jejua, ou seja, não se alimenta, por 16 horas, e grande parte delas transcorre durante a noite, quando você está dormindo. Repita esse ciclo tantas vezes quantas quiser, de apenas uma vez por semana a todos os dias, mas, para um aproveitamento maior, siga o padrão 16:8 todos os dias.

É fácil seguir o padrão de jejum intermitente 16:8; eu o chamo de "jejum fácil". Ele oferece resultados mensuráveis com interferência mínima em sua dieta e, geralmente, é considerado menos restritivo do que os outros métodos. Além disso, funciona com praticamente todos os estilos de vida. A maioria das participantes do programa online da Dieta Galveston acha que o 16:8 é o plano de jejum mais fácil de manter porque é mais próximo de um cronograma de alimentação normal. Ele também cria um hábito diário perdurável, o que é essencial ao sucesso do programa.

---

1 *One meal a day*. [N. da T.]

A maneira mais comum de praticar o método 16:8 é pular o café da manhã, almoçar por volta do meio-dia e terminar de jantar às 20 horas. Assim, se você termina a última refeição nesse horário e não come até o meio-dia do dia seguinte, terá jejuado durante 16 horas.

Entretanto, o que fazer se você geralmente termina o jantar muito mais cedo? Não se preocupe, o 16:8 é muito flexível. Contanto que mantenha as janelas de alimentação e de jejum, o programa pode ser adaptado de modo a funcionar para você.

Dentro da janela de alimentação elaborada para o programa, você pode consumir duas refeições saudáveis e dois lanches da Dieta Galveston sem contar calorias. Contudo, o método 16:8 não funcionará bem se você ingerir muitos alimentos processados, não saudáveis, com açúcar adicionado ou cheios de carboidratos refinados. Beba água, café puro e chá, pois a ingestão de líquidos é essencial durante o jejum.

As evidências relacionadas aos benefícios do jejum 16:8 para a saúde têm crescido nos últimos anos. Um estudo publicado na revista *Cell Metabolism* alegou que esse método "resultou em perda de peso, redução da gordura abdominal, diminuição da pressão arterial e níveis de colesterol mais saudáveis". Além disso, também é um dos melhores tratamentos para a névoa mental. (Para detalhes sobre os benefícios do jejum intermitente, veja as páginas 60–65.)

Os primeiros jejuns

Fazer jejum não é algo novo. Muitas religiões o praticam como parte de seus rituais. Os muçulmanos jejuam do amanhecer ao anoitecer durante o mês do Ramadã, e judeus, budistas e hindus tradicionalmente jejuam em determinados dias da semana ou períodos do ano. No cristianismo, as práticas de jejum variam. A Bíblia não exige um dia específico ou período para o jejum, mas se refere a ele como uma prática espiritual benéfica. Os católicos jejuam na Quarta-Feira de Cinzas e na Sexta-Feira Santa, e os mórmons no primeiro domingo de cada mês. As religiões têm enfatizado que o jejum é bom para a alma e expressa devoção, mas seus benefícios para a saúde só foram reconhecidos no início dos anos de 1900, quando os médicos o usaram para tratar vários distúrbios, incluindo o diabetes, a obesidade e a epilepsia.

Porém, o jejum é anterior às religiões organizadas. Nossos ancestrais caçadores-coletores foram os primeiros praticantes do jejum intermitente. Depois do êxito em caçar animais ou colher plantas, eles comemoravam. Quando a caça falhava ou não havia plantas para colher, eles jejuavam. Como resultado, evoluíram de modo a serem plenamente funcionais sem alimento por longos períodos de tempo. Isso significa que, de um ponto de vista ancestral, nosso corpo está geneticamente equipado para prosperar em um ciclo de jejum-alimentação. Em outras palavras, fomos feitos para o jejum intermitente.

Os benefícios do jejum intermitente

Quando praticado com segurança, o jejum intermitente oferece grandes benefícios para a saúde das células, dos órgãos, da corrente sanguínea, dos hormônios, dos sistemas corporais e de outras partes e funções do corpo. Vamos analisar todos os benefícios do jejum intermitente.

Controle da glicemia e da insulina

O jejum intermitente também melhora a sensibilidade à insulina e, além de reduzir seus níveis, ajuda a reduzir a resistência a ela. Níveis mais baixos de insulina ajudam o corpo a queimar gordura com mais facilidade. Além disso, constatou-se que o jejum intermitente reduz a glicemia em 3 a 6% e os níveis de insulina em jejum em 20 a 31% — uma redução que ajuda a proteger contra o diabetes tipo 2. Essas evidências são importantes porque a glicemia e a insulina desreguladas são grandes causadoras de inflamação.

Um grande estudo, feito em 2018, constatou que quase metade dos participantes com diabetes tipo 2 pôde interromper o uso de medicação e atingir a remissão depois de adotar o hábito do jejum intermitente por doze meses. Esses são resultados notáveis quando falamos de tratar e controlar o diabetes tipo 2. (Obviamente, nunca pare ou reduza qualquer medicação sem antes consultar seu médico.)

Renovação celular

Os pesquisadores acreditam que, quando se pratica o jejum intermitente, as células sofrem um pouco de estresse, o que parece continuamente recarregar as defesas celulares contra danos moleculares e criar resistência às doenças. Embora a palavra *estresse* tenha uma conotação negativa, sobrecarregar o corpo pode ser benéfico de várias maneiras, por exemplo os exercícios que estressam os músculos e o coração, fortalecendo-os. Contanto que você dê tempo para seu corpo se recuperar, ele ficará mais forte. Há muita semelhança entre como o corpo responde ao estresse da atividade física e como as células respondem ao jejum intermitente.

Uma dessas respostas é a autofagia, um processo de rejuvenescimento que ocorre no nível celular. Pense na autofagia como um tipo de sistema de descarte de lixo em que as células eliminam moléculas danificadas, incluindo as que foram associadas a doença de Alzheimer, doença de Parkinson e outras doenças neurológicas.

A autofagia ajuda o corpo humano em muitos aspectos, incluindo:

- Prevenção e reversão de doenças relacionadas ao envelhecimento.
- Maior longevidade e desaceleração do envelhecimento.
- Apoio ao sistema imunológico.

O jejum intermitente também aumenta os níveis de "proteínas chaperonas" nas células. Para entender melhor, pense nas proteínas como os burros de carga das células, cada qual com sua função específica.

A estrutura primária das proteínas no interior das células é uma cadeia de aminoácidos. As proteínas só são úteis quando suas cadeias se enovelam em uma configuração específica. Proteínas inadequadamente enoveladas não conseguem realizar sua função; elas se fundem, desenvolvem torrões e congestionam a célula.

Muitas proteínas só conseguem se enovelar se obtiverem ajuda das proteínas chaperonas. Sem elas, as proteínas não conseguem assumir a forma correta e a saúde das células fica comprometida. Contudo, quando as proteínas são adequadamente enoveladas, são as chaperonas que estão no controle.

As proteínas chaperonas também são removedoras naturais de radicais livres dentro das células. Elas encontram radicais livres causadores de doenças e os eliminam, combatendo a degeneração celular.

Anti-inflamação

A inflamação crônica, que causa muitas doenças como o diabetes, problemas nas articulações, esclerose múltipla e síndrome do intestino irritável (SII), pode ser reduzida com o jejum intermitente. Isso tem a ver com os monócitos, um tipo de leucócito ou glóbulo branco que ajuda a combater bactérias, vírus e outras infecções no corpo. Em um relatório publicado na revista *Cell*, em 2019, os cientistas relataram que os monócitos no sangue eram menos inflamatórios quando as pessoas e os camundongos faziam o jejum intermitente.

A galectina-3, outra substância encontrada no sangue, também está associada à inflamação crônica. Cientistas do Instituto do Coração Intermountain Healthcare constataram que o jejum intermitente pode aumentar os níveis dessa proteína reduzindo, assim, a inflamação no corpo.

Por meio de outros estudos, também sabemos que o jejum intermitente ajuda a aliviar doenças inflamatórias. Muitos problemas nas articulações, incluindo a artrite reumatoide, estão ligados à inflamação. Pacientes que praticam o jejum intermitente apresentaram redução da inflamação obtendo alívio da dor e ajuda para proteger as articulações.

Uma das provas mais recentes que mostra a ligação entre o jejum intermitente e a inflamação refere-se a adultos com sobrepeso e asma moderada. Eles se submeteram a um programa de jejum intermitente em dias alternados e perderam 8% do peso em oito semanas. Além disso, apresentaram redução nos marcadores inflamatórios e melhoria nos sintomas da asma.

Descobriu-se que os benefícios anti-inflamatórios do jejum intermitente ajudam a manter as artérias livres de obstrução. Um estudo publicado na *American Journal of Clinical Nutrition*, em 2009, constatou que o jejum intermitente (feito em dias alternados) reduz o colesterol total, o LDL (colesterol ruim) e os triglicerídeos no sangue — todos fatores de risco para doenças do coração e estreitamento das artérias.

Saúde cerebral

Vários estudos, incluindo um relatório publicado na revista *Brain and Behavior*, em 2020, mostram que o jejum intermitente pode estimular o crescimento de novas células cerebrais e de novas vias de sinalização no cérebro, um processo chamado neuroplasticidade, principalmente no hipocampo (o centro de aprendizagem e de memória).

O fato de que o jejum intermitente desencadeia a formação e a liberação de cetonas também é importante, pois as cetonas na corrente sanguínea protegem a memória e o aprendizado e retardam o processo de adoecimento no cérebro.

A autofagia que acompanha o jejum intermitente elimina células mortas ou danificadas e proteínas tóxicas do cérebro, ajudando a prevenir a demência.

Finalmente, estudos com animais mostram que o fator neurotrófico derivado do cérebro (BDNF — do inglês *brain-derived neurotrophic factor*) também aumenta com o jejum intermitente. O BDNF é importante para a função cognitiva e o humor.

Proteção contra o câncer

Entre as mulheres, os cinco tipos de câncer mais comuns são de mama, colorretal, de pulmão, do colo do útero e de estômago. Entre eles, o de mama é considerado o segundo tipo de câncer mais comum no mundo.

Um relatório publicado na revista *Journal of Mid-Life Health* mostrou os motivos pelos quais o jejum intermitente pode proteger contra muitos desses tipos de câncer, principalmente porque interfere nos mecanismos que promovem seu surgimento e sua disseminação. Por exemplo, o jejum reduz a inflamação, que está associada ao desenvolvimento de progressão do câncer. Ele também inibe o crescimento de tumores ao interferir na angiogênese, que é a criação de novos vasos sanguíneos que alimentam os tumores, que, por sua vez, não crescem sem um fornecimento de sangue; assim, o jejum pode desacelerar o seu desenvolvimento. O jejum também combate a obesidade, que é um fator de risco para o câncer.

Além disso, o jejum intermitente reduz os níveis de um hormônio chamado fator de crescimento semelhante à insulina tipo 1 (IGF-1). Essencial para o crescimento normal e a atividade celular, e produzido no fígado, esse hormônio é naturalmente muito importante quando se é jovem. Porém, o IGF-1 alto parece estar associado ao envelhecimento e ao desenvolvimento de câncer quando envelhecemos. Ter níveis elevados de IGF-1 no corpo é como dirigir sempre um carro em alta velocidade sem reparos ou manutenção, o que provavelmente produzirá defeitos no motor. No corpo, o IGF-1 causa defeitos nas células. O resultado é um risco maior de desenvolver câncer e doenças associadas ao envelhecimento. Entretanto, estudos com seres humanos e animais mostraram reduções nos níveis de IGF-1 quando os organismos jejuam. Acredita-se que o jejum faz o corpo desligar o crescimento e se concentrar mais em atividades de reparo e manutenção — e, possivelmente, eliminar o risco de certos tipos de câncer.

Expressão genética e antienvelhecimento

Um gene é um minúsculo pedaço de material hereditário escrito em código dentro de uma longa molécula chamada ácido desoxirribonucleico (DNA). Os genes são responsáveis por muita coisa que ocorre no corpo, do metabolismo à imunidade e à longevidade. Quando os genes são "expressos" significa que são usados como modelos para produzir proteínas que dizem às células o que fazer. Portanto, a expressão gênica é o processo pelo qual as informações contidas em um gene se tornam um produto útil — como uma proteína — que desempenha uma função específica.

A expressão gênica pode ser estimulada (suprarregulação) ou inibida (infrarregulação) com base em vários fatores.[2] Um deles é o jejum intermitente. Um estudo de 2020 sugeriu que apenas trinta dias de jejum intermitente moderado (semelhante ao padrão 16:8) provoca mudanças significativas nos genes que podem promover saúde e longevidade.

Também se constatou que o jejum intermitente retarda a degradação do DNA, que ocorre quando envelhecemos, e acelera seu reparo, desacelerando o processo de envelhecimento.

O jejum também aumenta os níveis de antioxidantes que ajudam a evitar que as células do corpo sejam danificadas por radicais livres, que são moléculas que prejudicam as células.

Controle de peso

Estudos mostram que pessoas que praticam o jejum intermitente perdem peso e têm um índice de massa corporal mais baixo. Elas também conseguem manter o peso conquistado.

Um estudo revisional realizado em 2014 e publicado pela *Translational Research* descobriu que esse padrão de alimentação promove uma redução de 3 a 8% no peso em um período de três a quatro semanas, o que é uma quantidade significativa comparada à maioria dos estudos sobre o tema. Essas pessoas também perderam de 4 a 7% da circunferência da cintura. Essa é uma perda notável de gordura visceral — o tipo perigoso que se acumula ao redor dos órgãos e pode causar doenças.

Tudo isso ocorre porque, depois de um jejum de doze horas ou mais, você começa a queimar gordura armazenada em vez de glicose. Ácidos graxos são convertidos em corpos cetônicos no fígado, que são, então, liberados para a corrente sanguínea e usados para dar energia ao corpo e ao cérebro.

---

[2] *Upregulation* é o aumento na transcrição de certos genes ou na atividade de certas enzimas; *downregulation* é a diminuição ou inibição nessa transcrição. [N. da T.]

Mais importante, o jejum intermitente poupa os músculos magros. Esse é um fator altamente positivo para mulheres de meia-idade, pois um dos principais sintomas associados à menopausa — e ao envelhecimento, em geral — é a perda muscular. Essa perda contribui para menor força, metabolismo mais lento e aceleração do envelhecimento.

O jejum intermitente também altera os níveis hormonais para facilitar a queima de gordura corporal. Por exemplo, os níveis do hormônio do crescimento (GH) disparam quando se pratica o jejum intermitente, aumentando em até cinco vezes. O GH ajuda o corpo a queimar gordura e criar músculos magros.

A alegria da mudança

O jejum intermitente mudou a vida de Kelly. Aos 42 anos, ela começou a experimentar quase todos os sintomas imagináveis da pré-menopausa. Tecnicamente, ela não estava com excesso de peso, mas se sentia cansada, deprimida, inchada, constantemente faminta e infeliz com seu corpo em geral – mesmo sendo ativa e tendo boa forma física.

Kelly ficou curiosa com o jejum intermitente e com o que tinha aprendido sobre ele. Começou a praticá-lo, lentamente criando um hábito.

Depois de algumas semanas, ela estava jejuando de modo consistente durante dezesseis a dezoito horas por dia.

Kelly relatou o seguinte: "Sinto-me muito melhor. Tenho a energia que me faltou durante muito tempo. Não sinto mais fome o tempo todo. Minhas roupas caem melhor e o inchaço se foi. Agora, sinto-me leve a confiante".

Como começar o jejum intermitente – e ser bem-sucedida

O primeiro passo é aprender a praticar o jejum intermitente de modo correto. Se você mergulhar de cabeça muito depressa, ou praticá-lo de forma incorreta, talvez não obtenha os resultados que quer. Veja como ser bem-sucedida.

Comece aos poucos

Se você nunca fez jejum intermitente, comece aos poucos. No meu caso, aumentei minha janela de alimentação em trinta minutos. Isto é, eu costumava tomar o café da manhã às seis e meia, então, comecei a tomá-lo às sete horas e continuei até ficar natural par mim. Repeti o processo adiando minha alimentação em trinta minutos a cada poucos dias até atingir a meta de só começar a comer ao meio-dia. Precisei de cerca de um mês, mas, ao avançar devagar, entrei no ritmo do jejum intermitente sem sentir muita fome ou irritação.

Escolha a sua janela

Depois de avançar lentamente para o jejum intermitente, selecione uma janela de oito horas e limite a ingestão de comida a esse período. Janelas de tempo comuns incluem:

Das 12 horas às 20 horas = sua janela de alimentação
Das 20 horas às 12 horas do dia seguinte = sua janela de jejum
Das 10 horas às 18 horas = sua janela de alimentação
Das 18 horas às 10 horas do dia seguinte = sua janela de jejum
Das 9 horas às 17 horas = sua janela de alimentação
Das 17 horas às 9 horas do dia seguinte = sua janela de jejum

Experimente e encontre os melhores horários para você.

Seja flexível

Muitas pessoas escolhem o padrão 16:8, mas ele pode não funcionar para todo mundo. Se você achar que um padrão 14:10 ou até 18:6 funciona melhor, está tudo bem. O único padrão de alimentação que funciona é o que se adapta a você e à sua programação.

Consulte os planos de refeições

É importante seguir as orientações nutricionais oferecidas no Capítulo 7, pois incluem a quantidade diária de proteínas recomendada. Durante o período de queima de gordura de um jejum, você corre o risco de decompor as proteínas para serem usadas como fonte de energia, se não estiver comendo o suficiente durante a janela de alimentação. Concentre-se em comer um amplo suprimento de proteínas a fim de evitar qualquer tipo de perda muscular ou esgotamento durante o jejum.

O seu corpo também precisa de um bom equilíbrio de outros nutrientes, incluindo frutas, legumes e fontes saudáveis de carboidratos complexos nas proporções corretas.

Os planos de refeições e princípios nutricionais da Dieta Galveston a ajudarão a se abastecer de alimentos ricos em nutrientes; eles são o complemento perfeito para o jejum intermitente. Siga essas orientações e você será bem-sucedida.

Mantenha-se hidratada

Tomar muita água durante o dia é essencial, mas é ainda mais importante durante a janela de jejum. Quando você não come, está deixando de ingerir a água que estaria nos alimentos, portanto precisará tomar mais líquidos para compensar. Além disso, tomar mais líquidos ajudará a dar a sensação de saciedade durante os períodos de jejum, e reduzirá o desejo por comida.

Evite tentações

Ter alimentos tentadores por perto — aqueles que despertam o desejo de comer demais — tornará o jejum desnecessariamente difícil. A aparência e o aroma dos alimentos podem despertar seu apetite e fazer com que deseje comê-los. É melhor remover esses alimentos de sua cozinha e de outros locais.

Use seu tempo livre

Quando você faz jejum, fica com mais tempo livre em sua programação em relação aos momentos em que normalmente prepara uma refeição e a consome. Esse tempo recém-encontrado é a oportunidade perfeita para fazer algo de que gosta, como ler, ouvir música ou dar uma caminhada.

Durma o suficiente

Inúmeros estudos mostram que ter uma boa noite de sono diminui o apetite e acalma a fome e os desejos incontroláveis. Tente dormir de seis a oito horas por noite. Lembre-se, as horas de sono contam como horas de jejum, então, tire proveito desses momentos sem tentações e sem fome!

Exercite-se

Os exercícios podem aumentar os benefícios do jejum intermitente. Exercícios leves melhoram a circulação, aumentam os níveis de energia e melhoram o humor. O horário do exercício depende de você; descubra qual hora do dia funciona melhor e ajuste sua programação.

Descanso e relaxamento

Crie e use tempo para relaxar todos os dias. Isso revigora o corpo e a mente, proporciona uma maneira positiva de ver as coisas e melhora seu raciocínio e sua memória. Além disso, uma vida mais relaxada sustenta a boa saúde, o que, por sua vez, gera maior produtividade e felicidade.

Recompense-se

Depois de atingir suas metas de jejum intermitente para o dia, a semana ou o mês, recompense-se. Separe um período exclusivamente para fazer algo de que gosta, pode ser tomar um reconfortante banho de espuma, dar uma caminhada, ligar para uma amiga, meditar, escrever um diário ou até fazer as unhas ou uma limpeza de pele, encontre algo que lhe traga alegria. Recompensar-se depois de atingir uma meta é importante! Não ignore essa recompensa.

Aviso importante: 5 grandes mitos sobre o jejum intermitente

Como ocorre com qualquer moda popular, há muitas inverdades sobre o jejum intermitente circulando por aí. Para separar fatos da ficção, vamos esclarecer alguns dos mitos mais comuns.

Mito nº 1: Praticar o jejum intermitente é simplesmente pular o café da manhã.
É verdade que a maioria das pessoas escolhe uma janela de jejum que representa pular o café da manhã. Entretanto, você pode programar sua janela de refeição de modo a jantar mais cedo e, assim, tomar o café da manhã, mesmo que seja um pouco mais tarde, ainda na parte da manhã. Por exemplo, se você terminar de comer às seis horas da tarde, pode quebrar o jejum e tomar o café da manhã às dez horas da manhã do dia seguinte. Isso ainda a mantém no método de jejum 16:8. Para muitas pessoas, essa estratégia confere maior flexibilidade e pode se alinhar melhor aos seus padrões de fome.

Mito nº 2: O jejum intermitente é adequado para todos.
Apesar de seus muitos benefícios, o jejum intermitente não é bom para todos. Não aconselho essa estratégia para quem sofre de transtornos alimentares, para quem está abaixo do peso ou para quem tem diabetes do tipo 1. Além disso, não comece uma

rotina de jejum intermitente se estiver grávida ou amamentando. Crianças e adolescentes, em geral, não devem praticá-lo, pois ainda estão em fase de crescimento. Ele também não é uma boa ideia para pessoas com diagnóstico recente de diabetes, para quem tem alguma doença crônica e para pessoas enfraquecidas por uma cirurgia ou em tratamento de algum problema de saúde.

Mito nº 3: Você pode comer o que quiser durante a janela de alimentação.
A sua janela de alimentação não é o momento para se satisfazer com alimentos processados ou menos nutritivos. É o momento de concentrar-se em escolhas saudáveis. O jejum intermitente é uma parte essencial da Dieta Galveston, mas lembre-se de que ela funciona em sinergia com as outras duas ações, incluindo escolhas de alimentos saudáveis para se obter os melhores resultados.

Mito nº 4: O jejum intermitente desacelera o metabolismo.
Pelo contrário, está provado que o jejum, especialmente o intermitente, acelera o metabolismo. O alimento é transformado em energia durante o processo de jejum. Quando você jejua, o corpo também tem vantagens hormonais que melhoram a saúde metabólica.

Na verdade, certos hormônios envolvidos no metabolismo, como a noradrenalina e o hormônio do crescimento, elevam-se por meio do jejum. O jejum não só ajuda a manter elevados hormônios metabolicamente importantes, mas também torna o corpo mais "metabolicamente flexível". Isso significa que seu corpo pode se adaptar a queimar depressa as fontes de energia, como carboidratos e gorduras, que estão mais facilmente disponíveis.

Mito nº 5: O jejum intermitente a deixa com fome.
Um motivo pelo qual muitas pessoas resistem ao jejum intermitente é o fato de temerem que ficarão com fome e não conseguirão manter um plano de alimentação saudável e nutritivo. É verdade que você pode sentir fome quando começa o jejum intermitente; por isso aconselho a ir devagar. Quando você aumenta a sua janela de jejum aos poucos, provavelmente vai descobrir que a fome é muito controlável e não algo que a distraia.

Entenda, também, que os dois "hormônios da fome", a grelina e a leptina, respondem positivamente ao jejum intermitente. A grelina é um hormônio-chave da fome que sinaliza ao seu corpo que ele deve comer. Alguns estudos sugerem que o jejum intermitente pode reduzir a grelina, levando a pessoa a ter menos fome. Há também pesquisas que afirmam que há um aumento da leptina, que é o hormônio da saciedade; ou seja, é ele que diz ao seu corpo: "Ei, estou satisfeito".

Assim, quando você estiver praticando o jejum intermitente a todo vapor, não terá que se preocupar com a fome ou os desejos.

Você está preparada?

Embora o jejum intermitente seja fácil, flexível e eficaz, no início, pode parecer desafiador assumir esse compromisso. Você terá que estar aberta para fazer essa mudança em sua vida; acredite em sua força para ser bem-sucedida e confie que pode e aprenderá a incorporá-la ao seu estilo de vida.

Então — você está preparada para começar a perder peso e transformar sua saúde? Está preparada para se sentir melhor, pensar com mais clareza e se sentir fisicamente mais forte? Está preparada para prevenir doenças e reverter problemas de saúde que surgiram na meia-idade? Está preparada para criar um corpo magro para toda a vida? Se você respondeu sim a pelo menos uma dessas mudanças, você está, de fato, preparada para começar o jejum intermitente.

CAPÍTULO 5

Ação 2: Alimentação anti-inflamatória

Como médica, tive várias pacientes que, inicialmente, desconheciam que algo realmente ruim estava se espalhando incontrolavelmente em seu corpo: a inflamação crônica. Esse problema aumenta significativamente o risco de desenvolver doenças cardiovasculares como derrames, além de artrite, asma etc. Também sabemos que uma pessoa com excesso de peso ou obesa está com o corpo cronicamente inflamado.

Mas há uma notícia realmente boa: muitos estudos recentes mostraram o poder dos alimentos anti-inflamatórios para combater a inflamação, controlar o peso e melhorar a saúde. O segredo está simplesmente em concentrar-se na alimentação anti-inflamatória. Mantenha-se firme e os resultados de se alimentar dessa forma aparecerão; você se sentirá muito melhor e começará a perder peso.

Inflamação: aguda *versus* crônica

Inflamação é algo normal, um processo que permite ao sistema imunológico combater o que a ciência chama de "estímulo". Esse estímulo pode ser um ferimento, uma infecção, um corpo estranho, um irritante gástrico ingerido ou até câncer. Para um exemplo simples, pense em um tornozelo torcido que fica vermelho e inchado, ou um corte no dedo que fica sensível. A vermelhidão, a dor e o inchaço são respostas *agudas* normais do sistema inflamatório.

Na inflamação aguda, as paredes dos minúsculos capilares se alargam e ficam permeáveis, possibilitando que glóbulos brancos fluam até o tecido danificado. Quando o sangue flui para o seu interior, a área afetada incha. Isso exerce pressão nos nervos circundantes e provoca dor. Mas, assim que o estímulo ofensor é removido ou destruído, o tecido se cura.

A inflamação aguda é um processo necessário — um dos principais mecanismos que protegem nosso corpo contra os milhares de ataques do meio ambiente que nos atingem todos os dias. Ela desempenha um papel vital em nosso sistema de manutenção e reparo. Sem ela, não sobrevivemos.

A inflamação crônica é algo totalmente diferente. Ela é um processo lento, contínuo e destrutivo, no qual o corpo produz substâncias químicas que inflamam os tecidos.

Com frequência, ocorre abaixo do limiar da dor, ou seja, o cérebro não registra o que está acontecendo. Assim sendo, pode passar despercebida e ignorada por longos períodos de tempo. Por esse motivo, a inflamação persistente é muito perigosa e é responsável por, pelo menos, sete entre dez das principais causas de morte de adultos nos Estados Unidos.

Por exemplo, veja as doenças cardíacas, que são a principal causa de morte entre mulheres norte-americanas. As lipoproteínas de baixa densidade (LDLs) — aquelas partículas do colesterol "ruim" — podem atravessar as paredes internas das artérias. Ali, elas provocam uma resposta inflamatória que pode criar trombose e, por fim, placas que bloqueiam as artérias.

Outro problema crônico associado à inflamação é o diabetes tipo 2, no qual as pessoas não conseguem usar a insulina de modo adequado. Ao longo do tempo, sem tratamento, os órgãos começam a falhar à medida que a glicose atinge níveis perigosos no sangue. Pesquisadores encontraram macrófagos (um tipo de glóbulo branco) no pâncreas de pessoas com diabetes tipo 2. Os macrófagos liberam moléculas inflamatórias que prejudicam a atividade da insulina.

A inflamação também é um possível causador da doença de Alzheimer. Essa doença resulta principalmente do acúmulo das proteínas tau e amiloide no cérebro. Células especializadas, chamadas micróglias, patrulham o cérebro à procura de sinais de infecção ou inflamação causados por essas proteínas lesivas. Quando encontradas, as micróglias livram-se delas. Ao fazer isso, também enviam substâncias químicas pró-inflamatórias chamadas citocinas, que ativam outras micróglias. Normalmente, essa liberação de citocinas tem vida curta; mas, na doença de Alzheimer, as micróglias tornam-se hiperativas, aumentando a produção de citocinas, ao mesmo tempo em que eliminam menos proteínas lesivas e provocam inflamação no cérebro. O resultado é cada vez mais danos às células cerebrais, que podem gradativamente levar à doença de Alzheimer.

Para as mulheres, a queda do estrogênio durante a pré-menopausa e menopausa estimula a inflamação em diferentes órgãos, principalmente nas paredes intestinais que, quando não estão saudáveis, desenvolvem pequenas rachaduras ou orifícios, permitindo que alimentos parcialmente digeridos, toxinas e outras substâncias penetrem nos tecidos abaixo delas. Isso desencadeia uma inflamação que provoca problemas no trato digestivo e até mesmo nos ossos.

O corpo encara a inflamação como um fator estressante, e responde a esse estresse impedindo a remodelação normal dos ossos e favorecendo a perda óssea, possivelmente levando à osteoporose. Em outras palavras, *qualquer coisa* que cause inflamação pode afetar a saúde óssea.

A redução dos níveis de estrogênio também causa outros problemas inflamatórios. Entre eles estão a inflamação no cérebro e um resultante declínio cognitivo — especificamente, a memória verbal (olá, névoa mental!). Ela também causa inflamação nos músculos, que resulta em perda de massa muscular e de força, também conhecida como sarcopenia.

E mais, os pesquisadores acreditam que a queda dos níveis de estrogênio causa dores nas articulações durante a menopausa. Quando você é mais jovem, o estrogênio protege as articulações mantendo os níveis de inflamação baixos. Entretanto, quando os níveis de estrogênio começam a diminuir durante a pré-menopausa, há menos hormônios para proteger as articulações, o que muitas vezes resulta em dor.

O ganho de peso gerado por mudanças hormonais também contribui para a inflamação. Há claras evidências de que as células de gordura, principalmente as de gordura visceral ("gordura abdominal") aumentam a inflamação crônica criando mais citocinas e aumentando a quantidade de proteína c-reativa (um marcador de inflamação no corpo).

Está claro que a inflamação crônica é uma ameaça, motivo pelo qual entendê-la e controlá-la se tornou o foco central do tratamento médico preventivo atualmente.

A alegria da mudança

Cada problema médico tem uma história, e a de Anna começou com algumas questões graves. Quando ela entrou na meia-idade e completou 50 anos, tinha osteoartrite, estenose espinhal (um estreitamento no canal da medula espinhal) e doença degenerativa do disco. Aos poucos, ela ganhou peso e lidava com outros sintomas. Por exemplo, seu cérebro parecia envolto em uma névoa cinzenta e ela começou a sentir dores de cabeça e exaustão. Tudo se somou a uma estranha sensação de que seu corpo e sua mente não estavam em sincronia.

Frustrada, preocupada e confusa, Anna consultou um gastroenterologista e fez testes de alergia alimentar. Constatou-se que ela tinha uma forte sensibilidade ao glúten, a grãos, a legumes, a alguns tipos de amido e a certos aditivos alimentares.

Ao ouvir a história de Anna, desconfiei de que ela tinha muitas inflamações no corpo relacionadas à sua alimentação. Felizmente, Anna também compreendeu isso e entrou no caminho da recuperação ao seguir a Dieta Galveston e eliminar substâncias inflamatórias de sua alimentação.

Ela nos contou: "Minha data de início oficial foi 1º de junho de 2020 e eu pesava 88 quilos. Hoje é 20 de agosto de 2020, estou com 66 quilos e me sinto mais forte e menos inflamada".

O poder da alimentação anti-inflamatória

A dieta ocidental típica, em especial, apresenta uma interminável alternância de alimentos processados altamente inflamatórios. Esse tipo de comida não só abastece a inflamação crônica, mas também prejudica o coração, os rins, o cérebro, a cintura etc.

Não é de surpreender, então, que a forma mais eficaz de prevenir e reverter a inflamação crônica associada a essas doenças e ao envelhecimento seja a boa alimentação. Para eliminar a inflamação crônica, você deverá ingerir menos certas substâncias — ou evitá-las totalmente.

Ácidos graxos ômega-6 *versus* ácidos graxos ômega-3

Sempre digo às minhas pacientes que é essencial reduzir a proporção entre ômega-6 e ômega-3. Por quê? Qual é a diferença entre esses dois tipos de ácidos graxos?

Em termos de bioquímica, tanto o ômega-3 quanto o ômega-6 são ácidos graxos poli-insaturados (PUFAs). A principal diferença entre eles tem a ver com sua conformação química. O ômega-3 se refere à posição da dupla ligação no final da estrutura química, que são três átomos de carbono do "ômega", ou a parte final da cadeira molecular. Em ácidos graxos ômega-6, a última ligação dupla é de seis carbonos na parte final. De um ponto de vista prático, uma proporção não equilibrada entre esses ácidos graxos pode causar processos inflamatórios no organismo.

No período Paleolítico, os primeiros seres humanos provavelmente evoluíram e prosperaram a uma proporção 1:1 entre ácidos graxos ômega-6 e ômega-3, embora não tenhamos certeza. Entretanto, nossos genes não mudaram muito desde então. Vamos avançar aos tempos atuais, e a proporção na dieta ocidental, em média, é de espantosos 20:1. Em outras palavras, estamos ingerindo muito mais ácidos graxos ômega-6 em relação aos ômega-3 que consumimos.

Onde obtemos tantos ácidos graxos ômega-6? Principalmente em muitos óleos vegetais refinados, como de girassol, milho, soja e algodão. Eles também são abundantes em muitos salgadinhos, biscoitos, bolachas, molhos para saladas e *fast-foods*. Quando os ácidos graxos ômega-6 são decompostos nos processos normais do corpo, seus subprodutos desencadeiam a inflamação. Quanto mais desses ácidos graxos você consumir, maior é o risco de inflamação crônica — e das doenças que causam.

Por mais danosos que os ácidos graxos ômega-6 possam ser, eles se tornam ainda piores quando convertidos de líquidos para sólidos ou semissólidos — isto é, hidrogenados ou parcialmente hidrogenados — como na produção de margarina ou gordura vegetal. Durante o endurecimento, eles se transformam em gorduras trans, o que torna as células rígidas, inflexíveis e essencialmente disfuncionais. De fato, gorduras trans causam muitos danos ao corpo. Elas aumentam a inflamação, principalmente em pessoas acima do peso ou obesas. Elas deprimem o sistema imunológico, reduzem o HDL (o colesterol bom) e elevam o LDL (o colesterol ruim), além de outras consequências desagradáveis.

Para proteger-se contra a inflamação, principalmente do domínio dos ácidos graxos ômega-6 e gorduras trans, consuma mais alimentos ricos em ácidos graxos ômega-3. Isso combaterá os efeitos do excesso de ácidos graxos ômega-6 em seu corpo.

Os ômegas-3 são encontrados em peixes gordurosos, como salmão, cavalinha e sardinha, assim como em alguns alimentos de origem vegetal como sementes de linhaça e nozes. Animais criados em sistema orgânico de produção também são boas fontes de ácidos graxos ômega-3. Se você não gosta ou não consome peixe com frequência, deverá suplementar sua alimentação com outra fonte de ômega-3, como óleo de peixe.

Outra ação para restaurar o equilíbrio de ingestão entre os dois ácidos graxos é reduzir sementes processadas e óleos vegetais ricos em ômega-6, assim como alimentos processados que os contêm. Além disso, evite gorduras como margarina e gordura vegetal.

Açúcar adicionado

"Açúcar adicionado" é o açúcar adicionado durante o cozimento ou o processamento dos alimentos (como sacarose, dextrose, xarope de milho rico em frutose), é o açúcar dos produtos comercializados como edulcorantes (como o açúcar de mesa), dos xaropes culinários e mel, dos sucos de frutas concentrados e o açúcar que você usa em seus alimentos. Açúcares adicionados não incluem os açúcares presentes naturalmente em frutas, vegetais e laticínios.

Em 2015, a Organização Mundial da Saúde recomendou que não mais de 10% — o ideal são menos que 5% — das calorias diárias ingeridas por um adulto venham do açúcar adicionado. Ou seja, isso significa que um adulto normal que ingere 2 mil calorias por dia deve consumir menos que 6 colheres de chá (2 colheres de sopa) ou cerca de 25 gramas de açúcar por dia — essa é a quantidade presente em uma generosa "passada" de creme de avelãs no pão, mas muito menos do que há em uma lata de refrigerante normal.

Entretanto, consumimos muito mais açúcar que isso. Hoje, um norte-americano comum ingere mais de 19 colheres de chá (6 colheres de sopa), ou quase 80 gramas, de açúcar adicionado todos os dias!

Açúcar adicionado em excesso causa inflamação de muitas formas. Primeiro, depois de ingerir açúcar, seu nível de glicemia dispara. Quando isso ocorre, substâncias químicas pró-inflamatórias se espalham pelo corpo, alimentando a inflamação. Então, seu corpo produz insulina, que, por si só, é um hormônio pró-inflamatório.

O açúcar consumido também interfere em um processo chamado fagocitose. Ela ocorre quando os glóbulos brancos tentam destruir partículas estranhas ou patógenos, como bactérias ou células infectadas, englobando-as. Nos seres humanos, a fagocitose protege o corpo e é um aspecto vital do sistema imunológico.

A FDA hoje exige que os "açúcares adicionados" sejam listados nos rótulos de todas as embalagens de alimentos, na categoria de carboidratos. Essa medida facilitou um pouco a identificação do açúcar adicionado na lista de ingredientes. Mas há mais de cinquenta nomes para os açúcares que aparecem nesses rótulos. Assim, não procure apenas a palavra *açúcar*. Procure por qualquer tipo de açúcar, xarope, néctar ou qualquer palavra que termine em -ose. Se você evitar alimentos que contenham açúcar adicionado, principalmente os processados, diminuirá em muito a ingestão geral de açúcar.

Aviso importante: o que ninguém conta sobre os adoçantes artificiais

Adoçantes artificiais – o tipo que você coloca no café e que os fabricantes adicionam a alimentos processados – podem desencadear a inflamação ao promover mudanças pró-inflamatórias nas bactérias intestinais. Basicamente, os adoçantes artificiais causam doença nas bactérias intestinais antes saudáveis. Em seguida, invadem a parede do intestino e o tornam mais poroso e permeável – situação que potencialmente leva a graves problemas de saúde.

Leia os rótulos dos alimentos com atenção, pois adoçantes artificiais escondem-se em muitos produtos. Você provavelmente conhece as marcas de adoçantes artificiais mais comuns, mas, muitas vezes, os fabricantes os listam nos rótulos sob o nome genérico. Aspartame, sucralose e acessulfame-K (ace-K) são exemplos de nomes genéricos que poderá encontrar.

Mas há outro fato que pode não ser de conhecimento geral: quando você parar de usar adoçantes artificiais, as suas papilas gustativas terão a chance de reaprender o que é a verdadeira doçura e a agradecerão por isso! Por fim, você começará a apreciar a doçura natural de alimentos reais em vez da doçura dominante de alimentos processados e bebidas dietéticas.

Nitritos e nitratos adicionados aos alimentos processados

Nitritos e nitratos são formas de nitrogênio. A diferença entre eles está em sua estrutura: nitratos têm três átomos de nitrogênio, enquanto nitritos têm dois. Ambos ocorrem naturalmente em certos vegetais, como folhas verdes, salsão e repolho.

Embora nitritos e nitratos que ocorrem naturalmente em vegetais possam ser úteis, também existem as versões sintéticas dos dois compostos, adicionadas como conservantes a alimentos como carnes curadas (bacon, presunto, salsichas e frios). Após ingerir essas substâncias químicas, elas formam as nitrosaminas, compostos químicos geradores de inflamação que podem causar diversos tipos de câncer. Nitritos e nitratos produzidos pelo homem são prejudiciais ao corpo e devem ser evitados.

Outro problema significativo desses alimentos processados é o fato de desencadearem a formação de produtos finais de glicação avançada (AGEs) que, como você imaginou, aumentam a inflamação no corpo. Assim, é melhor reduzir as carnes processadas e comê-las só raramente, se o fizer. Também é possível comprar carnes não curadas e sem nitrato.

Corantes artificiais, aromatizantes e conservantes

Ao ler o rótulo de qualquer alimento na despensa, na geladeira ou no supermercado, você verá inúmeros aditivos. Milhares de aditivos são colocados em vários alimentos e produtos alimentícios. Eles são usados para melhorar o sabor, a aparência ou a textura do produto ou para estender sua vida na prateleira.

O problema com aditivos é que o corpo não os reconhece como alimentos. Em vez disso, são vistos como estranhos. Então, o corpo cria inflamação como parte de uma resposta imunológica para se defender contra o que entende como um invasor.

A maneira mais simples de evitar aditivos alimentares é reduzir a ingestão de alimentos processados, fazer mais refeições a partir do zero e comprar produtos orgânicos sempre que possível.

Frituras

Talvez você adore frituras, mas o seu corpo, não! O óleo usado para fritar os alimentos geralmente é rico em ácidos graxos ômega-6. Consumir frituras regularmente pode comprometer a proporção entre ácidos graxos ômega-3 e ômega-6 que — como já discutimos — desencadeia a inflamação.

Além disso, muitas frituras — como batatas fritas caseiras e industrializadas — são preparadas por imersão em temperaturas muito elevadas, um processo que libera uma substância química inflamatória chamada acrilamida.

O relatório sobre carcinógenos desenvolvido pelo National Toxicology Program[1] considera a acrilamida como um possível cancerígeno.

Confesso que nada supera apetitosos e crocantes alimentos recém-fritos. Mas há alternativas que nos permitem mantê-los crocantes, mas sem as gorduras prejudiciais e as toxinas das frituras: asse as batatas e outros alimentos no forno ou tente prepará-los em uma *air fryer* (um estudo revelou que esse método reduz a quantidade de acrilamida em batatas fritas em 90%).

Gorduras saturadas

Quando eu era geóloga e trabalhava para uma companhia de petróleo, costumava almoçar com meus colegas de trabalho. Isso foi há mais de 25 anos, quando dietas cetogênicas e com baixíssimos níveis de carboidratos entraram na moda. Alguns de meus colegas de trabalho adotaram essas dietas, de modo que, durante o almoço, eu os via comer hambúrgueres (sem pão) com uma montanha de bacon e queijo ou devorar enormes bifes, mas nunca legumes. Eles perdiam peso, com certeza, mas a que preço, com toda aquela gordura saturada?

Queijo, carne gorda e manteiga contêm muita gordura saturada, que é altamente inflamatória quando consumida em excesso. Essa inflamação ocorre de duas formas. Primeiro, a gordura saturada pode estimular a inflamação por meio de moléculas chamadas receptores do tipo Toll (TLR). Em circunstâncias normais, os TLRs formam a força de elite que verifica potenciais invasores no corpo: bactérias, vírus ou fungos. Caso eles encontrem vestígios de qualquer um desses invasores, sinalizam ao sistema imunológico para montar um ataque. Uma das armas do TLR, o TLR4, tem a capacidade de identificar bactérias.

Infelizmente, esse mecanismo protetor pode não agir adequadamente se o TLR4 for exposto a gorduras saturadas em excesso. Quando isso ocorre, o TLR4 envia o sinal errado, reconhecendo a gordura saturada como um invasor. Isso desencadeia a inflamação, especialmente no intestino, que rompe a sua parede, causando o intestino permeável. Nessa situação, substâncias danosas escapam do intestino, contribuindo para problemas imunológicos e controle inadequado de infecções.

A gordura saturada também estimula a produção de agentes inflamatórios chamados prostaglandinas e leucotrienos. Eles podem causar a destruição generalizada de articulações e inflamação associada à obstrução arterial. A ingestão

---

1 Instituto norte-americano especializado em ciências toxicológicas. [N. da R.]

elevada de gorduras saturadas está associada à obesidade, que também alimenta o processo inflamatório.

Além disso, as mulheres precisam estar atentas ao fato de que consumir muita gordura saturada influencia os hormônios, o que pode causar câncer de mama. O excesso de gordura saturada pode gerar maiores níveis de estradiol circulante, um potencial causador de câncer quando em níveis elevados anormais no corpo.

Na Dieta Galveston, não é preciso eliminar totalmente a gordura saturada. Nas páginas seguintes, sugiro que você seja cautelosa e equilibre a ingestão de gorduras saturadas com gorduras saudáveis como azeite de oliva, óleo de coco, avocado etc.

Há várias maneiras nutricionais fáceis que vão ajudá-la a reduzir e controlar a ingestão de gorduras saturadas:

- Consuma cortes de carne bovina e suína mais magros e retire o máximo de gordura visível possível.
- Coma mais frango e peixe.
- Peça uma mistura de 90/10 para a carne moída (carne magra e gorda, respectivamente) ou considere trocar a carne bovina por peru ou frango moído.
- Retire a pele do frango antes de prepará-lo.
- Em vez de creme de leite, experimente iogurte integral ou uma mistura de iogurte integral e queijo cottage.

Lembre-se de sempre verificar os rótulos de produtos com gordura reduzida para certificar-se de que a gordura retirada não foi substituída por açúcar ou outros ingredientes prejudiciais!

Excesso de álcool

O consumo crônico de álcool — mais de sete drinques por semana — costuma romper o equilíbrio entre as bactérias "boas" e as "ruins" no intestino. Esse desequilíbrio cria inflamação e rouba a saúde de seu sistema imunológico. O álcool também causa o crescimento exagerado das bactérias ruins, o que prejudica ainda mais o intestino, enfraquecendo suas paredes. Então, o intestino fica poroso e permite que bactérias prejudiciais e toxinas vazem para a corrente sanguínea e cheguem aos órgãos. O uso frequente e excessivo de álcool também pode causar danos aos órgãos.

É aconselhável restringir o consumo de álcool a cerca de um drinque por dia. Isso representa um copo de vinho de 150 ml, uma lata de cerveja de 330 ml ou 44 ml de bebidas destiladas.

Seu corpo está inflamado?

Responda a este questionário para determinar seu grau relativo de inflamação com base em suas escolhas nutricionais por um dia, ou nas últimas 24 horas. Você pode respondê-lo quantas vezes quiser. A meta é obter a menor pontuação possível. Isso, então, indica que suas escolhas nutricionais estão reduzindo a inflamação crônica em seu corpo, e não promovendo-a.

Quanto álcool você consumiu nesse período?

a. Nenhum
b. Um drinque
c. Mais de um drinque

Quantas porções de frutas inteiras você consumiu?
1 porção = 1 maçã, 1 xícara de frutas vermelhas etc.

a. Mais de 1 porção
b. 1 porção
c. Nenhuma

Quantas porções de folhas verdes você consumiu?
1 porção = 1 xícara cruas

a. Mais de 1 porção
b. 1 porção
c. Nenhuma

Quantas porções de leguminosas você consumiu?
1 porção = ½ xícara cozidas

a. Mais de 1 porção
b. 1 porção
c. Nenhuma

Quantas porções de frutos do mar você consumiu?
1 porção = 1,70 gramas cozidos
a. Mais de 1 porção
b. 1 porção
c. Nenhuma

Quantas porções de vegetais (tomate, cenoura, ervilha, abobrinha, abóbora etc.) você consumiu?
1 porção = 1 xícara crus
a. Mais de 1 porção
b. 1 porção
c. Nenhuma

Quantas porções de oleaginosas e sementes você consumiu?
1 porção = ¼ de xícara
a. Mais de 1 porção
b. 1 porção
c. Nenhuma

Quanto de fibras você consumiu?
a. 25-35 gramas
b. 20-25 gramas
c. Menos de 20 gramas

Quanto ômega-3 você consumiu?
1 porção = 170 gramas de peixe gordo (salmão, cavalinha, atum etc.) cozido; ou suplemento de ômega-3
a. Mais de 1 porção
b. 1 porção
c. Nenhuma

Quanto chá verde ou preto você consumiu?
1 porção = 1 xícara
a. Mais de 1 porção
b. 1 porção
c. Nenhuma

Quanto azeite de oliva você consumiu?
a. 2-3 colheres de sopa
b. 1 colher de sopa
c. Nenhuma

Ingerindo o arco-íris! Conte a quantidade de cores diferentes que consumiu em frutas e legumes durante o dia.

a. 2 cores ou mais
b. 1 cor
c. Nenhuma

Você usou alho, gengibre, ervas frescas ou cúrcuma?
Apenas frescos

a. Mais de 1 vez
b. 1 vez
c. Nenhuma

Você comeu avocado? Quanto?

a. 1 inteiro
b. Metade de 1
c. Nenhum

Você consumiu produtos fermentados (iogurte, kombucha etc.)?

a. 2 porções
b. 1 porção
c. Nenhuma

Quanto açúcar adicionado (em gramas) você consumiu?
Leia os rótulos das embalagens e some o total de gramas

a. Menos que 25 gramas
b. 25-50 gramas
c. Mais de 50 gramas

Quantas bebidas adoçadas com açúcar você consumiu?
1 porção = 350 ml
(incluindo refrigerante, chás e sucos adoçados etc.)

a. Nenhuma
b. 1 porção
c. Mais de 1 porção

Quantas porções de grãos refinados você consumiu?
1 porção = 1 fatia de pão branco; ½ xícara de arroz branco ou macarrão cozidos etc.

a. Nenhuma ou 1 porção
b. 2 porções
c. 3 porções ou mais

Quantas porções de carne vermelha você consumiu?
1 porção = 85 gramas de carne magra
a. Nenhuma
b. 85 gramas ou menos
c. 115 gramas ou mais

Quanto adoçante artificial você consumiu?
a. Nenhum
b. 1 porção
c. Mais de 1 porção

Quanta gordura trans você consumiu?
(gordura vegetal, óleo vegetal parcialmente hidrogenado, margarina)
a. Nenhuma
b. 1 porção
c. Mais de 1 porção

Quanta carne processada (com conservantes e nitratos) você consumiu?
(frios, salsichas, bacon)
a. Nenhuma
b. 1 porção
c. Mais de 1 porção

Quantos alimentos fritos você consumiu?
1 porção = 85 gramas
a. Nenhum
b. 1 porção
c. Mais de 1 porção

Quantos alimentos não saudáveis você consumiu?
(fast-food, salgados de lanchonete, batatas chips, salgadinhos industrializados etc.)
a. Nenhuma
b. 1 porção
c. Mais de 1 porção

Quanto óleo vegetal com ácidos graxos ômega-6 você consumiu?
(óleo de cártamo, de girassol, de milho, de soja etc.)
a. 1 colher de sopa
b. 2-3 colheres de sopa
c. 4-6 colheres de sopa

Quantos alimentos contendo aditivos artificiais (corantes, aromatizantes artificiais, conservantes químicos) você consumiu?
1 porção = ½ xícara
a. Nenhuma
b. 1 porção
c. Mais de 1 porção

Pontuação
Reveja as suas respostas. Para cada (a) selecionado, some 0. Para cada (b), some 1 ponto. Para cada (c), some 2 pontos.
Inflamação muito baixa em seu corpo: 0-15
Inflamação moderada em seu corpo: 16-30
Inflamação elevada em seu corpo: 31-50

Concentre-se em alimentos que curam

Este capítulo tratou sobre os principais alimentos que causam inflamação crônica. Agora, vamos conhecer os alimentos que combatem ativamente a inflamação no corpo! Eles são o corpo e a alma da Dieta Galveston.

Algumas das melhores ferramentas para combater a inflamação crônica não vêm da farmácia, mas do supermercado. Muitas pesquisas constataram que os componentes de alguns alimentos e bebidas exercem efeitos anti-inflamatórios, e você consumirá a maioria deles na Dieta Galveston.

Entre os mais potentes desses componentes estão os antioxidantes, valorizados por seu potencial para combater danos às células. Um antioxidante é uma substância que protege as células do dano causado pelos radicais livres. Um radical livre é uma molécula que perdeu parte de si mesma — isto é, perdeu um de seus elétrons eletricamente carregados que normalmente orbitam em pares. Para restaurar esse equilíbrio, o radical rouba um elétron de moléculas próximas. Dessa forma, ele danifica as membranas celulares, fazendo com que se desintegrem. Portanto, a produção de radicais livres leva a várias doenças associadas à inflamação.

Mas temos os antioxidantes para o resgate! Pesquisas mostram que antioxidantes ajudam a prevenir certos tipos de câncer, reduzem os níveis de colesterol e aumentam a função imunológica. Eles doam um elétron para um radical livre sem se prejudicar nesse processo. Assim, antioxidantes põem um fim à voracidade pró-inflamatória dos radicais livres.

As vitaminas A, C e E são antioxidantes, enquanto minerais antioxidantes incluem zinco, selênio, cobre e manganês. Alguns alimentos anti-inflamatórios que contêm esses antioxidantes são:

- Frutas vermelhas (mirtilo, amora, framboesa, morango e cranberry) estão na principal lista de fontes de antioxidantes derivados de frutas.
- Alcachofra, couve e pimentão estão entre as fontes vegetais mais ricas em antioxidantes. Outras fontes poderosas incluem aspargo, beterraba, brócolis, repolho roxo e tomate.
- Noz, pistache, noz-pecã, avelã e amêndoa são ricos em antioxidantes, assim como sementes.
- Leguminosas — como feijão, edamame e lentilha — são potentes antioxidantes.
- Muitos temperos têm incríveis características antioxidantes, principalmente cravo-da-índia, alho, gengibre, cúrcuma e qualquer outra erva fresca.
- Café, chá e vinho tinto (em moderação) são ricos em antioxidantes.
- Alimentos ricos em ácidos graxos ômega-3 são ótimas fontes de substâncias anti-inflamatórias. Eles incluem peixes como o salmão e a cavalinha. (Se peixe não é uma opção ou você não o consome com frequência ou nunca, um suplemento com óleo de peixe é um ótimo plano B.)

Para enriquecer a sua dieta com antioxidantes, procure variar. Nenhum único alimento ou grupo de alimentos deve ser sua prioridade. Em vez disso, incorpore várias frutas, vegetais, oleaginosas, legumes e especiarias diferentes em sua dieta.

Os planos de refeições da Dieta Galveston (Capítulo 8) proporcionarão uma variedade saudável para sua alimentação. Eles servirão de base para as suas refeições e a inspirarão a criar seus próprios cardápios.

Aviso importante: meus alimentos anti-inflamatórios preferidos

Abacaxi
Acelga
Aspargo
Avocado
Azeite de oliva
Batata-doce
Beterraba
Brócolis
Cenoura
Cogumelo shitake
Couve
Espinafre
Frutas vermelhas
Laranja
Nozes
Salmão
Salsão
Tomate
Vagem e outras leguminosas

Quer você esteja querendo aliviar os sintomas da pré-menopausa e menopausa; perder peso ou prevenir o aparecimento de um câncer, doenças cardíacas, diabetes, demência ou outros problemas ligados à inflamação crônica, *quanto antes você adotar uma alimentação anti-inflamatória, melhor!*

CAPÍTULO 6

Ação 3: Reorientação das fontes de energia

Conheci muitas mulheres viciadas em carboidratos processados, principalmente alimentos ricos em açúcar adicionado. Elas polvilhavam açúcar no cereal já adoçado pela manhã, beliscavam pedaços de chocolate durante o dia todo e tomavam sorvete após o jantar. Nenhuma quantidade de açúcar parecia suficiente para elas.

Isso não é surpresa. O açúcar está em todo lugar, e sua atração é forte. A maioria dos fabricantes de alimentos também não facilita. Na verdade, estão na raiz do problema do açúcar. Há mais de 600 mil alimentos processados nos supermercados, 80% dos quais contêm açúcar adicionado oculto. Como já mencionei, o norte-americano comum consome 19 colheres de chá de açúcar por dia. Uma porção de uma conhecida marca de molho de macarrão contém mais açúcar do que uma porção de biscoitos de chocolate recheados! Iogurtes adoçados podem conter mais açúcar do que uma lata de refrigerante.

Recentemente, houve debates acirrados sobre se as comidas de má qualidade — o tipo ultraprocessado e ultrassaboroso — causam a mesma dependência que a heroína e a cocaína. Afinal, com frequência, muitas pessoas se sentem tomadas por desejos que as fazem procurar e devorar doces em instantes. Bem, o veredito está começando a se revelar: um estudo realizado em 2018 constatou que alimentos com altos níveis de açúcar e altos níveis glicêmicos podem, de fato, ser viciantes — e, em estudos com animais, esses alimentos se mostraram mais viciantes do que cocaína.

Naturalmente, há consequências — graves. Carboidratos processados e açúcar adicionado são considerados os principais aditivos prejudiciais em nossa alimentação. Muitas vezes, eles são citados como os principais contribuidores para várias doenças crônicas e relacionadas a inflamações, de obesidade ao diabetes e à doença de Alzheimer.

Hoje, um grande grupo de cientistas sugere que pessoas com excesso de peso, obesas, pré-diabéticas ou diabéticas, e até aquelas dependentes de carboidratos processados fariam bem em mudar para uma dieta mais rica em gorduras totais e mais pobre em carboidratos. Na verdade, há provas extremamente favoráveis à limitação de carboidratos, ao aumento de gorduras boas e ao consumo de quantidades moderadas de proteínas.

É exatamente disso que trata a fase de reorientação das fontes de energia da Dieta Galveston.

O que é reorientação das fontes de energia?

Nosso corpo prefere obter energia queimando a glicose derivada de carboidratos em nossa alimentação por meio de um processo chamado gliconeogênese, que ocorre no fígado. Quando nossas fontes de glicose se esgotam, o corpo passa a buscar energia queimando gordura corporal.

Mas lembre-se, a alimentação ocidental típica está repleta de carboidratos (por exemplo, pães, massas, arroz, sobremesas e açúcares adicionados). Eles inundam o corpo com glicose, que estimula a liberação de insulina. A insulina é o principal fator hormonal para armazenamento de gordura no corpo. Assim, quando você se alimenta dessa forma, o corpo nunca passa para o modo de *queima de gordura* e, ainda, a armazena em maior quantidade! É uma situação perde-perde.

Para combatê-la, é essencial voltar o foco para os macronutrientes (proteínas, carboidratos e gorduras) e ajustar as porcentagens de modo que ativem a queima de gordura e estimulem o corpo a depender desses macros como a principal fonte de energia. Quando você se concentra nos macros e ajusta as porcentagens de modo que estimulem a queima de gordura, seu corpo cria corpos cetônicos. Os ácidos graxos são uma forma de energia que ajuda o corpo a queimar gordura, em vez de usar a glicose (açúcar) dos carboidratos.

Essa bioquímica é a essência da Ação 3: Reorientação das fontes de energia.

Os macros na reorientação das fontes de energia

A proporção de macronutrientes na dieta ocidental típica é a seguinte: 50% de calorias de carboidratos, 15% de proteínas e 35% de gorduras.

Vamos mudar essa relação. Na Dieta Galveston, você ajustará seus macros para aumentar a queima de gordura, energizando o corpo com gorduras saudáveis, proteínas e carboidratos de alta qualidade em porcentagens que estimulam o corpo a gerar energia a partir da gordura. As porcentagens são as seguintes: 70% de gorduras saudáveis; 20% de proteína magra e 10% de carboidratos.

Os planos de refeições diárias deste programa são regulados de acordo com esses macros, de modo que é fácil atingir suas metas. Quando você começar a planejar refeições por conta própria, poderá rastrear seus macros usando um aplicativo de monitoração nutricional (p. 47).

A seguir, apresento uma visão geral de boas opções para ajudá-la a obter seus macros.

Setenta por cento de gorduras saudáveis

Estão presentes em: avocado, azeite de abacate, óleo de coco, azeite de oliva, azeitonas, sementes (principalmente chia e linhaça), manteiga, oleaginosas (principalmente amêndoa, macadâmia, noz-pecã e noz) e maionese (feita com azeite de oliva ou óleo de abacate).

Vinte por cento de proteínas magras

Escolha proteínas de animais alimentados no pasto (carne bovina, de búfalo, de cordeiro, de porco, de peru), peixes e frutos do mar criados em seu habitat natural, anchovas, sardinhas, ovos, carne curada sem nitratos e proteína em pó (ingrediente limitado, pobre em açúcar e em carboidratos)

Dez por cento de carboidratos

Os carboidratos geralmente são divididos em dois tipos: complexos e simples. Os complexos são alimentos ricos em fibras que melhoram a digestão e a saúde geral do intestino. Eles também estabilizam a glicemia, mantêm a energia em um nível estável e ajudam a manter a saciedade por mais tempo após as refeições. Eles têm menor probabilidade de se transformarem em gordura.

Exemplos de carboidratos complexos são vegetais, legumes, frutas e grãos integrais. Meus preferidos são: maçã, alcachofra, aspargo, pimentão, beterraba, frutas vermelhas, brócolis, couve-de-bruxelas, couve-flor, folhas verdes, oleaginosas, sementes e picles. Estes são os carboidratos a consumir.

Os carboidratos simples devem ser evitados. Eles são moléculas de açúcar menores que são rapidamente digeridas pelo corpo e que causam uma elevação rápida na insulina. Se não forem queimados imediatamente, convertem-se em gordura corporal. São comumente encontrados em alimentos ricos em açúcares adicionados ou farinha processada, ou seja, da qual se tirou as fibras e os nutrientes. Exemplos são balas e doces, pães, biscoitos, bolos, tortas, pizza e vários alimentos processados.

Quando começar o programa Dieta Galveston para a vida — que dá orientações sobre a manutenção da dieta —, no Capítulo 10, você se concentrará novamente na energia, a fim de estabilizar seu peso e aumentar a ingestão de alimentos anti-inflamatórios. Por exemplo, você:

1. Começará com 60% de gorduras, 20% de proteínas e 20% de carboidratos por uma ou duas semanas.
2. Avançará nas semanas seguintes com 50% de gorduras, 20% de proteínas e 30% de carboidratos.
3. Estabilizará, no longo prazo, com 40% de gorduras, 20% de proteínas e 40% de carboidratos. Essas porcentagens são as que você usará para toda a vida depois de ter atingido o peso que a agradar e estiver se sentindo realmente saudável e disposta.

Ou seja, há muita coisa pela frente!

Aviso importante: atinja as metas de macronutrientes provenientes de carboidratos com vegetais pobres em amido

Ao monitorar os macros provenientes de carboidratos, saiba que há duas categorias de vegetais: pobres e ricos em amido. Vegetais ricos em amido incluem batata-doce, milho e leguminosas (vagem, feijão, ervilha, lentilha), enquanto os pobres em amido incluem brócolis, couve-flor, tomates e abobrinha, por exemplo.

Esses tipos de vegetais são carboidratos complexos, mas, como o nome da categoria indica, a principal diferença entre eles está na quantidade de amido que contêm. Vegetais ricos em amido, como a batata, quando cozidos, têm cerca de 15 gramas de carboidratos e 80 calorias em meia xícara; enquanto os pobres em amido, como o brócolis, contêm cerca de 5 gramas de carboidratos e 25 calorias em uma porção equivalente. Além disso, vegetais ricos em amido aumentam os níveis de glicemia mais depressa do que os pobres em amido.

Apesar de ambas as formas de carboidratos serem ricas em fibras, antioxidantes, vitaminas e minerais, se a sua meta é perder peso, mude a ingestão de vegetais ricos em amido a fim de atingir a quantidade diária de macros provenientes de carboidratos e queimar gordura de modo uniforme.

O quadro a seguir lista exemplos de ambas as categorias.

Ricos em amido	Pobres em amido	
Abóbora	Abobrinha	Berinjela
Banana-da-terra	Alcachofra	Brócolis
Batata-doce	Aspargo	Brotos
Batata	Cenoura	Cebola
Ervilha	Couve	Cogumelos
Inhame	Couve-flor	Couve-de-bruxelas
Mandioca	Feijão-italiano	Espinafre
Mandioquinha	Folhas verdes para saladas	Pepino
Milho	Pimentões (todos)	Tomate
	Vagem	Vagem-amarela

A importante diferença entre carboidratos líquidos (*net carbs*) e carboidratos totais

Na Dieta Galveston, você vai monitorar a ingestão de *net carbs*, que são o total de carboidratos, em gramas, presentes em qualquer alimento, subtraído das fibras, em gramas.

Existe um modo simples e fácil de fazer esse cálculo. Se você olhar o rótulo de informações nutricionais de um alimento, verá que ele mostra o total de carboidratos por porção. Abaixo do total de carboidratos, estará a quantidade de fibras e o total de açúcar, que inclui açúcares adicionados. Todos esses componentes formam o total de carboidratos, mas, como as fibras não são absorvidas no processo digestivo, nós as subtraímos desse total:

Total de carboidratos - Fibras = Net carbs

O motivo de usarmos os *net carbs* é que o corpo digere cada tipo de carboidrato de um jeito diferente. Os *net carbs* são aqueles que você digere e usa para produzir energia; como mencionamos, as fibras restantes passam pelo trato digestivo sem serem absorvidas e, assim, não elevam a glicemia. Alimentos pobres em *net carbs* não exercem um impacto significativo nos níveis de glicemia e, portanto, podem ajudar na perda de peso.

Informação Nutricional	
8 porções por embalagem	
Porção	**2/3 xícara (55 g)**
Quantidade por porção	
Calorias	**230**
Gorduras Totais 8 g	**10%**
Gorduras Saturadas 1g	**5%**
Gorduras *Trans* 0g	
Colesterol 0mg	**0%**
Sódio 160mg	**7%**
Carboidratos Totais 37g	**13%**
Fibra Alimentar 4g	**14%**
Açúcares Totais 12g	
Inclui 10g de Açúcares Adicionados	**20%**
Proteína 3g	
Vitamina D 2mcg	10%
Cálcio 260mg	20%
Ferro 8mg	45%
Potássio 235mg	6%

Valores Diários (VD) com base em uma dieta de 2.000 kcal ou 8.400 kJ. Seus valores diários podem ser maiores ou menores, dependendo de suas necessidades energéticas.

Calculando os *net carbs*

Lembre-se, para calcular os *net carbs* você simplesmente subtrai a quantidade de fibras do total de carboidratos (em gramas). Para o alimento cujas informações nutricionais são apresentadas no rótulo anterior, 37 gramas (total de carboidratos) menos 4 gramas (fibras alimentares) é igual a 33 gramas (*net carbs*).

Os desafios comuns na reorientação das fontes de energia

Ao reorientar sua ingestão de macronutrientes, você pode ficar preocupada com a possibilidade de sentir falta de massas, pães ou batatas, ou com a possibilidade de seu desejo por doces levar a melhor. Mas deixe-me tranquilizá-la. Seus desejos desaparecerão (junto dos quilos e centímetros) e você se sentirá mais disposta, saudável e saciada com a Dieta Galveston. Tenho certeza disso, pois é o que muitas mulheres me contaram!

Porém, é importante compreender que seu corpo foi alimentado por carboidratos durante a maior parte da sua vida. Agora, você está pedindo ao seu metabolismo que deixe de queimar carboidratos e queime gordura armazenada — o que significa que, provavelmente, enfrentará alguns desafios. Mas não desanime! Você não é a única a experimentar algumas ou todas as seguintes dúvidas e sensações ao iniciar a Dieta Galveston.

Impaciência com a adaptação à queima de gordura

Ao iniciar o programa, você estará treinando seu corpo a se adaptar a queimar gordura como principal fonte de energia, em vez de carboidratos. Contudo, isso não acontece da noite para o dia. Estudos mostram que essa adaptação ocorre ao longo de semanas, não dias. A maioria das pessoas realmente precisa de três a quatro semanas para atingir o pico de adaptação à queima de gordura. Em termos práticos, isso significa que talvez você não veja nem sinta resultados significativos por várias semanas. Seja paciente! Quando seu corpo se adaptar a queimar gordura, as mudanças ocorrerão depressa!

Abstinência de carboidratos

Se você costuma consumir muitos carboidratos complexos, espere algumas mudanças no humor e nos níveis de energia quando passar a ingestão de macronutrientes para 10% de carboidratos. De fato, essa restrição pode produzir uma síndrome de abstinência nos primeiros estágios. Por exemplo, você poderá sentir:

- fadiga
- dores de cabeça
- tosse
- coriza
- irritabilidade
- náusea

Ironicamente, experimentar qualquer um desses sintomas é um bom sinal. Isso significa que, em certo momento, seu corpo dependia de queimar glicose para ter energia. Agora, seu metabolismo está passando a contar com gordura para ter energia. Você simplesmente está sentindo a ausência do açúcar e dos alimentos ricos em carboidratos e passando para o modo de queima de gordura (adaptação à queima de gordura!).

Retirar os carboidratos não é divertido, mas fique firme. É possível minimizar os efeitos colaterais, mesmo que não consiga eliminá-los totalmente. Uma das melhores formas é reabastecer seus eletrólitos. Eles contêm minerais importantes; como magnésio, potássio, sódio, cálcio, fósforo e cloreto; e são vitais porque permitem que as células gerem energia, mantenham a estabilidade de suas membranas e funcionem de maneira ideal, de modo geral. Eles também geram eletricidade, auxiliam na contração muscular, transportam água e líquidos pelo corpo e participam de várias outras atividades.

Você pode repor seus eletrólitos tomando a quantidade de água necessária durante o dia e introduzindo alimentos ricos em eletrólitos em sua dieta.

Para obter a quantidade suficiente de potássio, por exemplo, coma muitas folhas verdes e avocado. Sinceramente, eu recomendo comer pelo menos um avocado por dia. Noz, amêndoa, pistache e noz-pecã, além de sementes de abóbora e girassol, são excelentes fontes de magnésio e fáceis de adicionar a qualquer refeição ou lanche.

Outros eletrólitos (principalmente o cálcio) são encontrados em abundância em vegetais verdes, e você obtém sódio e cloreto temperando os alimentos com um pouco de sal. Proteínas como atum e frango são ricas em fósforo.

Insuficiência de gordura

Talvez você já tenha ouvido que deveria reduzir o consumo de gordura. Mas neste plano, a gordura é sua nova fonte de energia. Você precisa dela. Se não ingeri-la em quantidade suficiente, seus níveis de energia serão afetados e o plano se tornará difícil para você.

A melhor forma de pensar na Dieta Galveston é que ela não é simplesmente uma dieta pobre em carboidratos; é uma dieta rica em gorduras boas. Talvez você tenha que mudar sua atitude de "eliminar carboidratos" para "consumir suficiente gordura".

Com a reorientação das fontes de energia, cerca de 70% de suas calorias devem vir da gordura; isso significa consumir alimentos como ovos, bacon não curado, nozes, sementes, avocado, azeite de abacate, azeite de oliva, óleo de coco e manteiga.

Descoberta de carboidratos ocultos

Carboidratos e açúcar adicionado são traiçoeiros e evitá-los pode ser desafiador. Muitos alimentos escondem uma quantidade significativamente maior de açúcar e de carboidratos processados do que se imagina, então, é importante não só ler as informações nutricionais, mas também entender como o alimento foi preparado e descobrir quantos carboidratos você está ingerindo.

Os carboidratos não estão só se escondendo em alimentos óbvios; eles também se escondem em alimentos aparentemente inocentes. Aqui vai uma breve lista de onde você encontrará carboidratos escondidos e açúcar adicionado:

Alimentos com teor de gordura reduzido
Ovos líquidos
Molhos
Condimentos
Manteiga de amendoim
Molhos para saladas
Barrinhas energéticas e de proteína

Aviso importante: troque de carboidratos para obter sucesso

Aqui estão algumas substituições deliciosas para alimentos ricos em carboidratos que ajudarão você a atingir e a manter sua meta de 10% de carboidratos.

Alimentos ricos em carboidratos	Substitutos pobres em carboidratos
Pão	Wrap de alface ou tortilhas low carb
Empanados com farinha de rosca	Empanados com queijo ralado ou farinha de amêndoas
Chips de batata	Chips de queijo parmesão
Purê de batata	Purê de couve-flor
Massas	Espaguete de abobrinha ou outro vegetal pobre em amido ralado
Arroz	Arroz de couve-flor
Refrigerante	Água com gás
Farinha de trigo	Farinha de amêndoas

Consumo suficiente de proteínas

O desafio de consumir proteína em quantidade suficiente está em calcular quando comê-la.

A maioria das pessoas come proteína apenas em uma refeição, no jantar por exemplo, mas, para manter os músculos em qualquer idade, é melhor consumir proteínas ao longo da janela de oito horas de alimentação. Isso ajuda a prevenir a perda muscular, o que é importante para mulheres que se aproximam ou entram na meia-idade. Também ajuda que a leptina e a grelina, os hormônios que controlam a fome e a saciedade, fiquem equilibrados.

E você não tem que necessariamente comer proteínas depois de se exercitar. Talvez você tenha ouvido que é preciso comer proteínas de meia a uma hora após fazer exercícios, eu acreditei nisso durante anos, até descobrir que o conselho se baseava em um estudo envolvendo atletas do sexo masculino com 25 anos. Essas pessoas que comeram proteína meia hora depois do treino ganharam mais massa muscular quando comparadas às que não o fizeram (embora estas ainda tenham ganhado músculos, mas não tanto). Tais descobertas são irrelevantes para nós porque se aplicam a homens jovens. Além disso, a maioria de nós não pretende acumular uma quantidade absurda de músculos.

A título de orientação, tente consumir de 25 a 30 gramas de proteínas em cada refeição, e de 10 a 20 gramas de proteínas nos lanches. Certifique-se de acompanhar as proteínas com gorduras boas e carboidratos para promover a saciedade.

Porém, não exagere no consumo de proteínas; isto é, não exceda essas recomendações. Se houver muitos aminoácidos em sua corrente sanguínea, serão transformados em glicose como fonte de energia, diminuindo a capacidade do corpo queimar gorduras.

Abandono do açúcar em 10 dias – meu detox de açúcar

Nosso corpo se acostuma a uma determinada quantidade de açúcar. Quanto mais açúcar ingerimos, mais açúcar queremos consumir, e estou falando de "açúcar adicionado" — como já dito, o tipo de açúcar que é adicionado na preparação dos alimentos, assim como o açúcar de mesa, mel, xaropes ou quaisquer açúcares que colocamos em nossas refeições. A boa notícia é que é possível reverter essa tendência e eliminar o desejo por doces.

A prova disso está em um estudo publicado na *American Journal of Clinical Nutrition*. Os pesquisadores convocaram 29 voluntários que habitualmente tomavam pelo menos duas bebidas adoçadas com açúcar por dia. Como parte do experimento, pediu-se a eles que classificassem o grau de doçura de alguns doces e bebidas com açúcar. Em seguida, pediram a metade das pessoas que reduzissem a ingestão de açúcar em 40%, enquanto a outra metade continuou com a alimentação habitual.

Após três meses, os participantes do experimento voltaram a comer o que queriam durante um mês. Os pesquisadores pediram às pessoas que classificassem o grau de doçura de doces e bebidas outra vez. Os que reduziram a ingestão de açúcar acharam os doces e bebidas doces demais e gostaram menos deles. Eles realmente tinham perdido o desejo por doces!

Se você adora doces, isso significa que, depois de reduzir a ingestão de açúcar, ele perde o poder de causar dependência. Para iniciar essa etapa, tente meu detox de açúcar de dez dias. E repita-o, se necessário.

Dia 1. Anote em seu diário as metas para derrubar a dependência do açúcar. Por exemplo:

- Reduzir minha ingestão de açúcar.
- Aprender sobre as consequências do excesso de açúcar à saúde.
- Agir todos os dias para combater a dependência, como:
    - Escolher alimentos integrais e não processados.
    - Trocar refrigerantes, sucos, chás e outras bebidas adoçadas por água ou água com gás.
    - Tomar café puro como parte do jejum intermitente.
    - Adoçar iogurte natural com frutas frescas em vez de comprar iogurte saborizado e já adoçado.
    - Consumir frutas inteiras em vez de alimentos e sobremesas feitos com açúcar.
    - Substituir balas por uma mistura caseira de oleaginosas e frutas.

Dia 2. Comece hoje mesmo a monitorar a ingestão de açúcar adicionado em seu aplicativo de nutrição. Você se surpreenderá pela quantidade total que verá. Lembre-se, a American Heart Association[1] recomenda para mulheres o máximo de 25 gramas de açúcar adicionado por dia. Ver o quanto mais que isso você consome habitualmente pode ser assustador — e também motivador!

Dia 3. Se você ainda toma refrigerantes, chá, café e coquetéis adoçados, sucos industrializados etc., comece a tomar água com gás aromatizada com suco de frutas cítricas ou pepinos. Tome a iniciativa de se livrar de todas as bebidas adoçadas em sua casa.

Dia 4. O estresse afeta suas escolhas de alimentos e aumenta o desejo por doces, de modo que será útil praticar atividades que o aliviam, como ioga e meditação. Além disso, procure alimentos ricos em magnésio, pois ele ajuda a

---

1 Organização sem fins lucrativos responsável pela publicação científica de Diretrizes para Ressuscitação Cardiopulmonar (RCP) e Atendimento Cardiovascular de Emergência (ACE), base dos protocolos de salvamento utilizados por profissionais de saúde, empresas e hospitais nos Estados Unidos e em todo o mundo. [N. da R.]

acalmar o corpo. Por exemplo, maçã, avocado ou amêndoa. Coma-os com um ou dois ovos (ricos em vitaminas que beneficiam o cérebro) ou peixe gorduroso (repleto de ácidos graxos ômega-3, que combate a depressão).

Dia 5. Alimentos ricos em açúcar adicionado, como os industrializados que levam elevada quantidade de xarope de milho rico em frutose (HFCS), aumentam a sua dependência e estimulam sua fome e desejo por mais açúcar. Comece hoje a preparar refeições e lanches que produzem saciedade reunindo carboidratos saudáveis com uma proteína ou uma gordura boa. Em vez de biscoitos ou salgadinhos, por exemplo, experimente comer uma maçã com uma pequena porção de amêndoas ou abobrinha com homus.

Dia 6. Se ainda não começou, crie o hábito de ler os rótulos. Lembre-se, muitos alimentos e condimentos são fontes traiçoeiras de carboidratos processados e açúcar adicionado. Verifique os rótulos de produtos como molhos para saladas e outros molhos, condimentos e outros alimentos para identificar esses carboidratos.

Dia 7. Ainda não consegue deixar a habitual sobremesa com açúcar de lado? Pergunte-se: você está mesmo com fome ou o doce da noite é um hábito difícil de abandonar? Se você estiver realmente com fome, prepare algo rico em proteínas e gorduras saudáveis — por exemplo, uma porção de nozes ou iogurte natural com frutas vermelhas e coco em flocos sem açúcar. Esse tipo de combinação pode substituir sua sobremesa noturna de modo muito satisfatório.

Dia 8. Fato pouco conhecido: tomar muita água durante o dia ajuda a controlar os desejos por açúcar. O que é muita água? Pense em dois litros por dia, o equivalente a oito copos. Fique à vontade para adicionar suco de frutas cítricas ou ervas frescas à água para torná-la mais interessante.

Dia 9. Hora de também eliminar adoçantes artificiais. Eles parecem uma boa ideia enquanto você se livra do açúcar adicionado, mas também podem prejudicar os seus esforços. As pesquisas sugerem que adoçantes artificiais promovem mudanças metabólicas que realmente *aumentam* o desejo por açúcar, a ingestão de alimentos e o ganho de peso. Comece a eliminar esses adoçantes usando metade da quantidade habitual a cada dois ou três dias. Se ainda precisar de algo doce, use adoçantes à base de estévia ou eritritol.

Dia 10. Parabéns — você realmente está no caminho. É provável que seu desejo por doces tenha diminuído bastante e talvez já tenha se livrado totalmente do açúcar adicionado. Continue a cortar pela metade o adoçante artificial que tem usado. Continue a tomar muita água. E reflita sobre as metas criadas no início deste processo de dez dias. Registre seus sucessos no diário e anote como se sente agora que reduziu ou eliminou o açúcar adicionado.

A verdade é que o açúcar não é necessário em nenhuma dieta. Você deve consumir proteínas, carboidratos de qualidade e gorduras saudáveis. Você não precisa ingerir açúcar. A Dieta Galveston foi desenvolvida tendo esses fatos em mente. E o programa a ajudará a romper a dependência do açúcar. Eu garanto. E quando o fizer, seu amor pelo açúcar será algo do passado.

PARTE III

O PLANO

CAPÍTULO 7

A base nutricional da Dieta Galveston

O corpo que você alimenta aos 40, 50, 60 anos ou mais dificilmente é o mesmo que alimentou aos 20. Com a pré-menopausa e a menopausa e, depois, a pós-menopausa, tudo muda — as formas, a composição corporal, o metabolismo, os músculos, os ossos e a energia, e também sua aparência externa e sua saúde geral. Por causa dessas mudanças, você precisa de alimentos e nutrientes específicos não só para perder peso, mas também para atingir a saúde ideal no longo prazo.

Muitas de nós não pensam primeiro na alimentação como solução para as questões que nos afetam agora. Com frequência, buscamos uma medicação para nos ajudar. Mas, felizmente, *podemos* selecionar os alimentos que sustentam nossos hormônios, energizam nosso corpo e reduzem, revertem e até aliviam nossos sintomas.

Depois de orientar dezenas de milhares de mulheres como você ao longo deste programa, tive provas claras de que a Dieta Galveston é o caminho mais seguro para melhorar a saúde na meia-idade, com menos sintomas, perda de peso e manutenção do peso conquistado. Você ficará agradavelmente surpresa com o poder de cura dessa dieta!

Milhares de mulheres descobriram que consumir os *alimentos certos na proporção correta* é um remédio poderoso; os resultados ajudarão no peso, nos hormônios, nas inflamações crônicas e na saúde em geral.

Com isso em mente, vejamos tudo o que você deve comer — e por quê.

Gorduras saudáveis

A gordura dos alimentos não é o vilão que fomos levados a acreditar que era. No final dos anos 1970, era comum demonizar a gordura. Na verdade, a gordura era culpada por causar tudo, de colesterol elevado a diabetes, doenças cardíacas e obesidade. Como resultado, alimentos pobres em gordura surgiram em todos os lugares! Mas o problema com esses alimentos é que eles careciam de nutrientes essenciais e naturais e nos deixavam com fome. Como isso aconteceu? Os fabricantes de alimentos adicionaram — acertou — açúcar para dar sabor, e assim começou o declínio de nossa saúde.

Portanto, que a gordura seja bem-vinda de volta! Na Dieta Galveston, você vai ingerir muitas gorduras "boas" e saudáveis. Elas reduzem o risco de um ataque cardíaco ou derrame, sustentam a função do cérebro e o equilíbrio saudável dos hormônios, melhoram a aparência da pele, ajudam a curar o corpo e promovem uma sensação geral de bem-estar.

Gorduras também satisfazem, pois desencadeiam a liberação de hormônios que causam a saciedade — um dos motivos pelos quais você não sentirá fome na Dieta Galveston. Ainda há outros benefícios em consumi-las, por exemplo, elas ajudam a reverter a resistência à insulina, diminuem a frequência das ondas de calor e diminuem a intensidade dos suores noturnos.

Além das gorduras boas, como o azeite de oliva, você pode consumir sementes e oleaginosas como fontes de gordura. As sementes de linhaça, em especial, são ricas em fitoestrogênios[1], especialmente as lignanas, que promovem a regulação hormonal. Também são ricas em ácidos graxos ômega-3, antioxidantes e fibras. Outras sementes, como a chia e o cânhamo, são ricas em gordura ômega-3.

Nozes são ricas em gorduras responsáveis por auxiliar a saúde dos vasos sanguíneos e a produção de hormônios. Além disso, ajudam a reduzir o colesterol e regular os níveis de insulina ao mesmo tempo em que normalizam a glicemia.

A seguir, uma lista detalhada de todas as gorduras que você pode consumir.

---

1 Fitoestrogênios são componentes não esteroides oriundos de diversas plantas, frutas e vegetais com propriedades estruturais e funcionais semelhantes às dos estrogênios. [N. da R.]

Dieta Galveston – Gorduras aprovadas

Azeite de abacate
Azeite de oliva
Azeitona
Avocado
Coco em flocos (com moderação)
Farinha de coco (para uso em receitas)
Homus
Laticínios (creme de leite fresco, leite integral), se tolerados
Maionese, de preferência feita com azeite de oliva ou óleo de abacate
Manteiga, de preferência orgânica
Manteiga clarificada (ghee)
Manteiga de nozes sem açúcar e sem a adição de óleos
Manteiga de sementes sem açúcar e sem a adição de óleos
Molhos cremosos (para uso em receitas)
Oleaginosas, preferencialmente amêndoas, noz-pecã, macadâmia; farinha de amêndoas
Óleo de coco (com moderação)
Óleo de gergelim (com moderação)
Óleo de linhaça
Óleo TCM[2] (com moderação)
Sementes, principalmente chia, linhaça, cânhamo, abóbora e girassol
Tahine (pasta de gergelim)

Proteínas de qualidade

A proteína está para o seu corpo como o tijolo está para a sua casa e o aço está para um arranha-céu. Ela é o material fundamental de formação do corpo e desempenha um papel essencial em seu reparo e em sua manutenção. A Dieta Galveston é, portanto, um pouco mais rica em proteínas do que muitos outros planos.

---

2 TCM são os triglicerídeos de cadeia média, ácidos graxos (gorduras) curtos e por essa razão mais facilmente absorvidos pelo sistema gastrointestinal. Eles estão presentes, por exemplo, no coco. [N. da T.]

Se você prestou atenção aos conselhos nutricionais difundidos nos últimos anos, talvez tenha visto prós e contras em consumir mais proteínas. Deixe-me esclarecer os fatos: dietas ricas em proteínas têm sido injustamente criticadas.

A verdade é que as mulheres precisam de mais proteína à medida que envelhecem porque seus corpos tendem a perder massa muscular magra e a reparar menos os tecidos envelhecidos. Muito disso se deve à redução do estrogênio, que está associado a perdas de massa muscular e força óssea. Em resumo, a proteína é um salva-vidas nessa fase. Um estudo avançado sobre mulheres, chamado Women's Health Initiative, descobriu que o consumo mais elevado de proteína foi associado a um risco 32% menor de fragilidade e a uma melhor função física.

Além disso, a proteína também estabiliza a glicemia (o que é útil se você tem oscilações de humor). Ela influencia a liberação de leptina e de grelina, os hormônios que regulam o apetite e a ingestão de alimentos.

Eu recomendo o consumo de proteínas variadas: frango, peixe, carne magra, leguminosas, laticínios etc. Ovos são bons, apesar de tudo o que já foi dito sobre eles no passado. Na verdade, ovos são uma fonte de proteína barata e um dos melhores alimentos para equilibrar os hormônios da fome e do armazenamento de gordura, pois exercem um impacto positivo na insulina e na grelina. Ovos são ricos em vitamina D e também em ferro e vitaminas do complexo B. Quase todos os nutrientes de que precisamos para nos sentir bem e manter os ossos fortes estão embutidos nessa pequena casca.

O peixe é outro astro. Repleto de gorduras ômega-3 que combatem a inflamação, peixes mais gordurosos como o salmão, o arenque, a cavalinha, a truta-de-lago e a sardinha estabilizam os hormônios da fome, dando uma sensação de saciedade por mais tempo. Além disso, peixes gordurosos são ricos em vitamina D, que ajuda a melhorar os níveis de testosterona feminina. Controlar esses níveis hormonais podem tratar de forma positiva as preocupações das mulheres quanto a ganho de peso, fadiga ou depressão. Peixes também mantêm o coração saudável e conferem brilho à pele e aos cabelos.

Aves e carne bovina também são excelentes escolhas para proteínas. Elas ajudam a promover a secreção de hormônios como a leptina, que dá a sensação de saciedade. Proteínas de origem animal também são importantes fontes de ferro e vitamina B12.

A seguir, um resumo dos muitos tipos de proteína que você pode usufruir neste programa.

Dieta Galveston – Proteínas aprovadas

- Anchova
- Avestruz
- Bacon sem nitratos
- Búfalo
- Carne bovina, cortes magros
- Carne de caça
- Carne seca, sem nitratos
- Frango
- Frios sem nitrato ou nitrito
- Leguminosas
- Moluscos
- Ovos
- Pato
- Peixe, especialmente salmão, truta e atum
- Peru
- Porco, cortes magros
- Proteína de colágeno em pó
- Proteína em pó, ingrediente limitado, sem açúcar e pobre em carboidrato
- Tofu

Proteínas lácteas

A menos que você tenha intolerância à lactose ou não consiga digerir laticínios, a Dieta Galveston incentiva o consumo de alguns derivados de leite. Um dos principais motivos para isso é que a redução nos níveis de estrogênio durante a menopausa pode aumentar o risco de fraturas nas mulheres, e os laticínios são ricos em cálcio formador de ossos.

A força dos ossos depende muito da quantidade adequada não só de cálcio, mas também de vitamina D, também disponível na proteína láctea.

Sem esses nutrientes, seus ossos podem se dissolver lentamente, ficando fracos e propensos a fraturas. Assim, a prevenção é essencial.

Em um estudo que envolveu cerca de 750 mulheres na pós-menopausa, as que consumiam mais laticínios e proteína animal tinham densidade óssea significativamente maior do que aquelas que os consumiam em menor quantidade.

Os laticínios também ajudam a dormir melhor. Um estudo relatou que alimentos ricos no aminoácido glicina — abundante em leite e queijo, por exemplo — promoviam sono mais profundo em mulheres na pré-menopausa e pós-menopausa.

Alguns laticínios, principalmente o iogurte, contêm probióticos, que são bactérias benéficas. Os probióticos ajudam a aumentar a população de bactérias benéficas na vagina e, assim, a prevenir infecções vaginais. Eles também reduzem os sintomas de infecções vaginais, como corrimentos e odores e, assim, são úteis para o tratamento de infecções.

Dieta Galveston – Proteínas vegetais aprovadas

Amêndoas, em forma de grãos, leite, queijo e farinha
Cânhamo, em forma de sementes e leite
Castanha-de-caju, em forma de grãos, leite e queijo
Chia
Feijão
Grão-de-bico, em forma de farinha e grãos
Lentilha
Levedura nutricional
Seitan
Tempeh
Tofu
Tremoço

Aviso importante: 10 benefícios surpreendentes dos probióticos

Quando pensamos em probióticos como o iogurte, provavelmente a saúde do intestino vem à mente. É verdade que eles ajudam a prevenir e tratar problemas digestivos como diarreias, constipação e doenças inflamatórias do intestino. E, sobretudo, eles mantêm o microbioma do intestino – os trilhões de bactérias que o habitam – equilibrado e saudável. Mas embora os muitos benefícios dos probióticos comecem no intestino, não terminam ali. Os probióticos também:

1. Ajudam a perder peso e gordura abdominal.
2. Melhoram alguns problemas de saúde mental, como depressão, ansiedade e perda de memória.
3. Mantêm o coração saudável.
4. Melhoram os níveis de colesterol e triglicerídeos.
5. Melhoram o sistema imunológico.
6. Mantêm a saúde urogenital.
7. Ajudam o corpo a controlar a glicemia.
8. Fortalecem ossos e articulações.
9. Protegem contra doenças hepáticas.
10. Ajudam a melhorar resultados de tratamentos de câncer.

Os laticínios têm inúmeros aspectos positivos! Aqui está uma lista de alimentos que você pode incluir em sua dieta.

Dieta Galveston – Proteínas lácteas aprovadas

Cheddar
Cottage
Cream cheese
Creme azedo
Creme de leite
Emmental
Feta
Havarti (queijo dinamarquês)
Iogurte integral
Kefir
Mozarela e outros queijos macios
Parmesão e outros queijos duros
Queijo branco
Queijo de cabra

Carboidratos bons

Quero que você aproveite os carboidratos — os bons. Eles são, principalmente, os carboidratos pobres em amido, como vegetais e algumas frutas, e os ricos em amido como batata-doce, frutas e certos grãos integrais. Todos esses alimentos são ricos em vitaminas, minerais, fibras e antioxidantes.

Abastecer a geladeira com folhas verdes também é importante. Folhas como espinafre, couve e acelga são ricas em antioxidantes e ajudam a prevenir inflamações. Folhas verdes também são úteis para os hormônios, principalmente para o metabolismo do estrogênio. Além do mais, são ricas em fibras.

Brócolis, repolho, couve-flor, couve e couve-de-bruxelas fazem parte da família de vegetais crucíferos. Como as folhas verdes, esses vegetais ajudam a processar e a remover o excesso de estrogênio do corpo. Um estudo revelou que o consumo de brócolis reduziu os níveis de um tipo de estrogênio associado ao câncer de mama, ao mesmo tempo em que aumentou o estrogênio que protege contra esse tipo de doença.

Muitos desses carboidratos de alta qualidade contêm fitoestrogênios naturais, que são substâncias presentes nesses alimentos que atuam como os estrogênios fracos no corpo. Embora tenha havido alguma controvérsia sobre sua inclusão em dietas, estudos mais recentes relatam que oferecem benefícios à saúde das mulheres na menopausa. Alimentos que contêm fitoestrogênios naturalmente incluem soja, grão-de-bico, amendoim, linhaça, frutas vermelhas, chás verde e preto, entre outros.

As frutas são uma forma natural de aliviar o desejo por doces e são ricas em antioxidantes que combatem inflamações. Elas também são ricas em água e fibras, que dão saciedade sem engordar.

Dieta Galveston – Vegetais pobres em amido aprovados

Abobrinha
Alcachofra
Agrião
Aspargo
Berinjela
Beterraba
Bok choy (repolho chinês)
Brócolis
Brócolis ninja
Broto de bambu
Broto de feijão
Cebola
Cebolinha
Cenoura
Chucrute
Cogumelo
Couve-de-bruxelas
Couve-flor
Couve-rábano
Endívia
Feijão-manteiga ou fava verde
Folhas verdes (todas as variedades)
Jicama
Kimchi
Pepino
Picles
Pimentão (todas as variedades e cores)
Quiabo
Rabanete
Repolho (todas as variedades)
Rutabaga
Salsão
Salsinha
Tomate

Dieta Galveston – Vegetais ricos em amido aprovados

Banana-da-terra
Batata
Batata-doce
Edamame
Ervilha
Inhame
Leguminosas, inclusive lentilha
Moranga
Nabo
Milho e feijão-de-lima

Dieta Galveston – Grãos integrais aprovados

- Amaranto (cozido ou em forma de farinha)
- Arroz integral
- Aveia
- Cevada
- Espelta (cozida ou em flocos)
- Farro
- Milho
- Painço
- Quinoa
- Trigo (em grãos)
- Trigo-sarraceno (sêmola, farinha ou macarrão)
- Triguilho (trigo para quibe)

Dieta Galveston – Frutas aprovadas

- Ameixa
- Amora
- Banana
- Cranberry (fresco)
- Cereja
- Framboesa
- Maçã
- Mirtilo
- Morango
- Pera
- Toranja (grapefruit) e outras frutas cítricas

Aviso importante: meus alimentos preferidos para combater ondas de calor

Cerca de 85% de mulheres na menopausa relatam ter ondas de calor. Essas ondas também podem ocorrer em cerca de 55% de mulheres na pré-menopausa e sua incidência e intensidade podem aumentar à medida que se aproximam da menopausa.

Se você está tendo ondas de calor, essas estatísticas podem ser desanimadoras, mas não se desespere! A alimentação desempenha um papel muito importante no combate a elas. Na verdade, adotar a Dieta Galveston pode reduzi-las significativamente. Aqui está uma lista de nutrientes e alimentos que aliviarão esses episódios de superaquecimento.

Ácidos graxos ômega-3: Alimentos ricos nessas gorduras, como salmão, atum, nozes e linhaça, podem reduzir a intensidade e a frequência das ondas de calor.

Vitamina E. Alimentos ricos em vitamina E, como folhas verdes, sementes de abóbora e de girassol, amêndoa e pimentão vermelho, podem ajudar a reduzir as ondas de calor. A vitamina E também é um potente antioxidante e acredita-se que ajuda a reparar células danificadas no corpo.

Soja e derivados. Alimentos ricos em soja, como tofu e edamame, podem ajudar a aliviar as ondas de calor porque contêm fitoestrogênios. E ainda contêm proteínas, fibras e gorduras saudáveis.

Frutas e vegetais. As pesquisas revelam que mulheres que regularmente consomem uma dieta rica em frutas e vegetais e evitam açúcar e alimentos processados apresentam muito menos sintomas de menopausa, como ondas de calor, ganho de peso e acúmulo de gordura visceral.

Viva as fibras!

Sempre fui a favor de consumir mais fibras. Por causa de meu trabalho como médica, sei que pessoas que ingerem mais fibras são mais saudáveis. Felizmente, é possível aumentar a ingestão de fibras facilmente com a Dieta Galveston e, ao longo do tempo, seus esforços mostrarão resultados e você sentirá os benefícios. Isso porque as fibras fazem o seguinte:

Controlam o apetite. As fibras ajudam a retardar a entrega dos nutrientes ao intestino e, assim, criam uma sensação de saciedade mais prolongada, diminuindo o apetite. Com menos apetite, você poderá perder peso sem nem mesmo ter que pensar nisso. As fibras também ajudam a reduzir os níveis da grelina, o hormônio da fome.

Reduzem a cintura. Se você tem feito muitos abdominais ultimamente, mas começou a perder a esperança de que o volume na sua cintura vai diminuir, precisa aumentar a ingestão de fibras, principalmente as do tipo solúvel. Algumas evidências mostram que os efeitos dessas fibras na perda de peso atingem especificamente a gordura abdominal.

As fibras, em geral, também ajudam a perder peso de outras formas. Por exemplo, levamos muito tempo para mastigar a maioria dos alimentos ricos em fibras. Isso desacelera o processo da alimentação, permitindo que os sinais de saciedade atinjam seu cérebro antes de você comer demais. As fibras também podem reduzir a quantidade de calorias que o corpo absorve de outros alimentos consumidos.

Regulam a glicemia e a insulina. Um benefício comprovado das fibras é o efeito que exercem nos níveis de glicemia e nas necessidades de insulina. Muitas pesquisas feitas com pessoas saudáveis e diabéticas mostraram que, quando as fibras são consumidas com carboidratos, os níveis de carboidratos e insulina no sangue não sobem tanto quanto quando os carboidratos são ingeridos sem as fibras.

Reduzem o risco de câncer de mama. Uma revisão estatística de estudos sobre o tema constatou que mulheres que adotam dietas ricas em fibras podem reduzir o risco de câncer de mama em 12%. Como as fibras conseguem esse resultado? Elas fazem o seguinte:

- Reduzem o excesso de estrogênio na circulação sanguínea.
- Combinam-se com substâncias danosas e cancerígenas no intestino e, como uma vassoura, passam pelo sistema digestivo e as conduzem para fora do corpo.
- Promovem o crescimento de bactérias saudáveis no intestino e inibem o crescimento de bactérias prejudiciais — um processo que interfere na produção de carcinógenos e causa sua decomposição no intestino.
- Melhoram a ingestão de bactérias ruins pelos macrófagos, os glóbulos brancos que fazem parte do sistema imunológico.
- Produzem os ácidos graxos de cadeia curta (AGCC), que ajudam a combater o crescimento de células cancerígenas.

Você deve consumir pelo menos 25 gramas de fibras por dia — ou mais, se puder. Isso não é tão difícil quanto parece se comer muitos vegetais e algumas frutas todos os dias.

Alimentos da Dieta Galveston com mais fibras

Alimento	Porção	Fibras (em gramas)
Alcachofra cozida	1 média	10
Avocado	1 xícara	10
Abóbora-moranga cozida	1 xícara	9
Ervilha cozida	1 xícara	9
Frutas vermelhas frescas	1 xícara	8
Lentilha cozida	½ xícara	8
Feijão-preto cozido	½ xícara	7,5
Grão-de-bico cozido	½ xícara	6
Pera com casca	1 média	5,5
Brócolis cozido	1 xícara	5
Couve-manteiga cozida	1 xícara	5
Maçã com casca	1 média	4,3
Batata cozida	1 média	4
Batata-doce cozida	1 média	4
Couve-de-bruxelas cozida	1 xícara	4
Quiabo cozido	1 xícara	4
Triguilho (trigo para quibe) cozido	½ xícara	4
Vagem cozida	1 xícara	4
Espelta cozida	½ xícara	3,8
Milho cozido	½ xícara	3,5
Cereja fresca	1 xícara	3,2
Cevada cozida	½ xícara	3
Couve kale cozida	1 xícara	3

Aumente o consumo de magnésio

O magnésio é um mineral que você verá com frequência na Dieta Galveston. Esse importante mas subvalorizado mineral é essencial para a saúde feminina. Ele está envolvido em centenas de reações em todo o corpo e é fundamental para as reservas de energia e o funcionamento de músculos e nervos. Estima-se que 50% das mulheres não o ingerem em quantidade suficiente. Além do mais, à medida que envelhecemos e entramos na menopausa, o magnésio torna-se especialmente importante para uma boa saúde; ele pode ajudar a reduzir os sintomas e problemas da menopausa. O magnésio age desta forma:

Mantém os ossos fortes. Cerca de 60% do magnésio presente no corpo de uma pessoa está armazenado nos ossos, de modo que ele desempenha um papel essencial na prevenção da osteoporose (somado ao cálcio). Com a redução dos níveis de estrogênio durante a menopausa, os ossos começam a se degradar mais depressa do que se recompõem, gerando ossos fracos e porosos. O magnésio ajuda a evitar essa degradação porque aumenta a calcificação na matriz óssea.

Além disso, o magnésio ajuda a reduzir a inflamação que enfraquece os ossos com o passar do tempo.

Previne a resistência à insulina e o diabetes. Quantidades baixas de magnésio nos tornam vulneráveis a esses problemas, pois eles podem causar muitas outras complicações.

Os pesquisadores já sabem, há muito tempo, que o diabetes está associado à falta de magnésio. Ou seja, acredita-se que pessoas com diabetes têm uma falha específica no metabolismo do magnésio. Felizmente, a inclusão de doses relativamente baixas do mineral em sua dieta ajuda a prevenir complicações do diabetes e intervir no curso da doença em si.

Protege a saúde do coração. O magnésio pode proteger o coração de diversas maneiras: evita arritmias cardíacas, impede a formação de coágulos sanguíneos e regula a pressão arterial.

Um dos motivos pelos quais ele é tão positivo é que alimentos ricos em magnésio são uma fonte importante de antioxidantes, gorduras saudáveis, proteínas e fibras, todos benéficos para a saúde do coração. Em um estudo feito com cerca de 4 mil mulheres na pós-menopausa, níveis elevados de magnésio foram associados a marcadores inflamatórios mais baixos relativos a doenças cardíacas, indicando melhor saúde desse órgão.

Melhora o sono. Até 60% de mulheres na menopausa sofrem de insônia ou têm dificuldade para dormir. Aquelas que conseguem adormecer podem ter um sono de má qualidade. O magnésio também é útil aqui, porque pode promover o sono, regulando o ritmo circadiano do corpo (conhecido como o relógio biológico) e aumentando o relaxamento muscular.

Um pequeno estudo feito com 46 adultos mais velhos constatou que uma suplementação de 500 miligramas de magnésio por dia produziu um aumento significativo na produção de melatonina (o hormônio do sono), na duração e na qualidade do sono, enquanto nenhuma melhoria foi vista no grupo de controle.

Melhora o humor. Se você sofre de depressão e não quer tomar antidepressivos, tome magnésio. Ele afasta a sensação de tristeza decorrente do impacto positivo que exerce na função cerebral, na regulação do humor e na resposta ao estresse — fatores que afetam a progressão e o início da depressão.

Acelera a queima de gordura. Geralmente não pensamos no magnésio como um queimador de gordura, mas ele ajuda na perda de peso. Pesquisas recentes constataram que ele reduz a resistência à insulina. Quando há excesso de insulina, e ela não realiza a sua função adequadamente, o corpo não consegue queimar gordura com eficiência, incluindo a obstinada gordura abdominal. A resistência à insulina também pode aumentar o desejo por lanches ricos em carboidratos. Assim, o magnésio pode ser útil para regular a glicemia e os níveis de insulina em pessoas com sobrepeso ou obesas. Também é útil para aliviar a sensação de inchaço e a retenção de líquidos.

Age além da menopausa. O magnésio ajuda a prevenir e a tratar muitas doenças, principalmente as associadas à sua deficiência. Isso inclui a doença de Alzheimer, a resistência à insulina, o diabetes tipo 2, a pressão arterial elevada, as doenças cardiovasculares e as enxaquecas.

Alimentos da Dieta Galveston com mais magnésio

Alimento	Porção	Magnésio (em miligramas)
Folhas verdes cozidas	1 xícara	156
Semente de abóbora	28 g (2 colheres de sopa)	150
Salmão cozido	1 posta pequena	106
Cavalinha cozida	1 filé pequeno	97
Amêndoas	28 g (2 colheres de sopa)	80
Castanha-de-caju	28 g (2 colheres de sopa)	72
Chocolate amargo	28 g	64
Quinoa cozida	½ xícara	60
Avocado	1 médio	58
Tofu cozido	90 g	53
Edamame cozido	½ xícara	50
Feijão-de-lima cozido	½ xícara	40
Feijão-preto cozido	½ xícara	40
Linhaça	28 g (2 colheres de sopa)	40

Aumente a ingestão de ácidos graxos ômega-3

Os benefícios das gorduras ômega-3 na menopausa são consideráveis, motivo pelo qual falo muito delas neste livro. Elas aparecem com frequência na Dieta Galveston porque fazem o seguinte.

Revertem o aumento de medidas da meia-idade. Como já mencionamos, o EPA e o DHA são ácidos graxos ômega-3 encontrados principalmente em peixes gordurosos. Ambos podem, de fato, reduzir a gordura corporal, especialmente no abdome. Pesquisadores na China fizeram uma análise estatística de sete estudos envolvendo gorduras ômega-3 e adultos com sobrepeso e concluíram que a suplementação produziu uma redução significativa na circunferência da cintura.

Diminuem a fome. Em um estudo feito com 232 voluntários com sobrepeso e obesos, os pesquisadores forneceram aos participantes (que nas duas semanas anteriores estavam em um plano de perda de peso de oito semanas) doses maiores ou menores de ômega-3. Os que tomaram doses mais elevadas alegaram se sentir mais satisfeitos e menos famintos duas horas após a refeição do que os que tomaram doses menores.

Reduzem os triglicerídeos. Quando se entra na meia-idade, os níveis de triglicerídeos podem aumentar. E, infelizmente, quando isso ocorre, os níveis do bom colesterol caem, aumentando em muito o risco de doenças cardíacas.

Mulheres na pós-menopausa podem apresentar concentrações maiores de triglicerídeos do que as na pré-menopausa, ficando expostas a maior risco de desenvolver uma doença cardíaca. Os ácidos graxos ômega-3 são muito importantes nessa fase. Eles ajudam a reduzir os triglicerídeos em combinação com uma dieta pobre em açúcar e em carboidratos refinados.

Aliviam dores nas articulações relacionadas à menopausa. Ácidos graxos ômega-3 ajudam a desestimular a formação de agentes similares a hormônios chamados de prostaglandinas. Esses agentes podem desencadear inflamações que prejudicam as articulações. As gorduras ômega-3 vêm em socorro aqui. Elas têm o poder de combater a inflamação e, nesse processo, ajudam a aliviar as dores e a rigidez nas articulações que acontecem na menopausa. De fato, essas gorduras agem de forma semelhante aos medicamentos anti-inflamatórios não esteroides (AINEs).

Ajudam a combater a melancolia. As mulheres têm duas vezes maior probabilidade de sofrer de depressão que os homens, e o risco é ainda maior na pós-menopausa. A irritabilidade e a tristeza são sintomas emocionais comuns da menopausa, mas as gorduras ômega-3 podem aliviá-los ao restaurar a integridade estrutural das células cerebrais que são essenciais para o desempenho de funções cognitivas.

Sustentam a saúde óssea. Constatou-se que consumir mais ácidos graxos ômega-3 aumenta o conteúdo mineral ósseo e ajuda a prevenir a osteoporose. Assim, torne essas gorduras parte essencial de sua dieta.

Recuperam sua energia sexual. As gorduras ômega-3 ajudam a lubrificar seu corpo em geral, portanto ajudando com a secura vaginal — um sintoma comum tanto na pré-menopausa, quanto na menopausa e nas pós-menopausa. A maioria das mulheres precisa de pelo menos 2 gramas de gorduras ômega 3 por dia. Veja a tabela a seguir para conhecer as fontes dessa gordura e o tamanho das porções que devem ser consumidas.

Alimentos da Dieta Galveston com mais ácidos graxos ômega-3

Alimento	Porção	Ômega-3 (em miligramas)
Óleo de linhaça	1 colher de sopa	7.260
Chia	2 colheres de sopa	5.060
Salmão cozido	100 g	4.123
Cavalinha cozida	100 g	4.107
Nozes picadas	2 colheres de sopa	2.570
Linhaça	1 colher de sopa	2.350
Sardinha em lata	100 g	1.480
Sementes de cânhamo	1 colher de sopa	1.000
Anchova em óleo	60 g	951
Arenque fresco ou em conserva	100 g	946
Edamame cozido	½ xícara	670
Tofu	100 g	495
Ostra	6	370
Abóbora-moranga cozida	1 xícara	332
Ovo enriquecido com ômega-3	1 grande	225
Espinafre	1 xícara	166

Alivie os problemas da menopausa com vitamina D

Não tenho palavras suficientes para elogiar a vitamina D. Tecnicamente um hormônio, e não uma vitamina, ela se destaca por seus benefícios à saúde, especialmente no funcionamento adequado do coração, dos pulmões, dos vasos sanguíneos e do sistema imunológico. Quanto aos problemas da menopausa, a vitamina D ajuda da seguinte forma.

Ajuda na manutenção do peso. Como queimador de gordura, a vitamina D age de três maneiras importantes. Primeiro, quando em níveis adequados, o corpo fabrica mais leptina, o hormônio que diz ao cérebro que você está satisfeita e que pode parar de comer. Segundo, com uma ampla suplementação dessa vitamina, as células resistem a formar e armazenar gordura. Terceiro, a vitamina D interage com o cálcio a fim de impedir a produção excessiva de cortisol, o notório hormônio do estresse que, quando cronicamente elevado, desencadeia o armazenamento de gordura abdominal.

Aumenta a força muscular. A vitamina D está diretamente ligada à força e à massa muscular, que diminuem com a idade. Um estudo recente revelou que essa vitamina pode aumentar a força muscular significativamente e reduzir a perda de massa muscular no corpo em mulheres até doze anos ou mais pós-menopausa.

Nesse ensaio clínico, 160 mulheres brasileiras na pós-menopausa foram distribuídas aleatoriamente em dois grupos: um recebeu mil unidades de vitamina D por dia, e o outro recebeu placebo. Os pesquisadores constataram, ao final do estudo de nove meses, que as mulheres que receberam suplementação dessa vitamina mostraram um aumento de mais de 25% na força muscular. As do grupo de controle perderam, em média, 6,8% de massa muscular. As mulheres neste último grupo também eram duas vezes mais propensas a quedas.

Ajuda a combater a depressão. Pesquisas mostraram que a vitamina D pode desempenhar um papel importante na regulação do humor e na redução do risco de sofrer de depressão. Publicada na *Depression and Anxiety*, em 2020, uma avaliação de 7.534 pessoas descobriu que as que tinham emoções negativas e receberam suplementação de vitamina D notaram melhoria nos sintomas. O estudo concluiu que a suplementação de vitamina D ajuda as pessoas com depressão que também apresentam deficiência dessa vitamina.

Resolve problemas de fadiga. A fadiga é uma queixa comum na menopausa, principalmente em seus estágios iniciais, quando o corpo se adapta às flutuações hormonais. Um estudo de 2015 feito com enfermeiras descobriu uma forte ligação entre baixos níveis de vitamina D e fadiga. Além disso, 89% das participantes tinham deficiência dessa vitamina.

Revitaliza os ossos. A baixa densidade mineral óssea é sinal de que os ossos estão enfraquecendo por causa da perda de cálcio e de outros minerais. Esse problema cria maior risco de fraturas em adultos mais velhos, principalmente nas mulheres. Ingerir vitamina D e cálcio em quantidade suficiente, regularmente, ajuda o corpo a maximizar a absorção de cálcio, produzindo ossos mais fortes.

Reduz o risco de câncer de mama. Foi demonstrado que o tratamento das células de câncer de mama com vitamina D interrompe o crescimento e a disseminação dessas células e inicia um processo que estimula sua destruição.

Mulheres entre 19 e 50 anos devem tomar 600 unidades internacionais (UI) de vitamina D por dia como o mínimo para manutenção; mulheres com mais de 50 anos devem tomar 800 UI. Embora seja possível atingir esse nível com uma dieta rica em vitamina D, também é aconselhável fazer a suplementação, garantindo que você obtenha a quantidade diária suficiente.

A tabela a seguir mostra os alimentos que são boas fontes de vitamina D.

Alimentos da Dieta Galveston com mais vitamina D

Alimento	Porção	Vitamina D (U.I.)
Cogumelo cozido (vitamina D_2)	100 g	2.300
Salmão cozido	100 g	1.300
Sardinha em lata	100 g	270
Atum em lata	100 g	268
Arenque fresco ou em conserva	100 g	216
Aveia cozida	½ xícara	150
Leite	1 xícara	100
Iogurte	¾ xícara	100
Leite de amêndoas	1 xícara	100
Queijo duro	28 g	40
Gema de ovo	1 grande	37

Beba água!

Recomendo que você tome pelo menos 2 litros (8 copos) de água por dia. A água é um nutriente vital, mas também um dos mais negligenciados. Ela propicia muitos benefícios, da saúde do coração à função cerebral e à eliminação de toxinas do corpo. Para mulheres, ela ajuda a evitar sintomas de secura (vaginal e da pele, comuns na menopausa) e inchaço (que podem acompanhar as mudanças hormonais). Em geral, a água lubrifica o corpo.

Aqui vai uma advertência: evite águas saborizadas compradas no supermercado; elas quase sempre vêm com muito açúcar e aditivos artificiais. Se você não gosta de água normal, misture-a com frutas, ervas ou legumes frescos, como pepinos em fatias. É fácil e rápido de fazer e uma ótima forma de usar esses alimentos.

Alternativas ao açúcar

Adoçantes de estévia e eritritol são as únicas alternativas aceitáveis ao açúcar que não provocam uma elevação na insulina ou glicose.

Muitas mulheres me perguntam se adoçantes podem ser usados durante o jejum. Pessoalmente, não consumo nada doce durante o jejum, mas ainda não se sabe se eles afetam a saúde ou não. Alguns cientistas acham que, quando os receptores de doce do trato digestivo são estimulados por essas substâncias, a insulina é liberada, anulando os benefícios do jejum.

A alegria da mudança

A Dieta Galveston provou ser um programa muito eficaz para corrigir os sintomas e doenças associados à meia-idade. Recentemente, fiquei emocionada com a história de duas pacientes, Bonnie e Donna, ambas com inúmeros problemas de saúde.

Bonnie, que iniciou o programa em 2019, tinha gordura no fígado, diabetes, colesterol anormal e fibrilação atrial (também conhecida por FA ou A-fib, que são batimentos cardíacos irregulares e, muitas vezes, muito rápidos, ou arritmia, o que pode causar coágulos no coração). O que aconteceu depois de um amplo período praticando o programa foi quase um milagre. "Eu vi uma transformação em minha saúde. Não tenho mais gordura no fígado. Meus níveis de colesterol estão normais. Não sou mais diabética. Não tive nenhum episódio da A-fib em um ano. Perdi 19 quilos desde o início do programa."

Sua cardiologista acrescentou: "Controlar sua saúde e alimentação afetou diretamente sua saúde cardíaca". Seu clínico geral também afirmou: "Com a mudança na dieta, ela evitou vários problemas".

Donna, de 73 anos, tomava oito remédios para diversos problemas, incluindo pressão alta, hiperglicemia e colesterol elevado. Depois de começar a Dieta Galveston, em fevereiro de 2020, ela contou: "Embora a perda de peso não fosse minha preocupação inicial, perdi 10 quilos e muitos centímetros. Mas o que me dá mais orgulho é que meu A1C (um indicador de diabetes) caiu de 7.2 para 5.9, perto do normal. Minha pressão arterial está em uma faixa normal e o colesterol total é 135. Hoje tomo apenas dois remédios".

Essas histórias são a regra para as participantes do programa, não a exceção. Portanto, consuma os alimentos indicados na dieta, não só porque a ajudarão a perder quilos e centímetros, mas também porque promovem saúde e cura – e produzirão resultados que transformarão a sua vida.

Como venho repetindo, o que você comer na Dieta Galveston terá um impacto profundo e duradouro em sua saúde, seu peso e sua longevidade. Os alimentos são uma combinação de alguns nutrientes fantásticos que, ao serem consumidos, entram em suas células e melhoram sua atividade e função. O que você dá às suas células por meio das escolhas alimentares pode tornar seu corpo tão forte que aumentará as perspectivas de levar uma vida surpreendentemente longa e saudável.

CAPÍTULO 8

Reunindo tudo: Os planos de refeições e as listas de compras

Bem-vinda aos planos de refeições da Dieta Galveston! Para iniciar esse novo modo de se alimentar, ofereço aqui quatro semanas de cardápios convencionais e duas semanas de cardápios vegetarianos — sem a necessidade de cálculos. Todas essas refeições têm amplas porções de gorduras saudáveis, proteína magra e bons carboidratos nas proporções adequadas. Essas refeições também têm fibras, magnésio, ácidos graxos ômega-3, vitamina D e outros nutrientes importantes que mantêm a saúde na meia-idade. Cada refeição foi planejada na medida certa para matar a fome e ajudar você a se sentir saciada depois. As receitas desses planos de refeições estão no Capítulo 9.

Você verá nas páginas a seguir que os planos incluem duas refeições e dois lanches por dia (a serem consumidos em sua janela de alimentação). Cada plano diário é seguido por uma análise da proporção de macronutrientes, para que você possa ver o equilíbrio e monitorar o quanto se aproxima da proporção recomendada 70/20/10 todos os dias. Lembre-se, você não contará calorias neste programa; em vez disso, concentre-se na proporção de macronutrientes.

Os planos de cada semana serão acompanhados por uma lista de compras para que você possa planejar as refeições da semana e comprar os produtos necessários. As listas se baseiam na utilização dos planos conforme apresentados, mas você pode, é claro, adaptá-las às suas necessidades, a outras receitas que deseja incluir e à quantidade de pessoas para quem vai cozinhar.

Ter uma lista detalhada é essencial para cumprir o plano de refeições semanal, principalmente no início, quando você está se acostumando a esse novo estilo de alimentação. Saber o que, quanto e quando comer, e ter os ingredientes disponíveis para preparar as refeições como recomendado, é um dos aspectos mais importantes deste programa.

O segredo da preparação de boas refeições é ter alguns ingredientes básicos que possam ser preparados e cozidos com antecedência, divididos em porções e usados de muitas maneiras durante a semana. Separe um tempo para se preparar para a semana seguinte e será recompensada nos seguintes aspectos:

Melhor nutrição. Ao seguir os planos de refeições, você terá controle da nutrição, dos ingredientes e das porções que consumirá durante a semana. Isso poupa tempo e elimina muitas decisões que, de outra forma, prejudicam suas medidas.

Melhor metabolismo. Você estará preparada na hora do lanche, quando a fome bater, porque terá algo nutritivo — lanches vão satisfazê-la, reduzirão a inflamação e ajudarão a queimar gordura.

Compras mais sensatas. Planejar e preparar suas refeições poupará dinheiro. Esqueça a ideia de gastar, todos os dias, com uma salada pronta coberta de *croutons* e um molho desconhecido (muitas vezes com conservantes e substâncias químicas). Use esse dinheiro que vai poupar para fazer uma massagem ou uma limpeza de pele.

Para aproveitar melhor esses planos, siga algumas destas sugestões de preparo de alimentos:

1. **Planeje com antecedência.** Decida quais refeições quer fazer na semana e quanto precisará preparar. Mantenha uma relação atualizada do que há na geladeira, no freezer e na despensa, e anote os itens básicos que estão acabando.
2. **Faça uma lista antes de ir ao supermercado.** Leve uma lista ao supermercado para saber exatamente o que comprar. Uma vez lá, procure ficar nos corredores em que estão os alimentos frescos, as frutas e as verduras. Também faça um estoque de não perecíveis básicos, como azeites de oliva de diferentes sabores, castanhas e sementes diversificadas e vários temperos e condimentos. E não esqueça as feiras; elas são uma boa

fonte de frutas e legumes frescos da estação. Mas se você tem pouco tempo, a maioria dos mercados oferece compras online, com sites e aplicativos nos quais você escolhe os itens e depois apenas os busca ou recebe em casa. Assim, você evita a fila do caixa.

3. **Releia as receitas da semana.** Se você tem pouca prática na cozinha, comece com as receitas mais fáceis ou semelhantes às que já preparou e se sente confiante em cozinhar. Depois, aos poucos, passe às preparações menos conhecidas, aprendendo à medida que avança e explorando novas combinações de sabores. Caso não saiba usar uma churrasqueira, opte por colocar uma grelha no fogão ou outro método de cozimento antes de tentar preparar carne ou legumes ao ar livre.
4. **Certifique-se de preparar refeições variadas.** Se você planejou uma base de proteínas para a sua refeição, introduza legumes, frutas e gorduras saudáveis diferentes para garantir o consumo de micronutrientes em variedade. Prefira montar pratos coloridos e "coma o arco-íris".
5. **Mantenha à mão recipientes para guardar alimentos.** Vidro é sempre melhor para levar comida da geladeira ao micro-ondas, mas recipientes de plástico podem ser mais práticos para embalar refeições. Também considere embalar seus lanches. Sacos plásticos com fecho *zip lock* são ótimos para pequenos itens como castanhas e sementes.
6. **Seja eficiente sem sacrificar a qualidade.** Em suas compras de alimentos, faça um estoque de legumes congelados quando estiverem em promoção, gaste um pouco mais em legumes que já vêm cortados para poupar tempo de preparo e compre proteínas já limpas ou pré-cozidas para maior conveniência. Mas sempre leia os rótulos ou pergunte que ingredientes foram usados no preparo dos alimentos.
7. **Alivie o clima.** Ao preparar ou cozinhar suas refeições, ouça o seu podcast preferido, um audiolivro ou músicas — ou salve aquele programa de TV divertido, apesar de nem sempre bem avaliado, para assistir enquanto está na cozinha.

Nem sempre as refeições precisam ser preparadas na hora; elas podem ser feitas ou cozidas de diversas formas. Explore estes estilos de preparação de alimentos:

Prepare as refeições com antecedência. Essas são refeições completas preparadas com horas de antecedência, depois refrigeradas e aquecidas. Trata-se de um método útil para preparar refeições para o jantar, especialmente quando se tem que alimentar a família.

Cozinhe por lotes. Prepare uma grande quantidade de uma receita, divida-a em porções individuais e congele-as para comer no futuro. Por exemplo, se está cozinhando uma panela de chilli, separe e guarde uma ou duas porções na geladeira e porcione o restante em vasilhas individuais, coloque a data e congele.

Faça porções individuais. Prepare uma receita e guarde-a em pequenas porções que podem ser retiradas da geladeira e rapidamente aquecidas ou consumidas frias. Esta é uma ótima opção para o café da manhã.

Cardápios convencionais: Semana 1

DIA 1

REFEIÇÃO 1: PARFAIT OU SMOOTHIE DA MARY CLAIRE (p. 152)
Lanche 1: Salsão com manteiga de amêndoas (p. 182)

REFEIÇÃO 2: BOLO DE CARNE COM PURÊ DE COUVE-FLOR (p. 175)
Lanche 2: Nozes-pecãs com chocolate (p. 191)
Macros: gorduras: 70%; proteínas: 20%; carboidratos líquidos: 10%; fibras: 23 g

DIA 2

REFEIÇÃO 1: OVOS MEXIDOS (p. 153)
Lanche 1: Espetinhos caprese (p. 183)

REFEIÇÃO 2: SALADA DE FRANGO GRELHADO (p. 166)
Lanche 2: Pudim de chia (p. 196)
Macros: gorduras: 71%; proteínas: 21%; carboidratos líquidos: 8%; fibras: 29 g

DIA 3

REFEIÇÃO 1: BOLO DE CARNE COM PURÊ DE COUVE-FLOR (p. 175)
Lanche 1: Salgadinhos de avocado (p. 184)

REFEIÇÃO 2: SALMÃO ASSADO COM PAPILOTE DE ABOBRINHA (p. 169)
Lanche 2: Pudim de chia (p. 196)
Macros: gorduras: 70%; proteínas: 23%; carboidratos líquidos: 7%; fibras: 24 g

DIA 4

REFEIÇÃO 1: PARFAIT OU SMOOTHIE DA MARY CLAIRE (p. 152)
Lanche 1: Guacamole fácil (p. 186) com tiras de pimentão

REFEIÇÃO 2: SALADA DE FRANGO GRELHADO (p. 166)
Lanche 2: Framboesas com nozes-pecãs (p. 192)
Macros: gorduras: 70%; proteínas: 21%; carboidratos líquidos: 9%; fibras: 31 g

DIA 5

REFEIÇÃO 1: PATÊ DE ATUM COM SALADA LEVE DE LEGUMES (p. 158)
Lanche 1: Guacamole fácil (p. 186) com cenouras baby

REFEIÇÃO 2: SALMÃO ASSADO COM PAPILOTE DE ABOBRINHA (p. 169)
Lanche 2: Muffin de framboesa e linhaça (p. 199)
Macros: gorduras: 74%; proteínas: 18%; carboidratos líquidos: 8%; fibras 32 g

DIA 6

REFEIÇÃO 1: PATÊ DE ATUM COM SALADA LEVE DE LEGUMES (p. 158)
Lanche 1: Cenoura e salsão com dip de manteiga de amêndoas (p. 183)

REFEIÇÃO 2: SALADA MEXICANA DE FRANGO (p. 161)
Lanche 2: Muffin de framboesa e linhaça (p. 199)
Macros: gorduras: 73%; proteínas: 19%; carboidratos líquidos: 8%; fibras: 25 g

DIA 7

REFEIÇÃO 1: OVOS MEXIDOS (p. 153)
Lanche 1: Espetinhos caprese (p. 183)

REFEIÇÃO 2: BOLO DE CARNE COM PURÊ DE COUVE-FLOR (p. 175)
Lanche 2: Nozes-pecãs com frutas vermelhas e coco (p. 191)
Macros: gorduras: 66%; proteínas: 17%; carboidratos líquidos: 15%; fibras: 25 g

Diretrizes gerais para usar as listas de compras

Ao adquirir os ingredientes para a sua primeira semana de refeições da Dieta Galveston, é interessante fazer uma compra geral de alimentos básicos que serão utilizados em todo o programa. Veja a seguir as listas desses alimentos. Depois, siga as listas de compras de alimentos frescos e específicos de que precisará a cada semana.

As quantidades de alimentos incluídas nas listas semanais estão próximas àquelas necessárias para as receitas da semana. Quando possível, arredondei a quantidade correspondente ao encontrado no mercado, mas geralmente apresento a quantia exata necessária para que você tenha certeza de ter a quantidade certa.

Além disso, as quantidades listadas correspondem ao rendimento esperado das receitas. Suponho que você cozinhará para si mesma, e um rendimento maior indica que usará essa receita mais de uma vez na semana. Mas se você cozinhar para mais pessoas, deverá aumentar as compras (e/ou repetir o preparo do prato) para corresponder ao número de porções necessárias. Verifique com atenção o rendimento das receitas e crie sua lista baseada nessas refeições. Lembre-se de que as listas de compras são um guia geral do que você precisará durante a semana, mas pode ser que você tenha ingredientes da semana anterior ou decida não preparar determinada receita.

Alimentos básicos

Nota: Os itens marcados com (*) são produtos que encontramos prontos nos supermercados, mas nem sempre com facilidade. Por essa razão, há receitas para versões caseiras de cada um deles nas páginas 202–206. Se você decidir fazer as receitas caseiras, observe que os ingredientes necessários não estão nas listas de compras semanais.

Especiarias, temperos e aromatizantes

- ☐ Alecrim seco
- ☐ Alho em pó
- ☐ Canela em pó
- ☐ Cebola em pó
- ☐ Cominho em pó
- ☐ Cúrcuma em pó
- ☐ Curry em pó
- ☐ Essência de baunilha
- ☐ Extrato de amêndoas
- ☐ Mostarda moída de Dijon
- ☐ Noz-moscada em pó
- ☐ Orégano seco
- ☐ Páprica defumada
- ☐ Páprica doce
- ☐ Pasta de baunilha
- ☐ Pimenta-calabresa
- ☐ Pimenta-de-caiena
- ☐ Pimenta-do-reino branca moída
- ☐ Pimenta-do-reino preta moída
- ☐ Sal: sem iodo, marinho e de mesa
- ☐ Tempero alho e sal
- ☐ Tempero italiano (*)
- ☐ Tempero para bagel (*)
- ☐ Tempero para torta de abóbora (*)

Óleos e gorduras

- ☐ Azeite de abacate
- ☐ Azeite de oliva
- ☐ Maionese
- ☐ Manteiga: com e sem sal
- ☐ Manteiga clarificada (ghee)
- ☐ Óleo de coco
- ☐ Óleo de gergelim torrado

Oleaginosas e sementes

- ☐ Amêndoas: laminadas e inteiras
- ☐ Amendoim torrado salgado
- ☐ Chia
- ☐ Coco em flocos, sem açúcar
- ☐ Gergelim: preto e branco
- ☐ Linhaça
- ☐ Macadâmias: inteiras e cortadas ao meio
- ☐ Mix de castanhas
- ☐ Nozes
- ☐ Nozes-pecãs
- ☐ Sementes de abóbora
- ☐ Sementes de cânhamo
- ☐ Sementes de girassol

Condimentos

- ☐ Molho barbecue orgânico
- ☐ Molho de pimenta
- ☐ Molho ranch (*)
- ☐ Molho tamari ou shoyu
- ☐ Mostarda de Dijon
- ☐ Mostarda escura

Diversos

- ☐ Adoçantes: de estévia, de fruta-dos-monges (com ou sem eritritol)
- ☐ Cacau em pó sem açúcar
- ☐ Coco em flocos sem açúcar
- ☐ Colágeno em pó
- ☐ Creme azedo (*)
- ☐ Farinha de amêndoas
- ☐ Farinha de aveia
- ☐ Farinha de coco
- ☐ Farinha de linhaça
- ☐ Fermento químico em pó
- ☐ Iogurte vegano de leite de amêndoas (*)
- ☐ Leite de amêndoas sem açúcar
- ☐ Leite de coco sem açúcar
- ☐ Manteiga de amêndoas sem açúcar (*)
- ☐ Manteiga de amendoim sem açúcar
- ☐ Manteiga de maçã (*)
- ☐ TCM em pó

- ☐ Mel
- ☐ Proteína vegetal em pó
- ☐ Purê de couve-flor (*)
- ☐ Spray culinário antiaderente
- ☐ Vinagre: de vinho tinto, de arroz, balsâmico (escuro e branco), de maçã
- ☐ Xarope de bordo (maple syrup)

Lista de compras para a semana 1

Nota: As quantidades citadas aqui são as necessárias para as receitas da semana; nem sempre indicam as quantidades nas quais os itens são vendidos.

Proteínas

Atum em água: 120 g

Carne bovina magra moída: 680 g

Iogurte grego natural integral sem açúcar ou outro iogurte rico em proteína: 340 g

Mozarela em bolinhas: 225 g

Ovos: 7 unidades grandes

Peito de frango cozido: 230 g

Peito de frango sem osso: 450 g

Salmão: filé 1,3 kg

Vegetais

Abobrinha: 1 média

Abobrinha amarela: 1 média

Alface-romana: 1 pé

Alho: 1 cabeça

Cebola comum: 1 média

Cebola-roxa: 1 média

Cenoura: 2 médias

Cenoura baby: 10 unidades

Espinafre (folhas frescas): 280 g

Legumes crus variados para mergulhar no dip

Mix de folhas verdes: 1 pacote

Salsão: 1 maço

Tomate maduro: 2 unidades

Tomate-cereja: 24 unidades

Tomate italiano: 1 grande

Tomate maduro: 2 unidades

Ervas frescas

Coentro

Manjericão

Salsinha

Frutas

Avocado: 4 médios
Framboesas: 170 g
Limão-siciliano: 6 médios
Mirtilos: 170 g
Morangos: 340 g

Diversos

Chantili: 1 embalagem pequena
Creme azedo: 50 g
Espetinhos de bambu com nó ou outro espeto para petisco: 24 unidades
Feijão-preto cozido: 100 g
Gotas de chocolate amargo sem açúcar: 50 g
Leite de coco sem açúcar: 120 ml
Parmesão ralado: 1 xícara
Polpa de tomate: 1 embalagem pequena

Semana 2

DIA 1

REFEIÇÃO 1: SOPA DE TOMATES ASSADOS (p. 161)
Lanche 1: Pepino com iogurte (p. 185)

REFEIÇÃO 2: PIZZA DE COGUMELOS PORTOBELLO (p. 167)
Lanche 2: Smoothie de mirtilos (p. 193)
Macros: gorduras: 72%; proteínas: 16%; carboidratos líquidos: 12%; fibras: 28 g

DIA 2

REFEIÇÃO 1: SALADA COBB MARAVILHOSA (p. 158)
Lanche 1: Mirtilos frescos

REFEIÇÃO 2: CHEESEBURGUER EM ALFACE (p. 168)
Lanche 2: Minimuffins de maçã com chocolate e canela (p. 200)
Macros: gorduras: 66%; proteínas: 24%; carboidratos líquidos: 10%; fibras: 21 g

DIA 3

REFEIÇÃO 1: SOPA DE TOMATES ASSADOS (p. 161)
Lanche 1: Minimuffins de maçã com chocolate e canela (p. 200)

REFEIÇÃO 2: SALADA COBB MARAVILHOSA (p. 158)
Lanche 2: Mirtilos com coco (p. 192)
Macros: gorduras: 70%; proteínas: 23%; carboidratos líquidos: 7%; fibras: 24 g

DIA 4

REFEIÇÃO 1: WRAP DE FRANGO (p. 157)
Lanche 1: Dip de feijão-branco (p. 187) com pepino em fatias

REFEIÇÃO 2: CHEESEBURGUER EM ALFACE (p. 168)
Lanche 2: Minimuffins de maçã com chocolate e canela (p. 200)
Macros: gorduras: 70%; proteínas: 19%; carboidratos líquidos: 11%; fibras: 21 g

DIA 5

REFEIÇÃO 1: PIZZA DE COGUMELOS PORTOBELLO (p. 167)
Lanche 1: Iogurte com amendoim e chocolate (p. 199)

REFEIÇÃO 2: WRAP DE FRANGO (p. 157)
Lanche 2: Maçã com mix de castanhas
Macros: gorduras: 67%; proteínas: 20%; carboidratos líquidos: 13%; fibras: 25 g

DIA 6

REFEIÇÃO 1: TORRADA COM AVOCADO (p. 154)
Lanche 1: Dip de feijão-branco (p. 187) com pepino em fatias

REFEIÇÃO 2: LOMBO DE PORCO COM VAGEM (p. 162)
Lanche 2: Pudim de chia com coco e nozes (p. 197)
Macros: gorduras: 68%; proteínas: 18%; carboidratos líquidos: 14%; fibras: 34 g

DIA 7

REFEIÇÃO 1: LOMBO DE PORCO COM VAGEM (p. 162)
Lanche 1: Nozes com mozarela (p. 185)

REFEIÇÃO 2: ESPETINHOS DE CAMARÃO COM TOMATES GRATINADOS (p. 171)
Lanche 2: Bolo de caneca de chocolate e manteiga de amendoim (p. 200)
Macros: gorduras: 74%; proteínas: 20%; carboidratos líquidos: 6%; fibras: 27 g

Lista de compras para a semana 2

Proteínas

Camarões grandes: 450 g

Carne bovina magra moída: 170 g

Iogurte grego natural integral sem açúcar ou outro iogurte rico em proteína: 150 g

Lombo de porco: 230 g

Ovos grandes: 1 dúzia

Peito de frango assado desfiado: cerca de 500 g

Bacon: 250 g

Vegetais

- Alface lisa: 1 pé
- Alface-romana: 1 pé
- Alho: 10 dentes
- Cebola-branca: 1 média
- Cebola comum: 2 médias
- Cebola-roxa: 1 média
- Cogumelos portobello: 8, sem o talo
- Espinafre fresco: 280 g
- Feijão-branco em conserva: 800 g
- Pepinos: 2 médios
- Picles de pepino: 1 vidro
- Tomates-cereja: 340 g
- Tomates grape: 340 g
- Tomates italianos: 10 médios
- Tomates comuns: 8 pequenos
- Vagem fresca: 280 g

Ervas frescas

- Endro
- Gengibre
- Manjericão
- Salsinha

Frutas

- Avocado: 5 unidades
- Framboesas: 170 g
- Limão-siciliano: 2 médios
- Maçã: 1 unidade
- Mirtilos: 170 g

Diversos

- Cacau em pó: 50 g
- Caldo de galinha: 1 embalagem
- Cheddar ralado: 250 g
- Cheddar em fatias: 100 g
- Cream cheese: 120 g
- Creme de leite fresco: 1 frasco pequeno
- Espetos de bambu para churrasco: 1 embalagem
- Gotas de chocolate amargo sem açúcar: 30 g
- Leite de coco sem açúcar: 400 ml
- Mozarela ralada: 60 g
- Mozarela em palitos: 1 embalagem pequena
- Pão de grão germinado: 1 embalagem
- Parmesão ralado: 50 g

Semana 3

DIA 1

REFEIÇÃO 1: PIMENTÃO RECHEADO COM PERU E ARROZ DE COUVE-FLOR (p. 163)

Lanche 1: Azeitonas, grão-de-bico e legumes marinados com tomilho e endro (p. 188)

REFEIÇÃO 2: CAMARÃO COM ASPARGOS (p. 164)

Lanche 2: Avocado aloha (p. 184)

Macros: gorduras: 69%; proteínas: 20%; carboidratos líquidos: 11%; fibras: 25 g

DIA 2

REFEIÇÃO 1: CAMARÃO COM ASPARGOS (p. 164)

Lanche 1: Avocado aloha (p. 184)

REFEIÇÃO 2: CONTRAFILÉ COM SALADA DE ESPINAFRE, GORGONZOLA E NOZES (p. 173)

Lanche 2: Azeitonas, grão-de-bico e legumes marinados com tomilho e endro (p. 188)

Macros: gorduras: 71%; proteínas: 19%; carboidratos líquidos: 10%; fibras: 26 g

DIA 3

REFEIÇÃO 1: PIMENTÃO RECHEADO COM PERU E ARROZ DE COUVE-FLOR (p. 163)

Lanche 1: Snack de maçã (p. 183)

REFEIÇÃO 2: BIFE GRELHADO COM CREME DE ESPINAFRE E COGUMELOS (p. 175)

Lanche 2: Dip de maionese italiana com legumes (p. 188)

Macros: gorduras: 65%; proteínas: 22%; carboidratos líquidos: 13%; fibras: 22 g

DIA 4

REFEIÇÃO 1: CONTRAFILÉ COM SALADA DE ESPINAFRE, GORGONZOLA E NOZES (p. 173)

Lanche 1: Azeitonas, grão-de-bico e legumes marinados com tomilho e endro (p. 188)

REFEIÇÃO 2: PIMENTÃO RECHEADO COM PERU E ARROZ DE COUVE-FLOR (p. 163)

Lanche 2: Avocado aloha (p. 184)

Macros: gorduras: 70%; proteínas: 21%; carboidratos líquidos: 9%; fibras: 24 g

DIA 5

REFEIÇÃO 1: PIMENTÃO RECHEADO COM PERU E ARROZ DE COUVE-FLOR (p. 163)
Lanche 1: Avocado aloha (p. 184)

REFEIÇÃO 2: FRANGO ASSADO COM BRÓCOLIS E CHEDDAR (p. 173) + DUAS COLHERES (SOPA) DE FARINHA DE LINHAÇA
Lanche 2: Taça de frutas vermelhas com amêndoas (p. 192)
Macros: gorduras: 69%; proteínas: 24%; carboidratos líquidos: 7%; fibras: 25 g

DIA 6

REFEIÇÃO 1: OMELETE DE ESPINAFRE COM COTTAGE (p. 153)
Lanche 1: Dip de maionese italiana com legumes (p. 188)

REFEIÇÃO 2: FRANGO ASSADO COM BRÓCOLIS E CHEDDAR (p. 173) + SALADA LEVE DE LEGUMES (p. 158) COM DUAS COLHERES (SOPA) DE FARINHA DE LINHAÇA
Lanche 2: Smoothie de frutas vermelhas (p. 194)
Macros: gorduras: 66%; proteínas: 22%; carboidratos líquidos: 13%; fibras: 27 g

DIA 7

REFEIÇÃO 1: OVOS POCHÉS COM REPOLHO REFOGADO (p. 154) + MEIO AVOCADO
Lanche 1: Parfait ou smoothie da Mary Claire (p. 152) processado em forma de smoothie

REFEIÇÃO 2: SALADA DE ATUM COM MIX DE FOLHAS VERDES (p. 162)
Lanche 2: Dip de queijo cottage com pepino (p. 187)
Macros: gorduras: 68%; proteínas: 20%; carboidratos líquidos: 12%; fibras: 25 g

Lista de compras para a semana 3

Proteínas

Atum em água: 1 lata
Camarão limpo sem casca: 450 g
Carne de peru magra moída: 340 g
Contrafilé: 340 g em bifes pequenos
Contrafilé: 340 g em um único pedaço

Iogurte grego natural integral sem açúcar ou outro iogurte rico em proteína: 150 g

Ovos: 2 médios e 2 grandes

Peito de frango pré-cozido: 450 g

Queijo cottage: 120 g

Vegetais

Alho: 6 dentes

Aspargos frescos: 680 g

Brócolis: 1 maço grande (para cerca de 4 xícaras de floretes)

Cebola: 1 média

Cenoura: 3 médias e 2 grandes

Cogumelos portobello ou paris: 340 g

Couve-flor: 1 pequena

Espinafre, folhas: 280 g

Espinafre baby: 450 g

Grão-de-bico em conserva: 400 g

Mix de folhas verdes: 280 g

Pepino: 4 grandes e 1 pequeno

Pimentão vermelho: 2 grandes

Rabanete: 8 unidades

Repolho picado: 330 g

Salsão: 1 talo

Tomate maduro: 1 unidade

Ervas Frescas

Coentro

Endro

Manjericão

Tomilho

Frutas

Amoras frescas: 170 g

Avocado: 3 unidades

Framboesas frescas: 170 g

Limão-siciliano: 2 médios

Maçã: 1 pequena

Mirtilos: 1 caixinha

Morangos: 340 g

Diversos

Azeitonas: 370 g

Cheddar ralado: 670 g

Creme azedo: 230 g

Creme de leite fresco: 1 frasco pequeno

Leite integral: ½ litro

Parmesão ralado: 50 g

Queijo gorgonzola ou outro queijo azul: 50 g

Semana 4

DIA 1

REFEIÇÃO 1: PANQUECA DE ABÓBORA (p. 156)
Lanche 1: Salada de pepino, tomate e queijo feta (p. 189)

REFEIÇÃO 2: ESPAGUETE DE ABÓBORA COM PERU, BACON, ESPINAFRE E QUEIJO DE CABRA (p. 174)
Lanche 2: Wrap de alface com peru e maionese (p. 189)
Macros: gorduras: 66%; proteínas: 22%; carboidratos líquidos: 12%; fibras: 25 g

DIA 2

REFEIÇÃO 1: ESPAGUETE DE ABÓBORA COM PERU, BACON, ESPINAFRE E QUEIJO DE CABRA (p. 174)
Lanche 1: Ovos recheados (p. 190)

REFEIÇÃO 2: HAMBÚRGUER DE SALMÃO (p. 168)
Lanche 2: Chips de couve com nozes-pecãs (p. 186)
Macros: gorduras: 67%; proteínas: 25%; carboidratos líquidos: 8%; fibras: 28 g

DIA 3

REFEIÇÃO 1: PANQUECA DE ABÓBORA (p. 156)
Lanche 1: Wrap de alface com peru e maionese (p. 189)

REFEIÇÃO 2: ESPAGUETE DE ABÓBORA COM PERU, BACON, ESPINAFRE E QUEIJO DE CABRA (p. 174)
Lanche 2: Morangos com creme de leite e chia (p. 192)
Macros: gorduras: 67%; proteínas: 21%; carboidratos líquidos: 12%; fibras: 27 g

DIA 4

REFEIÇÃO 1: PANQUECA DE ABÓBORA (p. 156)
Lanche 1: Nozes com mozarela (p. 185)

REFEIÇÃO 2: FRANGO AO LIMÃO COM ALCAPARRAS (p. 172)
Lanche 2: ¼ de xícara de mirtilos frescos
Macros: gorduras: 69%; proteínas: 21%; carboidratos líquidos: 10%; fibras: 25 g

DIA 5

REFEIÇÃO 1: ESPAGUETE DE ABÓBORA COM PERU, BACON, ESPINAFRE E QUEIJO DE CABRA (p. 174)

Lanche 1: Smoothie de framboesas e amêndoas (p. 194)

REFEIÇÃO 2: CURRY DE ABÓBORA E FRANGO COM ARROZ DE COUVE-FLOR (p. 164)

Lanche 2: Dip de avocado (p. 186) com bastões de legumes

Macros: gorduras: 67%; proteínas: 20%; carboidratos líquidos: 13%; fibras: 30 g

DIA 6

REFEIÇÃO 1: CURRY DE ABÓBORA E FRANGO COM ARROZ DE COUVE-FLOR (p. 164)

Lanche 1: Smoothie de amendoim (p. 195)

REFEIÇÃO 2: FRANGO AO LIMÃO COM ALCAPARRAS (p. 172) + BRÓCOLIS COZIDO NO VAPOR TEMPERADO COM 1 COLHER (SOPA) DE AZEITE DE OLIVA E 1 COLHER (SOPA) DE FARINHA DE LINHAÇA

Lanche 2: Nozes temperadas (p. 184)

Macros: gorduras: 66%; proteínas: 22%; carboidratos líquidos: 13%; fibras: 27 g

DIA 7

REFEIÇÃO 1: SMOOTHIE DE CHOCOLATE COM MORANGO (p. 152)

Lanche 1: Dip de avocado (p. 186) + 10 vagens inteiras cozidas

REFEIÇÃO 2: SALADA DE OVOS E LEGUMES (p. 166)

Lanche 2: Rolinhos de peito de peru (p. 190)

Macros: gorduras: 69%; proteínas: 20%; carboidratos líquidos: 11%; fibras: 31 g

Lista de compras para a semana 4

Proteínas

Bacon: 6 fatias

Carne de peru magra moída: 450 g

Iogurte grego natural integral sem açúcar ou outro iogurte rico em proteína: 150 g

Ovos: 6 grandes

Peito de frango sem pele e sem osso: 550 g

Peito de peru em fatias: 120 g

Salmão: 230 g

Vegetais

Abóbora cabotiá cozida: 250 g
Abóbora espaguete: 2 unidades médias
Alface lisa (ou outra de sua preferência): 1 pé
Alho: 2 dentes
Brócolis: 1 maço
Cebola: 1 grande e 1 pequena
Cenoura: 1 média
Couve kale: 1 maço grande e 1 maço pequeno
Couve-flor: 1 pequena
Espinafre baby: 720 g
Legumes de sua preferência cortados em bastões
Pepino: 1 médio e 1 pequeno
Pimentão verde: 1 unidade
Pimentão vermelho: 1 unidade
Salsão: 1 talo
Tomate maduro: 2 unidades
Tomate-cereja: 340 g
Vagem: 250 g

Ervas frescas

Cebolinha
Coentro
Manjericão
Manjericão tailandês

Frutas

Avocados: 3 médios
Framboesas: 170 g
Limão-siciliano: 3 médios
Morangos: 170 g

Diversos

Alcaparras: 1 vidro pequeno
Azeitonas de sua preferência: 230 g
Creme de leite: 230 ml
Farinha de linhaça: 30 g
Mozarela em palito: 1 embalagem pequena
Nozes: 40 g
Queijo de cabra: 120 g
Queijo feta: 30 g
Queijo emmental fatiado: 90 g
Vinho branco seco: 1 garrafa pequena

Cardápios vegetarianos: Semana 1

DIA 1

REFEIÇÃO 1: PANQUECA DE LINHAÇA (p. 155)
Lanche 1: Barrinha vegana (p. 201)

REFEIÇÃO 2: TOFU COM MOLHO DE AMENDOIM (p. 165)
Lanche 2: Parfait vegano (p. 199) com 2 colheres (sopa) de coco em flocos sem açúcar
Macros: gorduras: 66%; proteínas: 18%; carboidratos líquidos: 16%; fibras: 33 g

DIA 2

REFEIÇÃO 1: TOFU COM MOLHO DE AMENDOIM (p. 165)
Lanche 1: Amêndoas com queijo (p. 185)

REFEIÇÃO 2: TEMPEH GRELHADO COM COUVE E ARROZ DE COUVE-FLOR (p. 178)
Lanche 2: Barrinha vegana (p. 201)
Macros: gorduras: 71%; proteínas: 19%; carboidratos líquidos: 10%; fibras: 31 g

DIA 3

REFEIÇÃO 1: PANQUECA DE LINHAÇA (p. 155)
Lanche 1: Pudim de chia com amendoim e chocolate (p. 198)

REFEIÇÃO 2: ESTROGONOFE DE COGUMELOS COM ARROZ DE COUVE-FLOR CREMOSO (p. 176)
Lanche 2: Smoothie vegano de canela (p. 196)
Macros: gorduras: 65%; proteínas: 20%; carboidratos líquidos: 15%; fibras: 49 g

DIA 4

REFEIÇÃO 1: ESTROGONOFE DE COGUMELOS COM ARROZ DE COUVE-FLOR CREMOSO (p. 176)
Lanche 1: Panqueca de linhaça (p. 155)

REFEIÇÃO 2: TOFU COM MOLHO DE AMENDOIM (p. 165)
Lanche 2: Pudim de chia (p. 196)
Macros: gorduras: 69%; proteínas: 14%; carboidratos líquidos: 17%; fibras: 31 g

DIA 5

REFEIÇÃO 1: TEMPEH GRELHADO COM COUVE E ARROZ DE COUVE-FLOR (p. 178)
Lanche 1: Pudim de chia (p. 196)

REFEIÇÃO 2: TOFU COM MOLHO DE AMENDOIM (p. 165)
Lanche 2: Amêndoas com chocolate mocha e mozarela (p. 193)
Macros: gorduras: 67%; proteínas: 18%; carboidratos líquidos: 15%; fibras: 28 g

DIA 6

REFEIÇÃO 1: PANQUECA DE LINHAÇA (p. 155)
Lanche 1: Pudim de chia com amendoim e chocolate (p. 198)

REFEIÇÃO 2: TEMPEH GRELHADO COM COUVE E ARROZ DE COUVE-FLOR (p. 178)
Lanche 2: Barrinha vegana (p. 201)
Macros: gorduras: 67%; proteínas: 17%; carboidratos líquidos: 16%; fibras: 43%

DIA 7

REFEIÇÃO 1: TEMPEH GRELHADO COM COUVE E ARROZ DE COUVE-FLOR (p. 178)
Lanche 1: Barrinha vegana (p. 201)

REFEIÇÃO 2: ESTROGONOFE DE COGUMELOS COM ARROZ DE COUVE-FLOR CREMOSO (p. 176)
Lanche 2: Parfait vegano (p. 199)
Macros: gorduras: 71%; proteínas: 16%; carboidratos líquidos: 13%; fibras: 25 g

Lista de compras para a semana 1 vegetariana

Proteínas

Iogurte grego natural integral sem açúcar ou outro iogurte rico em proteína: 150 g

Iogurte vegano de leite de amêndoas sem açúcar: 500 g

Ovos: 4 grandes

Tempeh: 220 g

Tofu firme (momen): 400 g

Vegetais

Alho: 11 dentes

Brócolis: 380 g

Cebola: 2 médias

Cogumelos-de-paris frescos: 560 g

Couve kale picada: 450 g

Couve-flor: 1 maço pequeno e 1 maço médio

Gengibre: 1 pedaço pequeno

Ervas frescas

Salsinha

Frutas

Laranja: 1 unidade
Limão-siciliano: 1 unidade
Mirtilos frescos: 170 g

Diversos

Café instantâneo em grânulos: 1 embalagem pequena

Caldo de legumes: 600 ml

Proteína vegetal em pó

Creme de leite fresco: 1 frasco pequeno

Miniqueijo Babybel: 1 unidade

Mozarela em palitos: 6 palitos

Mirtilos congelados: 280 g

Parmesão ralado: 1 embalagem pequena (50 g)

Proteína vegetal em pó sabor baunilha: 1 embalagem

Semana 2

DIA 1

REFEIÇÃO 1: SALADA PARA O CAFÉ DA MANHÃ (p. 157)
Lanche 1: Pera com ricota (p. 193)

REFEIÇÃO 2: TOFU GRELHADO COM SALADA VERÃO E GERGELIM (p. 177)
Lanche 2: Dip de feijão-branco (p. 187) + ½ xícara (chá) de ervilhas-tortas cozidas + ½ xícara (chá) de rabanetes cortados em fatias + 1 xícara (chá) de floretes de brócolis cozidos + 1 xícara (chá) de floretes de couve-flor cozidos
Macros: gorduras: 68%; proteínas: 16%; carboidratos líquidos: 16%; fibras: 27 g

DIA 2

REFEIÇÃO 1: SALADA DE TOMATE-CEREJA E ERVILHA-TORTA COM CREME DE RICOTA (p. 159) + 1 COLHER (SOPA) DE FARINHA DE LINHAÇA

Lanche 1: Ovo cozido com avocado (p. 189)

REFEIÇÃO 2: TOFU GRELHADO COM SALADA VERÃO E GERGELIM (p. 177)

Lanche 2: Smoothie de amendoim e café (p. 195)

Macros: gorduras: 74%; proteínas: 14%; carboidratos líquidos: 12%; fibras: 30 g

DIA 3

REFEIÇÃO 1: TOFU GRELHADO COM SALADA VERÃO E GERGELIM (p. 177)

Lanche 1: Dip de feijão-branco (p. 187) + ½ xícara (chá) de ervilhas-tortas cozidas + ½ xícara (chá) de rabanetes cortados em fatias + 1 xícara (chá) de floretes de brócolis cozidos + 1 xícara (chá) de floretes de couve-flor cozidos

REFEIÇÃO 2: EDAMAME COM MOLHO CREMOSO APIMENTADO (p. 181)

Lanche 2: Smoothie de amêndoas e mirtilo (p. 196)

Macros: gorduras: 63%; proteínas: 20%; carboidratos líquidos: 17%; fibras: 35 g

DIA 4

REFEIÇÃO 1: SALADA PARA O CAFÉ DA MANHÃ (p. 157)

Lanche 1: Tofu grelhado com salada verão e gergelim (p. 177)

REFEIÇÃO 2: EDAMAME COM MOLHO CREMOSO APIMENTADO (p. 181)

Lanche 2: "Sorvete" de banana e chocolate (p. 202)

Macros: gorduras: 71%; proteínas: 15%; carboidratos líquidos: 14%; fibras: 32 g

DIA 5

REFEIÇÃO 1: EDAMAME COM MOLHO CREMOSO APIMENTADO (p. 181)

Lanche 1: Salada de tomate-cereja e ervilha-torta com creme de ricota (p. 159)

REFEIÇÃO 2: ENCHILADAS VEGETARIANAS DE QUEIJO (p. 179)

Lanche 2: Salada com purê de edamame (p. 190)

Macros: gorduras: 72%; proteínas: 15%; carboidratos líquidos: 13%; fibras: 25 g

DIA 6

REFEIÇÃO 1: SALADA COM PROTEÍNA VEGETAL (p. 160)
Lanche 1: Ovo cozido com avocado (p. 189)

REFEIÇÃO 2: EDAMAME COM MOLHO CREMOSO APIMENTADO (p. 181)
Lanche 2: 140 g de iogurte vegano de leite de amêndoas sem açúcar com ½ xícara (chá) de morangos frescos cortados ao meio
Macros: gorduras: 67%; proteínas: 18%; carboidratos líquidos: 15%; fibras: 30 g

DIA 7

REFEIÇÃO 1: ENCHILADAS VEGETARIANAS DE QUEIJO (p. 179)
Lanche 1: Salada com purê de edamame (p. 190)

REFEIÇÃO 2: SALADA COM PROTEÍNA VEGETAL (p. 160)
Lanche 2: "Sorvete" de banana e chocolate (p. 202)
Macros: gorduras: 65%; proteínas: 17%; carboidratos líquidos: 19%; fibras: 38 g

Lista de compras para a semana 2 vegetariana

Proteínas

Iogurte vegano de leite de amêndoas sem açúcar: 150 g

Ovos: 9 unidades

Tempeh: 120 g

Tofu extrafirme: 340 g

Tofu soft ou firme (momen): 140 g

Vegetais

Abobrinha: 1 pequena

Alface-romana: 1 pé

Alho: 9 dentes

Brócolis: 1 maço pequeno

Cebola: 2 pequenas

Cebolinha: 6 talos

Couve-flor: 1 maço pequeno

Espinafre baby: 100 g

Espinafre fresco: 1 maço

Ervilhas-tortas: 150 g

Gengibre: 1 pedaço pequeno

Pepino: 1 pequeno

Pimentão de sua escolha: 1 pequeno

Rabanetes: 100 g

Repolho roxo cortado em tirinhas: 100 g

Rúcula: 1 maço

Rúcula baby: 1 pacote pequeno

Salada mix primavera (repolho branco, repolho roxo e cenoura cortados em tirinhas): 400 g

Salada verão congelada: 1 pacote pequeno (300 g)

Tomates-cereja: 2 caixinhas

Ervas frescas

Coentro

Endro

Hortelã

Manjericão

Frutas

Avocado: 3 médios

Banana: 3 maduras

Limão-siciliano: 2 médios

Limão-taiti: 1 médio

Mirtilos: 1 caixinha

Morangos: 1 caixa pequena

Pera: 1 média madura

Diversos

Caldo de legumes: 300 ml

Cheddar ralado: 200 g

Edamame congelado: 550 g

Feijão-branco cozido: 1 lata

Goma xantana: 1 embalagem pequena

Nibs de cacau: 1 embalagem pequena

Pimenta-malagueta em pó: 1 embalagem pequena

Polpa de tomate sem açúcar: 1 lata ou frasco

Proteína vegetal em pó: 1 embalagem

Ricota fresca: 500 g

Tahine: 1 vidro pequeno

Se você mesma quiser criar seus planos

Não quer seguir os planos de refeições à risca? Tudo bem, é fácil criar seus próprios cardápios. A seguir, alguns exemplos.

Refeição 1

Salada para o almoço. Para a refeição 1, normalmente por volta do meio-dia, é bom comer uma grande salada verde mista, com proteína de qualidade como salmão, frango ou ovos. Se você é vegana ou vegetariana, acrescente grão-de-bico ou outro legume à salada. Polvilhe-a com nozes ou sementes e algumas fatias de avocado. Tempere a salada com limão (siciliano ou taiti) ou vinagre misturado com azeite de oliva ou azeite de abacate e ervas. Uma salada é uma maneira muito fácil de fornecer os necessários 70% de gorduras saudáveis, como azeite de oliva, avocado, nozes e sementes, no almoço.

Wrap de alface. Prepare um wrap de alface recheado com salada de atum ou de ovos, ou homus e legumes. Um tomate recheado com esses ingredientes também é ótimo. A refeição 1 pode até ser um brunch com ovos mexidos, bacon artesanal e legumes refogados. Sua meta principal é ficar satisfeita com equilíbrio, ingerindo a quantidade suficiente de gordura saudável!

Durante as refeições e lanches, beba água, chá de ervas ou café (mas atenção à cafeína, pois agrava as ondas de calor!).

Refeição 2

Proteína + veg + amido. Escolha uma proteína, um legume sem amido e talvez até mesmo um com amido, como uma batata-doce, para uma refeição completa. Bons legumes sem amido são aspargos, brócolis, couve-de-bruxelas e couve-flor. Entre os vegetais com amido, escolha batata-doce, abóbora moranga e batata.

Refogado + salada + batata. Experimente um refogado feito com pedaços de frango e legumes servidos com arroz de couve-flor. Para adicionar mais gordura ao prato, prepare o refogado em uma gordura de alta qualidade, como azeite de abacate. Para simplificar, use 120 g de carne magra (ou outra proteína que preferir), uma salada com molho vinagrete e uma pequena batata assada com manteiga e creme azedo.

Refeição vegetariana. Se está procurando uma opção vegetariana, refogue um pouco de espaguete de abobrinha com molho pesto ou apenas azeite de oliva e ervas e polvilhe parmesão ralado.

Em resumo

Todas as refeições dependem da combinação de proteínas, vegetais, saladas e gorduras para proporcionar o equilíbrio adequado de nutrientes que controlarão seus hormônios e seu metabolismo.

Lembre-se, você pode consumir dois lanches neste programa. Sempre que possível, escolha os feitos com ingredientes não processados. Além de nozes, considere palitos de mozarela, iogurte grego, azeitonas, picles, legumes crus, ovos cozidos, frutinhas frescas ou snacks de beef jerky para manter a fome sob controle entre as refeições.

Você provavelmente notou que todas essas refeições são formadas por muitas gorduras saudáveis, uma quantidade moderada de proteína de qualidade, porções generosas de carboidratos sem amido e alguns com amido. Como expliquei, esses alimentos desempenham um papel essencial na perda de peso, mantêm a inflamação em níveis baixos, melhoram o metabolismo, sustentam a função hormonal e melhoram a saúde como um todo.

Talvez você também tenha notado que não falei nada sobre contagem de calorias ou tamanho de porções. A Diet Galveston foi planejada de modo que você não tenha que se preocupar ou ficar obcecada por esses detalhes. Como gorduras, proteínas e carboidratos ricos em fibras compõem a maioria das refeições, você ficará satisfeita durante todo o dia e não desejará lançar mão de doces ou carboidratos refinados.

E quando você já estiver habituada ao programa, saberá intuitivamente quais alimentos escolher para preparar suas refeições, comerá de modo adequado e se sentirá ótima. E não se esqueça de monitorar seus macros; isso vai ajudá-la a ter ainda mais êxito!

CAPÍTULO 9

As receitas da Dieta Galveston

Desde que comecei a Dieta Galveston como um programa online, tenho trabalhado com *orientadores*, nutricionistas e chefs para desenvolver mais receitas deliciosas, do tipo não-posso-esperar-para-comer-isso-de-novo, que a mantenham feliz e no rumo certo. Adoro cozinhar e brincar com sabores e alimentos em casa, de modo que também colaborei com algumas delas.

Ao criar essas receitas, focamos não só o sabor, mas também a facilidade do preparo. Encaremos os fatos — todas nós somos ocupadas. Precisamos de receitas que não só sejam deliciosas, mas também que possam ser feitas rapidamente.

Essas receitas são totalmente novas e não estão disponíveis online. Elas foram planejadas para a Dieta Galveston convencional — que inclui ingredientes de origem animal — mas também para o programa vegano/vegetariano, se você prefere evitar produtos de origem animal.

Bom apetite!

REFEIÇÕES E LANCHES

Parfait ou smoothie da Mary Claire

RENDIMENTO: 1 PORÇÃO

- ¾ de xícara (chá) de iogurte grego natural integral sem açúcar ou outro iogurte rico em proteína
- 1 colher (sopa) de chia
- ¼ de xícara (chá) de morangos frescos em fatias
- 1 colher (sopa) de sementes de cânhamo
- ¼ de xícara (chá) de mirtilos frescos
- 1 colher (sopa) coco em flocos sem açúcar
- ¼ de xícara (chá) de nozes picadas
- 1 colher (sopa) de farinha de linhaça
- 2 ou 3 cubos de gelo (somente para o smoothie)
- água o quanto baste (somente para o smoothie)

PARA FAZER O PARFAIT

Coloque todos os ingredientes em uma tigela e misture bem. Sirva assim que estiver pronto.

PARA FAZER O SMOOTHIE

Coloque todos os ingredientes, exceto a água, em um processador e bata até ficar homogêneo. Se necessário, adicione água aos poucos até obter a consistência desejada.

Smoothie de chocolate com morango

RENDIMENTO: 1 PORÇÃO

- 1 colher medidora de proteína em pó
- 1 colher (sopa) de cacau em pó sem açúcar
- 1 xícara (chá) de couve kale picada
- ½ xícara (chá) de morangos frescos cortados em fatias
- ½ xícara (chá) de leite de coco
- 1 colher (sopa) de manteiga de amêndoas sem açúcar (pronta ou caseira – p. 202)
- 2 colheres (sopa) de chia
- cubos de gelo (opcional)

Coloque todos os ingredientes no liquidificador e bata até obter uma mistura homogênea.

Nota: A receita pode ser vegana ou vegetariana, dependendo da proteína em pó utilizada.

Ovos mexidos

RENDIMENTO: 1 PORÇÃO

2 ovos grandes

sal e pimenta-do-reino moída a gosto

1 colher (sopa) manteiga

1 xícara (chá) de folhas de espinafre fresco

½ xícara (chá) de tomates maduros frescos picados

1 xícara (chá) de framboesas frescas (opcional)

1. Em uma tigela média, bata ligeiramente os ovos, tempere com sal e pimenta e misture bem.
2. Em uma frigideira média, derreta a manteiga em fogo baixo.
3. Quando a manteiga estiver derretida leve os ovos para a frigideira e cozinhe até as bordas ficarem firmes. Vire os ovos com delicadeza e cozinhe por mais meio minuto, mexendo-os por mais um minuto.
4. Adicione o espinafre e os tomates e misture para incorporar. Continue mexendo os ovos até atingirem o ponto de estarem cozidos, mas com um pouco de umidade.
5. Se desejar, sirva com uma pequena porção de framboesas frescas.

Omelete de espinafre com cottage

RENDIMENTO: 1 PORÇÃO

2 ovos grandes

1 colher (sopa) de leite

sal e pimenta-do-reino moída a gosto

1 colher (sopa) de azeite de oliva

½ xícara (chá) de folhas de espinafre fresco

3 colheres (sopa) de cottage

1. Em uma vasilha média, misture os ovos, o leite, o sal e a pimenta e bata por 30 segundos.

2. Coloque o azeite em uma frigideira média e leve ao fogo médio. Quando o azeite estiver quente, adicione os ovos e cozinhe por 1 ou 2 minutos, até quase chegar ao ponto.
3. Vire a omelete e espalhe o espinafre e o cottage sobre metade dela. Cozinhe por mais 1 ou 2 minutos, dobre a outra metade da omelete sobre o recheio e sirva.

Ovos pochés com repolho refogado

RENDIMENTO: 1 PORÇÃO

1 colher (chá) de azeite de oliva

2 xícaras (chá) de repolho picado

½ xícara (chá) de cebola cortada em fatias

2 ovos médios

sal e pimenta-do-reino moída a gosto

uma pitada de páprica defumada (opcional)

1. Coloque o azeite em uma frigideira média e leve ao fogo médio. Quando o azeite estiver quente, adicione o repolho e a cebola e refogue até os ingredientes ficarem levemente dourados, de 8 a 10 minutos.
2. Coloque o refogado em uma travessa. Cubra a travessa para manter o refogado aquecido enquanto prepara os ovos.
3. Encha uma panela média com água e leve para ferver em fogo médio-baixo. Quando iniciar a fervura, quebre delicadamente um dos ovos dentro da água e depois o outro, mantendo um espaço entre eles. Depois de cerca de 1 minuto, vire os ovos com uma escumadeira e deixe cozinhar por 3 ou 4 minutos, até as claras ficarem firmes.
4. Transfira os ovos com a escumadeira para o prato com o repolho e a cebola. Tempere com sal e pimenta e polvilhe páprica, se desejar. Sirva quente.

Torrada com avocado

RENDIMENTO: 1 PORÇÃO

1 colher (sopa) de azeite de oliva

2 ovos grandes

2 fatias de pão de grãos germinados

1 avocado cortado em fatias

sal e pimenta-do-reino moída a gosto

pimenta-calabresa a gosto (opcional)

1. Em uma frigideira grande, aqueça o azeite em fogo médio-alto. Coloque os ovos na frigideira e prepare-os de acordo com sua preferência, fritos ou mexidos.
2. Enquanto isso, torre o pão no ponto desejado.
3. Coloque as torradas em um prato. Disponha as fatias de avocado sobre elas, os ovos, e tempere com sal e pimenta. Polvilhe pimenta-calabresa, se desejar. Sirva quente.

Panqueca de linhaça

RENDIMENTO: 4 PORÇÕES

1 xícara (chá) de farinha de linhaça

4 ovos grandes ligeiramente batidos

⅓ de xícara (chá) de leite de amêndoas sem açúcar (ou outro tipo de leite vegetal), ou um pouco mais se necessário

2 colheres (chá) de suco de limão-siciliano

1 colher (chá) de fermento químico em pó

1 colher (chá) de essência de baunilha

1 colher (chá) de canela em pó

uma pitada de sal

½ colher (chá) de óleo de coco

4 colheres (sopa) de manteiga de amêndoas sem açúcar (pronta ou caseira – p. 202)

2 xícaras (chá) de mirtilos congelados ou frescos

1. Em uma tigela grande, misture bem a farinha de linhaça, os ovos, o leite de amêndoas, o suco de limão, o fermento, a baunilha, a canela e o sal. Se a mistura ficar muito espessa, como uma massa de bolo, adicione, aos poucos, mais leite de amêndoas ou água, para que a massa fique mais líquida.
2. Aqueça uma frigideira grande antiaderente em fogo médio e coloque o óleo de coco. Quando o óleo estiver quente, coloque ¼ da massa e espalhe-a delicadamente com uma colher. Deixe fritar de um lado por 2 ou 3 minutos ou até aparecerem bolhas e as bordas ficarem firmes, então vire e frite do outro lado por 2 ou 3 minutos.
3. Mantenha as panquecas aquecidas em um prato coberto enquanto prepara as demais com o restante da massa. Não precisa colocar mais óleo na frigideira a cada panqueca que for fritar.
4. Enquanto isso, derreta a manteiga de amêndoas em uma pequena tigela no micro-ondas ou no fogão. Leve os mirtilos, em uma tigela

média, também ao micro-ondas até descongelarem, ficarem aquecidos e suculentos (se estiver usando frescos deixe menos tempo, somente até aquecerem).

5. Coloque as panquecas em um prato, espalhe um pouco de manteiga de amêndoas sobre elas e finalize com os mirtilos.

Panqueca de abóbora

RENDIMENTO: 3 PORÇÕES

2 colheres (sopa) de farinha de linhaça

¾ de xícara (chá) de farinha de amêndoas

1 colher (sopa) de farinha de coco

1 colher (chá) de adoçante estévia em pó

½ colher (chá) de fermento químico em pó

½ colher (chá) de tempero para torta de abóbora (pronto ou caseiro – p. 203)

½ xícara (chá) de abóbora cabotiá cozida amassada

2 ovos grandes ligeiramente batidos

1 colher (sopa) de azeite de abacate

6 colheres (sopa) de manteiga de amêndoas sem açúcar (pronta ou caseira – p. 202)

3 colheres (sopa) de sementes de abóbora sem casca e sem sal

1. Em uma tigela, misture as farinhas de linhaça, de amêndoas e de coco, o adoçante, o fermento e o tempero para torta de abóbora. Adicione a abóbora e os ovos. Misture bem para formar uma massa homogênea.
2. Aqueça uma frigideira grande antiaderente em fogo médio. Quando a frigideira estiver quente, coloque ½ colher (sopa) de azeite de abacate e acrescente 2 ou 3 colher bem cheias de massa. Espalhe a massa de modo a formar uma panqueca de 8 a 10 cm de diâmetro.
3. Frite a panqueca por cerca de 3 minutos. Vire e frite do outro lado por mais 3 minutos. Quando estiver levemente dourada, passe para um prato, cubra e mantenha-a aquecida. Faça o mesmo procedimento com o restante da massa.
4. Coloque as panquecas em uma travessa, espalhe a manteiga de amêndoas sobre elas, salpique as sementes de abóbora e sirva.

Salada para o café da manhã

RENDIMENTO: 2 PORÇÕES

3 colheres (sopa) de maionese

1 dente de alho amassado

1 colher (chá) de suco de limão-siciliano

4 xícaras (chá) de folhas de alface-romana rasgadas

1 xícara (chá) de tomates-cereja cortados ao meio

1 avocado médio cortado em fatias

¼ de cebola pequena cortada em fatias

sal e pimenta-do-reino moída a gosto

½ xícara (chá) de sementes de abóbora sem casca

4 ovos grandes cozidos cortados em quatro

1. Em uma tigela pequena, misture a maionese, o alho e o suco de limão para o molho. Misture bem para que fique homogêneo.
2. Disponha a alface em dois pratos. Divida os tomates-cereja, o avocado e a cebola entre os pratos e tempere com sal e pimenta. Finalize com as sementes de abóbora, os ovos e o molho, e sirva.

Wrap de frango

RENDIMENTO: 2 PORÇÕES

2 fatias de bacon picadas em cubos pequenos

2 folhas grandes de alface lisa ou romana

1 avocado cortado em fatias

1 xícara (chá) de peito de frango assado desfiado

½ xícara (chá) de tomate italiano picado

4 colheres (sopa) de molho ranch (pronto ou feito em casa – p. 203)

uma pitada de pimenta-do-reino moída

¼ de xícara (chá) de cheddar ralado

1. Espalhe os pedaços de bacon em um prato raso forrado com 3 folhas de papel-toalha e leve ao micro-ondas, em potência alta, por cerca de 2 minutos ou até ficarem crocantes.

2. Depois de lavar a folhas de alface e secá-las com papel-toalha, coloque-as sobre uma tábua e alise-as um pouco. Distribua sobre o centro de cada folha: o avocado, o frango, o tomate e o bacon. Tempere com o molho e com a pimenta e polvilhe o cheddar.
3. Enrole os lados das folhas de alface sobre o recheio e sirva.

Patê de atum com salada leve de legumes

RENDIMENTO: 1 PORÇÃO

PARA O PATÊ DE ATUM

1 lata de atum em água escorrido

1 colher (sopa) de cebola-roxa picada

2 colheres (sopa) de maionese

2 colheres (sopa) de nozes-pecãs picadas

PARA A SALADA DE LEGUMES

1 xícara (chá) de mix de folhas verdes

1 talo de salsão picado

½ xícara (chá) de tomate maduro picado

1 cenoura média picada

1 colher (sopa) de azeite de oliva

suco de 1 limão-siciliano

1. Prepare o patê de atum: coloque o atum em uma tigela média e adicione a cebola, a maionese e as nozes-pecãs. Misture bem.
2. Prepare a salada de legumes: coloque as folhas, o salsão, o tomate e a cenoura em uma tigela média. Adicione o azeite de oliva e o suco de limão e misture com delicadeza.
3. Monte a salada: coloque a salada de legumes em um prato e, sobre ela, a salada de atum.

Salada Cobb maravilhosa

RENDIMENTO: 4 PORÇÕES

12 fatias de bacon cortadas em cubos pequenos

8 xícaras (chá) de alface-romana picada

2 xícaras (chá) de peito de frango assado desfiado

2 avocados picados

8 ovos cozidos cortados ao meio

1½ xícara (chá) de tomates-cereja

½ xícara (chá) de molho ranch (pronto ou feito em casa – p. 203)

4 colheres (sopa) de sementes de girassol sem casca cruas

1. Espalhe os pedaços de bacon em um prato raso forrado com 3 folhas de papel-toalha e leve ao micro-ondas, em potência alta, por cerca de 3 minutos ou até ficarem crocantes.
2. Em uma tigela grande, junte a alface, o frango, o bacon, o avocado, os ovos e os tomates. Tempere com o molho e misture bem. Polvilhe as sementes de girassol e sirva.

Salada de tomate-cereja e ervilha-torta com creme de ricota

RENDIMENTO: 1 PORÇÃO

PARA A SALADA

1 xícara (chá) de ricota fresca

1 colher (sopa) de azeite de oliva

½ colher (chá) de sal

1 xícara de rúcula baby

1 xícara (chá) de espinafre baby

½ xícara (chá) de ervilhas-tortas cozidas no vapor cortadas ao meio

½ xícara (chá) de tomates-cereja cortados ao meio

PARA O MOLHO

2 colheres (sopa) de vinagre balsâmico branco

2 colheres (sopa) de azeite de oliva

uma pitada de pimenta-calabresa

1 xícara (chá) de manjericão fresco picado

sal e pimenta-do-reino moída a gosto

1. Prepare a salada: Leve a ricota, o azeite e o sal a um processador e bata até obter um creme. Coloque o creme em uma travessa.
2. Em uma tigela grande, misture a rúcula, o espinafre, a ervilha-torta e o tomate-cereja.
3. Prepare o molho: Em um liquidificador ou processador, bata os ingredientes do molho até obter uma mistura homogênea.
4. Monte: Espalhe o molho sobre os vegetais, misture bem e coloque-os sobre o creme de ricota na travessa.

Salada com proteína vegetal

RENDIMENTO: 2 PORÇÕES

PARA MARINAR O TEMPEH

2 colheres (sopa) de vinagre balsâmico

1 colher (sopa) de molho tamari ou shoyu

1 colher (sopa) de xarope de bordo

½ colher (chá) de alho em pó

sal e de pimenta-do-reino moída a gosto

120 g de tempeh cortado em cubos

PARA O TOFU

140 g de tofu soft ou firme (momen) cortado em cubos

½ colher de alho em pó

1 colher (sopa) de molho tamari ou shoyu

sal e pimenta-do-reino moída a gosto

PARA A SALADA

1 xícara (chá) de brócolis cozido no vapor picado

2 xícaras (chá) de rúcula ligeiramente picada

1 xícara (chá) de pepino cortado em cubos

1 avocado picado

4 colheres (sopa) de sementes de cânhamo

1 colher (sopa) de tahine

1 colher (sopa) de azeite de oliva

suco de limão-siciliano a gosto

1. Prepare o tempeh: Misture o vinagre balsâmico, o tamari, o xarope de bordo, o alho em pó, o sal e a pimenta em uma tigela rasa. Adicione o tempeh e deixe marinar de duas horas a oito horas.
2. Preaqueça o forno a 200 °C. Unte uma assadeira pequena com spray culinário antiaderente ou forre-a com um tapete de silicone.
3. Transfira os cubos de tempeh para a assadeira e leve ao forno por 20 minutos. Regue com um pouco da marinada, se desejar.
4. Prepare o tofu: Coloque os cubos de tofu em uma assadeira e tempere com o alho em pó, o tamari, o sal e a pimenta e asse a 200 °C por 30 minutos, até o tofu ficar levemente dourado. (Se desejar, asse-o ao mesmo tempo em que assa o tempeh.)

5. Monte a salada: Coloque o brócolis, a rúcula, o pepino e o avocado em uma travessa grande. Adicione os cubos de tempeh e de tofu assados e misture bem. Polvilhe as sementes de cânhamo. Tempere com o tahine e o azeite e misture bem. Finalize com o suco de limão e sirva.

Sopa de tomates assados

RENDIMENTO: 4 PORÇÕES

4 colheres (sopa) de azeite de oliva

8 tomates italianos médios

4 dentes de alho picados

400 g de feijão-branco cozido e escorrido

2 xícaras (chá) de caldo de galinha

sal e pimenta-do-reino moída a gosto

1 xícara (chá) de creme de leite fresco

Manjericão fresco cortado (opcional)

1. Preaqueça o forno a 200 °C. Unte uma assadeira levemente com azeite de oliva.
2. Corte os tomates ao meio, coloque-os na assadeira e tempere com o alho. Asse por 20 a 25 minutos ou até ficarem macios.
3. Leve os tomates e o feijão ao liquidificador e bata até obter uma mistura homogênea.
4. Coloque o purê de tomate e feijão em uma panela e leve ao fogo médio. Adicione o caldo de galinha, aqueça e tempere com sal e pimenta.
5. Junte o creme de leite, misture bem e mantenha no fogo somente até a sopa aquecer. Distribua a sopa em tigelas individuais, polvilhe o manjericão e sirva.

Salada mexicana de frango

RENDIMENTO: 1 PORÇÃO

¼ de xícara (chá) de peito de frango cozido

páprica, cominho em pó e orégano a gosto (ou outras especiarias de sua preferência)

½ colher (chá) de alho e sal

2 colheres (sopa) de guacamole fácil (p. 186)

2 colheres (sopa) de creme azedo (p. 203)

2 colheres (sopa) de molho salsa mexicana (p. 204)

½ xícara de feijão-preto cozido e escorrido

2 xícaras (chá) de mix de folhas verdes rasgadas

Coloque o frango em uma tigela grande e tempere com as especiarias e o sal de alho, misturando bem. Junte a guacamole, o creme azedo, a salsa mexicana, o feijão-preto e misture bem. Disponha as folhas em um prato, cubra com a mistura de frango e feijão e sirva.

Salada de atum com mix de folhas verdes

RENDIMENTO: 1 PORÇÃO

1 lata de atum em água escorrido

1 colher (sopa) de cebola picada

2 colheres (sopa) de maionese

2 xícaras (chá) de mix de folhas verdes rasgadas

2 colheres (sopa) de nozes-pecãs picadas

1. Coloque o atum, a cebola e a maionese em uma tigela pequena e misture bem.
2. Disponha as folhas sobre um prato, coloque a mistura de atum sobre elas e finalize com as nozes.

Lombo de porco com vagem

RENDIMENTO: 4 PORÇÕES

¼ de xícara (chá) de gergelim branco

230 g de lombo de porco cortado em tiras de 1 cm

sal e pimenta-do-reino moída a gosto

2 colheres (sopa) de óleo de coco

4 dentes de alho picados

2 colheres (chá) de gengibre fresco ralado

2 xícaras (chá) de vagem sem as pontas

2 colheres (chá) de molho tamari

1 colher (sopa) de óleo de gergelim torrado

1. Torre o gergelim em uma frigideira pequena até ficar perfumado e levemente dourado. Reserve.

2. Unte uma frigideira média com spray culinário antiaderente ou óleo de coco, grelhe as tiras de lombo por 6 a 8 minutos, até ficarem levemente douradas. Tempere a carne com sal e pimenta e coloque em uma travessa.
3. Coloque o óleo de coco na frigideira e aqueça por 45 segundos. Junte o alho, o gengibre e a vagem e refogue por 6 a 8 minutos, até ficarem macias.
4. Volte a carne de porco para a frigideira e acrescente o tamari. Mexa bem para os sabores se misturarem.
5. Transfira para pratos individuais, polvilhe o gergelim torrado e finalize com óleo de gergelim.

Pimentão recheado com peru e arroz de couve-flor

RENDIMENTO: 4 PORÇÕES

sal e pimenta-do-reino moída a gosto

4 colheres (sopa) de óleo de coco

340 g de carne de peru magra moída

1 xícara (chá) de couve-flor crua triturada

2 dentes de alho picados

cominho em pó a gosto

páprica a gosto

alecrim seco a gosto

coentro fresco picado a gosto

2 pimentões vermelhos grandes cortados ao meio no sentido do comprimento sem sementes

2 xícaras (chá) de cheddar ralado

1. Preaqueça o forno a 150 °C. Unte uma assadeira média com spray culinário antiaderente ou óleo vegetal.
2. Leve o óleo de coco, em uma frigideira média, ao fogo médio. Quando o óleo derreter e estiver aquecido, junte a carne de peru e frite por 3 a 8 minutos, até perder o tom rosado.
3. Coloque a carne em uma tigela grande e junte o arroz de couve-flor e o alho. Tempere com sal, cominho, páprica, pimenta, alecrim e coentro. Misture bem.
4. Encha as metades dos pimentões com a mistura de carne, apertando bem e cubra-as com o cheddar.
5. Coloque os pimentões na assadeira e leve ao forno por 10 minutos ou até que o queijo fique ligeiramente dourado.

Camarão com aspargos

RENDIMENTO: 4 PORÇÕES

450 g de aspargos frescos

2 colheres (sopa) de manteiga

2 colheres (sopa) de azeite de oliva

450 g de camarão limpo sem casca

1 colher (sopa) de alho picado

sal e pimenta-do-reino moída a gosto

páprica defumada a gosto (opcional)

raspas e suco de ½ limão-siciliano

¼ xícara (chá) de parmesão ralado

2 colheres (sopa) de farinha de linhaça

1. Corte e despreze a base dura e branca dos talos de aspargos e corte o restante em fatias. Derreta a manteiga em uma frigideira grande e adicione o azeite de oliva. Quando a mistura estiver bem quente, coloque os camarões e os aspargos e refogue levemente por 3 a 4 minutos.
2. Adicione o alho à frigideira, misture bem e tempere com sal e pimenta. Polvilhe a páprica e, depois, junte as raspas e o suco de limão. Cozinhe até o camarão ficar rosado e o aspargo macio.
3. Enquanto isso, em uma tigela pequena, misture o parmesão e a farinha de linhaça.
4. Na hora de servir, polvilhe a mistura de queijo e farinha de linhaça sobre os camarões e aspargos e mexa bem.

Curry de abóbora e frango com arroz de couve-flor

RENDIMENTO: 2 PORÇÕES

2 colheres (sopa) de óleo de coco

120 g de peito de frango sem pele e sem osso cortado em cubos

½ xícara (chá) de pimentão vermelho picado

280 g de abóbora cozida amassada

curry em pó e outras especiarias a gosto

sal a gosto

1 xícara (chá) de leite de coco sem açúcar

folhas de manjericão tailandês picadas

1 xícara (chá) de couve-flor triturada cozida

1. Coloque o óleo de coco em uma frigideira média e leve ao fogo médio até derreter e ficar quente. Adicione o frango e refogue por 3 a 4 minutos, mexendo sempre, até quase chegar no ponto.
2. Adicione o pimentão vermelho, a abóbora, o curry e as especiarias à frigideira, tempere com sal e misture bem para envolver o frango com todos os temperos.
3. Coloque o leite de coco, aumente a chama para média-alta e espere ferver. Abaixe o fogo e deixe cozinhar lentamente por 10 minutos.
4. Corrija os temperos a seu gosto e transfira o curry para tigelas. Finalize com o manjericão tailandês. Sirva com a couve-flor triturada cozida com água e sal.

Tofu com molho de amendoim

RENDIMENTO: 4 PORÇÕES

- 390 g de tofu firme (momen) em um único pedaço
- ¼ de xícara (chá) de manteiga de amendoim sem açúcar
- 2 colheres (sopa) de molho tamari
- 2 colheres (sopa) de água
- 3 colheres (sopa) de cúrcuma em pó
- 1 colher (chá) de óleo de gergelim torrado
- ½ colher (chá) de pimenta-calabresa
- 1 colher (sopa) de gengibre fresco ralado
- 1 colher (sopa) de óleo de coco
- 2¼ xícaras (chá) de brócolis picado cozido

1. Enrole o pedaço de tofu com duas folhas de papel-toalha. Coloque o tofu em um prato e coloque outro prato por cima dele. Disponha um recipiente pesado, como uma lata cheia, em cima do prato e deixe o pedaço de tofu sob pressão por pelo menos 30 minutos. Em seguida, corte o tofu em cubos de 1,5 cm; deverá render cerca de 1½ xícara.
2. Em uma tigela média, misture a manteiga de amendoim, o tamari e a água. Adicione a cúrcuma, o óleo de gergelim, a pimenta e o gengibre.
3. Aqueça o óleo de coco em uma frigideira grande em fogo médio e, quando ele estiver derretido, grelhe o tofu por 10 a 15 minutos, virando de vez em quando, até dourar levemente.

4. Acrescente o molho à frigideira e misture até todo o tofu ficar envolto pelo molho.
5. Transfira para tigelas individuais e sirva com o brócolis aquecido. Você também pode servir este prato com arroz de couve-flor.

Salada de ovos e legumes

RENDIMENTO: 1 PORÇÃO

2 ovos cozidos cortados em quatro

2 colheres (sopa) de maionese

1 colher (chá) de mostarda escura

1 pepino pequeno picado

1 colher (sopa) de vinagre de maçã

¼ de xícara (chá) de azeitonas sem caroço

1 colher (sopa) de cebola picada

1 talo se salsão picado

1 cenoura média cortada em cubos

2 folhas grandes de alface lisa (ou outra de sua preferência)

1. Em uma tigela média, amasse os ovos e misture com a maionese, a mostarda e o vinagre. Misture bem. Junte as azeitonas.
2. Em outra tigela, junte o pepino, a cebola, o salsão e a cenoura.
3. Disponha as folhas de alface em um prato. Cubra com a mistura de pepino e depois com a salada de ovos.

Salada de frango grelhado

RENDIMENTO: 4 PORÇÕES

4 xícaras (chá) de água

3 colheres (sopa) de azeite de oliva, e mais um pouco para grelhar

¼ de xícara (chá) de sal sem iodo

450 g de peito de frango sem osso e sem pele cortados em quatro pedaços

1½ colher (chá) de páprica

1 pé de alface-romana picada

1 limão-siciliano

1. Misture a água e o sal em uma tigela grande e mexa bem para dissolver o sal. Junte o frango à tigela, cubra e leve à geladeira por 30 minutos. A salmoura deixa o frango mais suculento.

2. Retire os pedaços de frango da salmoura e seque-os com papel-toalha. Em uma tigela média, misture o azeite e a páprica e junte o frango, mexendo para cobrir bem todos os pedaços.
3. Preaqueça uma frigideira grill antiaderente no fogão em temperatura média-alta. Pincele a frigideira com um pouco de azeite e coloque os pedaços de frango. Grelhe, sem mexer, até que os pedaços comecem a ficar com as marcas da grelha. Vire-os e reduza a chama para fogo baixo. Deixe o frango grelhando até que a parte mais grossa atinja 70 °C, utilize um termômetro para carnes, ou teste com um garfo para retirar os pedaços quando a carne estiver tenra.
4. Transfira o frango para uma travessa e cubra com papel-alumínio. Deixe descansar por 10 minutos.
5. Disponha a alface-romana em uma travessa. Coloque o frango sobre ela e tempere com o suco do limão.

Pizza de cogumelos portobello

RENDIMENTO: 2 PORÇÕES

- 2 colheres (sopa) de azeite de oliva
- ½ cebola picada
- 4 cogumelos portobello frescos grandes
- ½ xícara (chá) de tomates-cereja cortados ao meio
- sal e pimenta-do-reino moída a gosto
- ½ xícara (chá) de mozarela ralada
- ¼ de xícara (chá) de parmesão ralado
- ¼ de xícara (chá) de manjericão fresco cortado em tiras

1. Aqueça o azeite em uma frigideira grande em fogo médio. Adicione a cebola e refogue por 3 a 4 minutos, até ficar macia. Pique os talos dos cogumelos e deixe os chapéus inteiros. Adicione os talos dos cogumelos picados e os tomates-cereja à frigideira; abaixe o fogo e deixe cozinhar lentamente por 5 minutos, até que os tomates se desmanchem. Tempere com sal e pimenta. Transfira a mistura para uma tigela pequena.
2. Adicione os chapéus dos cogumelos à frigideira e cozinhe-os em fogo médio por 3 a 4 minutos de cada lado.
3. Espalhe a mistura de tomates sobre os chapéus de cogumelos, ainda na frigideira, e polvilhe os queijos. Abaixe o fogo, cubra e deixe por cerca de 5 minutos, até os queijos derreterem.
4. Transfira a "pizza" de cogumelos para uma travessa. Finalize com manjericão e sirva.

Cheeseburguer em alface

RENDIMENTO: 2 PORÇÕES

170 g de carne bovina magra moída

sal e pimenta-do-reino moída a gosto

1 colher (sopa) de azeite de oliva

4 folhas grandes de alface lisa ou romana

2 fatias de cheddar

2 colheres (sopa) de maionese

2 fatias de tomate maduro

1 avocado cortado em fatias

2 fatias pequenas de cebola

2 fatias de picles de pepino com endro

1. Molde a carne em dois hambúrgueres iguais. Tempere-os com sal e pimenta.
2. Leve o azeite, em uma frigideira média antiaderente, ao fogo médio. Quando o azeite estiver quente, grelhe os hambúrgueres por 4 a 5 minutos de cada lado ou até ficarem no ponto.
3. Pegue dois pratos de servir, disponha uma folha de alface sobre cada prato e coloque um hambúrguer sobre cada uma delas. Distribua o cheddar, a maionese, o tomate, o avocado, a cebola e os picles sobre cada hambúrguer. Cubra com as folhas de alface restantes para formar o sanduíche.

Hambúrguer de salmão

RENDIMENTO: 4 PORÇÕES

6 fatias de bacon cortadas ao meio

230 g de filé de salmão sem pele cozido no vapor e resfriado

2 a 3 colheres (sopa) de maionese

sal e pimenta-do-reino moída a gosto

2 colheres (sopa) de azeite de oliva

2 avocados amassados

4 colheres (sopa) de farinha de linhaça

suco de ½ limão-siciliano

3 colheres (sopa) de cebolinha fresca picada

4 folhas de alface lisa ou outra de sua preferência

2 tomates maduros cortados em fatias

1. Preaqueça o forno a 200 °C. Forre uma assadeira com papel-alumínio e coloque uma grade sobre a assadeira.

2. Faça 4 "tapetes" de bacon: Forre uma parte de seu espaço de trabalho com papel-manteiga. Coloque 3 tiras de bacon, lado a lado, sobre o papel, na vertical. Dobre a tira do meio para cima, em dois terços do comprimento. Coloque uma outra tira, na horizontal, sobre as duas tiras que ficaram no papel. Desdobre a tira do meio sobre a fatia recém-colocada. Agora, dobre as duas tiras da lateral, pela metade, para cima, e coloque uma outra tira na horizontal sobre a tira que ficou sobre o papel. Desdobre as duas tiras anteriores e dobre a tira do meio novamente para cima. Por fim, coloque outra tira de bacon na horizontal. Desdobre. O resultado é um tapete tecido com bacon. Coloque um pedaço de papel-manteiga sobre o tapete e, cuidadosamente, com um rolo para massas ou o fundo de uma frigideira, achate-o para selar bem a trama. Transfira-o para a grade na assadeira. Faça mais três "tapetes" seguindo esses mesmos passos e coloque-os sobre a grade na assadeira.
3. Asse os tapetes por cerca de 25 minutos, até ficarem crocantes. Depois de prontos, coloque-os em um prato forrado com papel-toalha e cubra para mantê-los aquecidos.
4. Prepare os hambúrgueres de salmão: Com um garfo, amasse o salmão em uma tigela média e misture com a maionese. Tempere com sal e pimenta e molde os hambúrgueres.
5. Leve uma frigideira média ao fogo médio e adicione o azeite. Quando estiver bem quente, frite os hambúrgueres de salmão por 8 minutos, virando uma vez, até ficarem dourados. Mantenha aquecidos.
6. Em uma tigela média, misture o avocado, a farinha de linhaça, o suco de limão e a cebolinha.
7. Coloque os tapetes de bacon em 4 pratos de servir e espalhe sobre eles a mistura de avocado. Distribua os hambúrgueres de salmão entre os pratos, as folhas de alface e as fatias de tomate.

Salmão assado com papilote de abobrinha

RENDIMENTO: 4 PORÇÕES

PARA A ABOBRINHA

1 abobrinha amarela média cortada em fatias

1 abobrinha média cortada em fatias

1 colher (sopa) de manteiga sem sal derretida

raspas e suco de 1 limão-siciliano

sal e pimenta-do-reino moída a gosto

1 colher (chá) de pimenta-de-caiena em pó

PARA O SALMÃO

1 limão-siciliano cortado em fatias finas

1,3 kg de filé de salmão sal e pimenta-do-reino moída a gosto

6 colheres (sopa) de manteiga derretida

1 colher (sopa) de mel

3 dentes de alho picados

1 colher (chá) de tomilho fresco picado

1 colher (chá) de orégano

ramos de salsinha fresca

1. Preaqueça o forno a 180 °C. Corte quatro pedaços de papel-alumínio de 20 × 20 cm.
2. Distribua as fatias dos dois tipos de abobrinha no centro dos quadrados de papel-alumínio. Levante as bordas do papel-alumínio e distribua a manteiga derretida sobre as abobrinhas; polvilhe as raspas de limão e borrife-as com o suco. Tempere com sal, pimenta-do-reino e a pimenta-de-caiena. Una as pontas dos quadrados de papel-alumínio, formando pacotes bem fechados. Coloque os pacotes em uma assadeira e leve ao forno por cerca de 30 minutos ou até que as abobrinhas estejam macias.
3. Enquanto assa os papilotes de abobrinha, prepare o salmão. Forre uma assadeira grande com papel-alumínio e unte com o spray culinário antiaderente.
4. Disponha uma camada regular com as fatias de limão no centro da assadeira. Tempere ambos os lados do salmão com sal e pimenta e coloque-o sobre as fatias de limão.
5. Em uma tigela pequena, misture a manteiga, o mel, o alho, o tomilho e o orégano. Despeje a mistura sobre o salmão e feche o papel-alumínio ao seu redor formando um pacote.
6. Leve o salmão ao forno e deixe até ficar no ponto de se desmanchar com facilidade, cerca de 15 a 20 minutos. Quando o salmão estiver assado, abra o pacote, ajuste o forno na posição gratinar e deixe o salmão dourando por 2 minutos. Ele deve ficar levemente dourado e a mistura de manteiga ao redor mais espessa.
7. Transfira o salmão para uma travessa e finalize com os ramos de salsinha. Sirva com os pacotes de abobrinha, que devem ser abertos somente no momento de ir para a mesa.

Espetinhos de camarão com tomates gratinados

RENDIMENTO: 4 PORÇÕES

PARA O CAMARÃO

- ⅓ de xícara (chá) de azeite de oliva
- 2 colheres (sopa) de suco de limão-siciliano
- 1 colher (chá) de sal
- ¼ de colher (chá) de pimenta-do-reino moída
- 1 colher (chá) de tempero italiano (pronto ou feito em casa – p. 204)
- 2 colheres (chá) de alho picado
- 430 g de camarões grandes limpos
- 4 espetos de bambu para churrasco
- salsinha picada
- fatias de limão-siciliano

PARA OS TOMATES

- 8 tomates pequenos maduros
- 2 colheres (sopa) de azeite de oliva
- ¼ de xícara (chá) de parmesão ralado

1. Marine os camarões: Coloque o azeite de oliva, o suco de limão, o sal, a pimenta, o tempero italiano e o alho em uma tigela e misture bem. Acrescente os camarões à tigela e envolva-os com a marinada. Cubra e leve à geladeira pelo tempo de 15 minutos até, no máximo, 2 horas. Enquanto isso, deixe os espetos mergulhados em um recipiente com água para umedecê-los.
2. Preaqueça o forno a 180 °C deixando uma assadeira com grade dentro dele para aquecer também. Distribua os camarões nos espetos e coloque os espetos sobre a grade da assadeira, leve a assadeira de volta ao forno para que os camarões assem por 2 a 3 minutos de cada lado ou até que fiquem rosados e opacos. Passe os espetos para uma travessa e cubra para mantê-los aquecidos.
3. Prepare os tomates. Ligue o forno no modo gratinar. Unte uma assadeira pequena e rasa com spray culinário antiaderente. Corte os tomates ao meio e retire uma pequena fatia da parte arredondada de cada metade. Coloque-os na assadeira de modo que fiquem em pé, com a abertura para cima. Pincele os tomates com o azeite e polvilhe o parmesão.

4. Leve a assadeira ao forno e deixe os tomates gratinando por 3 minutos ou até que o queijo fique levemente tostado. Cuidado para que os tomates não queimem.
5. Arrume os tomates ao redor dos espetos na travessa. Polvilhe salsinha nos camarões e sirva com as fatias de limão.

Frango ao limão com alcaparras

RENDIMENTO: 4 PORÇÕES

- 4 filés grossos de peito de frango (430 g)
- sal e pimenta-do-reino moída a gosto
- 4 colheres (sopa) de manteiga clarificada (ghee)
- 2 limões-sicilianos (suco de 1 limão e 1 limão cortado em fatias)
- 1 dente de alho cortado em fatias
- 2 colheres (sopa) de alcaparras escorridas
- 1 cebola grande cortada em fatias
- 4 xícaras (chá) de vagens picadas sem as pontas
- ¼ de xícara (chá) de amêndoas laminadas tostadas

1. Seque os filés de frango com papel-toalha e tempere-os com sal e pimenta.
2. Leve uma frigideira grande ao fogo médio-alto e adicione 1 colher (sopa) de manteiga clarificada. Quando a manteiga estiver quente, frite os filés, por 8 a 10 minutos, virando-os uma vez. Transfira para uma travessa, cubra e mantenha-os aquecidos.
3. Junte o suco de limão e mais 1 colher (sopa) de manteiga à frigideira, adicione o alho e as alcaparras e deixe ferver em fogo médio-alto. Adicione as fatias de limão, volte o frango à frigideira e abaixe o fogo. Deixe cozinhar por 5 minutos.
4. Leve outra frigideira média ao fogo médio e aqueça a manteiga restante. Quando aquecer, adicione a cebola e as vagens e cozinhe por cerca de 3 minutos, até a cebola ficar transparente e as vagens, al dente.
5. Junte as amêndoas à frigideira e misture bem.
6. Coloque o frango no centro de uma travessa e disponha as cebolas e as vagens ao redor.

Frango assado com brócolis e cheddar

RENDIMENTO: 4 PORÇÕES

3 xícaras (chá) de peito de frango cozido picado ou desfiado

4 xícaras (chá) de floretes de brócolis cozidos al dente

2 colheres (sopa) de azeite de oliva

½ xícara (chá) de creme de leite fresco

1 dente de alho picado

1 colher (chá) de manjericão fresco picado

½ xícara (chá) de creme azedo (sour cream) (p. 203)

sal e pimenta-do-reino moída a gosto

1 xícara (chá) de cheddar ralado

1. Preaqueça o forno a 190 °C.
2. Coloque o frango em um recipiente refratário grande, junte os brócolis, acrescente o azeite e misture bem.
3. Em uma tigela pequena, misture o creme de leite, o alho, o manjericão e o creme azedo. Tempere com sal e pimenta e misture bem.
4. Despeje o molho sobre o refratário e misture bem para que o frango e o brócolis fiquem bem envolvidos nele. Polvilhe o queijo e leve ao forno por 7 a 10 minutos, até ferver.

Contrafilé com salada de espinafre, gorgonzola e nozes

RENDIMENTO: 4 PORÇÕES

2 xícaras (chá) de folhas de espinafre fresco

3 colheres (sopa) de gorgonzola amassado (ou outro queijo azul)

2 colheres (sopa) de nozes-pecãs finamente picadas

2 colheres (sopa) de azeite de oliva

suco de ½ limão-siciliano

sal e pimenta-do-reino moída a gosto

340 g de contrafilé grelhado ou assado cortado em fatias finas

1. Em uma tigela, coloque o espinafre, o queijo e as nozes. Tempere com o azeite, o suco de limão, sal e pimenta e misture bem.
2. Distribua a salada em pratos individuais e acrescente as fatias de carne.

Espaguete de abóbora com peru, bacon, espinafre e queijo de cabra

RENDIMENTO: 4 PORÇÕES

2 abóboras espaguete médias (se usar outra abóbora, a proporção de macronutrientes será ligeiramente alterada)

2 colheres (sopa) de azeite de oliva

sal e pimenta-do-reino moída a gosto

6 fatias de bacon

430 g de carne de peru moída

alecrim a gosto

¼ de xícara (chá) de vinho branco seco

4 xícaras (chá) de espinafre baby

120 g de queijo de cabra

1. Preaqueça o forno a 200 °C e forre uma assadeira com papel-alumínio.
2. Retire as pontas da abóbora. Coloque-a em pé e corte ao meio no sentido do comprimento. Retire as sementes e tempere a polpa com azeite de oliva e um pouco de sal e pimenta-do-reino.
3. Ponha as metades de abóbora na assadeira com o lado cortado para baixo. Asse durante 40-60 minutos ou até que consiga fazer um garfo penetrar a polpa com facilidade.
4. Enquanto a abóbora assa, leve uma frigideira grande ao fogo médio e frite o bacon por cerca de 10 minutos, até ficar crocante. Retire o bacon da frigideira e coloque-o em um prato forrado com papel-toalha. Volte a mesma frigideira ao fogo e doure a carne de peru, mexendo bem, por 5 a 8 minutos. Tempere com sal e alecrim. Reserve a carne em uma tigela e escorra a maior parte da gordura da frigideira, deixando nela somente cerca de 1 colher (sopa).
5. Coloque o vinho na frigideira e leve ao fogo médio. Com uma colher de pau ou de silicone, raspe o fundo para soltar os alimentos e a gordura que ficaram grudados na frigideira. Deixe ferver por cerca de 1 minuto até reduzir o vinho à metade.
6. Leve o espinafre à frigideira e deixe refogar por cerca de 3 minutos, até murchar. Pique o queijo de cabra e junte à frigideira deixando-o derreter por mais 3 minutos.
7. Quebre o bacon em pequenos pedaços e misture à carne de peru moída. Junte o espinafre e o queijo à carne e misture bem.
8. Tire a abóbora do forno. Deixe esfriar e, com um garfo e movimentos de "pentear", retire a polpa da casca. Coloque o "espaguete" em quatro tigelas individuais, cubra cada porção com o "molho" de carne moída e sirva quente.

Bolo de carne com purê de couve-flor

RENDIMENTO: 6 PORÇÕES

2 colheres (sopa) de azeite de oliva

¼ de xícara (chá) de cebola picada

680 g de carne bovina magra moída

1 xícara (chá) de farinha de amêndoas

2 ovos grandes

⅓ de xícara (chá) de polpa de tomate sem açúcar

½ de xícara (chá) de parmesão ralado

½ colher (chá) de sal

½ colher (chá) de pimenta-do-reino moída

½ colher (chá) de alho em pó

3 xícaras (chá) de purê de couve-flor (p. 204)

6 colheres (sopa) de manteiga (opcional)

1. Preaqueça o forno a 180 °C.
2. Aqueça o azeite de oliva em uma frigideira pequena, adicione a cebola e refogue por cerca de 3 minutos, até ficar transparente.
3. Em uma tigela grande, misture bem a carne moída, a cebola refogada, a farinha de amêndoas, os ovos, a polpa de tomate, o parmesão, o sal, a pimenta e o alho em pó. Molde a mistura em um bolo de formato oval deixando-o bem firme.
4. Coloque o bolo de carne em uma assadeira antiaderente e leve ao forno por 1 hora.
5. Retire o bolo da assadeira com cuidado, descartando a sobra de gordura, e coloque-o em uma travessa. Deixe descansar por cerca de 10 minutos e corte em fatias. Disponha as fatias em pratos e acompanhe com porções de purê de couve-flor. Se desejar, coloque uma colher de manteiga sobre cada porção de purê.

Bife grelhado com creme de espinafre e cogumelos

RENDIMENTO: 4 porções

4 bifes pequenos (85 g cada) de contrafilé

sal e pimenta-do-reino moída a gosto

2 colheres (sopa) de azeite de oliva

2 xícaras (chá) de cogumelos portobello ou paris frescos picados

4 xícaras (chá) de espinafre baby

½ xícara (chá) de creme de leite fresco

noz-moscada em pó a gosto

1. Preaqueça uma frigideira grill em fogo médio. Tempere os bifes com sal e pimenta e leve para grelhar por 2 a 4 minutos de cada lado – devem ficar malpassados. Transfira os bifes para um prato, cubra e mantenha-os aquecidos.
2. Coloque o azeite em uma frigideira média e leve ao fogo médio-alto. Quando o azeite estiver quente, adicione os cogumelos à frigideira e refogue por 3 a 4 minutos ou até ficarem levemente dourados. Disponha os cogumelos sobre os bifes, cubra novamente o prato continue mantendo-o aquecido.
3. Abaixe o fogo da frigideira para médio e adicione o espinafre e o creme de leite. Cozinhe, mexendo sempre, até o espinafre murchar e o creme engrossar um pouco. Tempere com sal e noz-moscada.
4. Disponha o creme de espinafre ao lado dos bifes com cogumelos e sirva quente.

Estrogonofe de cogumelos com arroz de couve-flor cremoso

RENDIMENTO: 4 PORÇÕES

PARA O ESTROGONOFE

5 xícaras (chá) de cogumelos-de-paris frescos cortados ao meio

6 dentes de alho picados

1 cebola média cortada em fatias finas

2 xícaras (chá) de caldo de legumes

4 colheres (chá) de páprica defumada

2 colheres (sopa) de iogurte grego natural integral sem açúcar ou outro iogurte rico em proteína

sal e pimenta-do-reino moída a gosto

¼ de xícara (chá) de salsinha fresca picada

PARA O ARROZ DE COUVE-FLOR

3 colheres (sopa) de azeite de oliva

1 couve-flor média cortada em floretes

2 dentes de alho picados

1½ colher (chá) de sal

1 colher (chá) de pimenta-do-reino moída

½ xícara (chá) de caldo de legumes

4 colheres (sopa) de manteiga clarificada (ghee) ou manteiga sem sal

¼ de xícara (chá) de creme de leite fresco

1. Prepare o estrogonofe: Leve os cogumelos, o alho, a cebola, o caldo e a páprica em uma panela elétrica de cozimento lento e ajuste o timer para 4 horas. Você pode usar uma panela comum de fundo grosso e deixar cozinhar em fogo baixo lentamente até o cogumelo ficar macio e o caldo engrossar.
2. Quando os cogumelos estiverem cozidos, junte o iogurte, tempere com sal e pimenta e mantenha o estrogonofe aquecido.
3. Prepare o arroz de couve-flor: Leve os floretes a um processador ou liquidificador e bata até triturarem e se parecerem com grãos de arroz.
4. Leve uma panela grande ao fogo médio. Adicione o azeite e, quando estiver aquecido, coloque o arroz de couve-flor, o alho, o sal e a pimenta. Cozinhe por 3 minutos, mexendo delicadamente com uma colher de pau. Junte o caldo, tampe a panela, reduza o fogo e deixe cozinhar devagar por 12 minutos, mexendo de vez em quando com delicadeza.
5. Passado esse tempo, adicione a manteiga e o creme de leite à panela e deixe cozinhar em fogo baixo por 5 minutos, até o arroz ficar cremoso.

Tofu grelhado com salada verão e gergelim

RENDIMENTO: 4 PORÇÕES

340 g de tofu extrafirme cortado em cubos

ervas e temperos a gosto

4 colheres (sopa) de óleo de coco

4 xícaras (chá) de salada verão congelada (com brócolis, cenoura e couve-flor)

4 colheres (sopa) de gergelim

1. Coloque o tofu em uma tigela média, adicione as ervas e os temperos e esfregue para que penetrem bem.
2. Coloque duas colheres (sopa) do óleo de coco em uma frigideira grande e leve ao fogo alto. Quando o óleo derreter, grelhe os cubos de tofu por 3 a 4 minutos de cada lado, até ficarem dourados. Transfira para uma travessa, cubra e mantenha aquecido.

3. Cozinhe os legumes da salada no vapor até ficarem al dente.
4. Limpe a frigideira em que o tofu foi preparado com papel-toalha para tirar o excesso de gordura, adicione o óleo de coco restante e leve ao fogo médio. Quando o óleo estiver derretido, adicione os legumes da salada verão e refogue por cerca de 2 minutos, até ficarem macios.
5. Disponha a salada refogada em pratos individuais, cubra com os pedaços de tofu, polvilhe o gergelim e sirva.

Tempeh grelhado com couve e arroz de couve-flor

RENDIMENTO: 4 PORÇÕES

PARA O TEMPEH

½ xícara (chá) de molho barbecue orgânico

½ xícara (chá) de suco de laranja

2½ colheres (sopa) de molho tamari

2 colheres (sopa) de vinagre de maçã

220 g de tempeh em um único pedaço

2 colheres (sopa) de óleo de coco

PARA O ARROZ DE COUVE-FLOR

1 maço pequeno de couve-flor (cerca de 420 g)

2 colheres (sopa) de manteiga clarificada (ghee) ou manteiga sem sal

½ cebola média cortada em cubos pequenos

1 a 2 colheres (chá) de alho em pó

¼ de colher (chá) de noz-moscada em pó

sal e pimenta-do-reino moída a gosto

½ xícara (chá) de salsinha fresca picada

½ xícara (chá) de parmesão ralado

PARA A COUVE

2 colheres (sopa) de azeite de oliva

3 dentes de alho picados

6 xícaras (chá) de couve kale fresca picada

1 colher (sopa) de suco de limão-siciliano

Amendoim torrado salgado, picado grosseiramente (opcional)

1. Prepare o tempeh: Em uma travessa baixa, misture o molho barbecue, o suco de laranja, o tamari e o vinagre. Corte o tempeh em 16 triângulos com 6 cm de espessura e coloque-os na marinada, cuidando para que todos os pedaços fiquem bem envolvidos nos temperos. Deixe marinando por uma noite ou, no mínimo, por 1 hora, virando os pedaços de vez em quando.
2. Passado o tempo da marinada, aqueça uma frigideira grill antiaderente em fogo médio-alto e pincele-a com o óleo de coco. Retire os pedaços de tempeh da travessa, reservando a marinada. Grelhe os pedaços de tempeh por 5 minutos de cada lado, pincelando-os com a marinada a cada minuto.
3. Prepare o arroz de couve-flor: Corte a couve-flor em floretes. Leve-os a um processador ou liquidificador e triture até atingirem a consistência de arroz.
4. Aqueça a manteiga em uma frigideira grande em fogo médio, acrescente a cebola e refogue por cerca de 4 minutos, até ficar transparente. Junte a couve-flor, o alho em pó e a noz-moscada, tempere com sal e pimenta e refogue por mais 5 a 7 minutos. Retire do fogo, junte a salsinha e o parmesão e coloque em um recipiente tampado para manter aquecido.
5. Prepare a couve: Coloque o azeite na frigideira e leve ao fogo médio. Quando estiver quente, adicione o alho e refogue por cerca de 1 minuto, até o aroma se espalhar. Junte a couve e refogue por 2 a 3 minutos, até murchar. Adicione o suco de limão e tempere com sal e pimenta.
6. Distribua, em pratos fundos individuais, o arroz de couve-flor, os pedaços de tempeh (você pode pincelá-los com a marinada restante, caso ache necessário) e a couve. Finalize com o amendoim e sirva quente.

Enchiladas vegetarianas de queijo

RENDIMENTO: 4 PORÇÕES

PARA AS TORTILLAS

1 xícara (chá) de farinha de amêndoas

¼ de xícara (chá) de farinha de coco

2 colheres (chá) de goma xantana

1 colher (chá) de fermento químico em pó

½ colher (chá) de sal sem iodo

2 colheres (chá) de suco de limão-taiti

1 ovo grande levemente batido

1 colher (sopa) de água

PARA O MOLHO DAS ENCHILADAS

- 1½ xícara (chá) de polpa de tomate sem açúcar
- 1 xícara (chá) de caldo de legumes
- 1 colher (chá) de vinagre de maçã
- 1½ colher (chá) de pimenta-malagueta em pó
- 1½ colher (chá) de cominho em pó
- 1½ colher (chá) de páprica defumada
- ½ colher (chá) de cebola em pó
- ½ colher (chá) de alho em pó
- 1 colher (chá) de sal

PARA O RECHEIO

- 2 colheres (sopa) de azeite de abacate
- ⅓ de cebola pequena picada
- 1 pimentão pequeno sem sementes cortado em cubinhos
- ½ abobrinha pequena cortada em cubos
- 3 ovos grandes levemente batidos
- 2 xícaras (chá) de folhas de espinafre fresco
- 1 colher (chá) de pimenta-malagueta em pó
- 1½ colher (chá) de tempero alho e sal
- 1 colher (chá) de cebola em pó
- ½ colher (chá) de cominho em pó
- 1½ xícara (chá) de cheddar ralado

1. Prepare as tortillas: Coloque em um processador as farinhas de amêndoas e de coco, a goma xantana, o fermento e o sal. Deixe pulsar por 5 segundos, até ficar uma mistura homogênea.
2. Com o processador funcionando, lentamente, junte o suco de limão, o ovo e, por fim, a água. Quando a massa formar uma bola homogênea, coloque-a sobre uma bancada e amasse-a por 1 ou 2 minutos com as mãos. Envolva-a em filme de PVC e leve à geladeira por 10 minutos.
3. Passado o tempo de descanso da massa, divida-a em 8 bolas pequenas, com cerca de 4 cm de diâmetro. Coloque uma bola entre dois pedaços de papel-manteiga e abra com um rolo até atingir a espessura de 3 mm e 12 a 15 cm de diâmetro. Faça o mesmo com o restante da massa.
4. Leve uma frigideira grande de ferro ao fogo médio-alto. Quando estiver quente, coloque uma tortilla e deixe tostar por cerca de 20 segundos de cada lado, até ficar levemente queimada. Faça o mesmo com o restante da massa. Quando as tortillas estiverem prontas, empilhe-as em um prato, separadas por papel-manteiga. Você precisará de 8 tortillas para esta receita e pode congelar o restante para usar no futuro.

5. Prepare o molho: Em uma panela média, coloque a polpa de tomate, o caldo, o vinagre, a pimenta, o cominho, a cebola e o alho em pó e misture bem. Leve ao fogo médio e, quando começar a ferver, abaixe o fogo e deixe cozinhar lentamente por 15 a 30 minutos, até reduzir pela metade e ficar um molho encorpado. Experimente e corrija o sal se necessário.
6. Prepare o recheio: Aqueça o azeite de abacate em uma panela média em fogo médio. Acrescente a cebola e o pimentão e refogue por cerca de 3 minutos, até estarem macios. Junte a abobrinha e os ovos e misture bem. Acrescente o espinafre e, quando ele murchar, adicione a pimenta, o alho e sal, a cebola em pó e o cominho. Abaixe o fogo e deixe cozinhar devagar, mexendo sempre, até que o recheio esteja homogêneo e aquecido.
7. Monte as enchiladas: Coloque uma tortilla na superfície de trabalho e, sobre ela, ½ xícara de recheio. Polvilhe 1½ colher (sopa) de cheddar sobre o recheio e enrole a tortilla como uma panqueca, sem deixar o recheio escapar. Recheie as 8 tortillas reservadas e disponha-as em uma assadeira pequena.
8. Preaqueça o forno a 180 °C. Espalhe o molho sobre as enchiladas e polvilhe o queijo restante. Asse por cerca de 30 minutos, ou até estarem quentes, com o molho fervendo e o queijo começando a dourar. Sirva quente.

Edamame com molho cremoso apimentado

RENDIMENTO: 4 PORÇÕES

PARA O EDAMAME

- 6 talos de cebolinha
- 2½ colheres (sopa) de óleo de gergelim torrado
- ⅓ de xícara (chá) de cebola picada
- 5 dentes de alho picados
- 2 xícaras (chá) de edamame em grãos congelado
- 1 colher (chá) de gengibre fresco ralado
- 1 colher (sopa) de molho de pimenta
- 400 g de salada mix primavera (repolho branco, repolho roxo e cenoura cortados em tirinhas)
- 2 colheres (sopa) de molho tamari ou shoyu
- 1 colher (sopa) de vinagre de arroz
- ¼ de colher (chá) de pimenta-do-reino branca moída
- gergelim preto a gosto
- sal a gosto

PARA O MOLHO APIMENTADO

¼ de xícara (chá) de maionese

1 colher (sopa) de molho de pimenta

sal a gosto

1. Prepare o edamame: Separe a parte verde da parte branca dos talos de cebolinha, pique as duas partes e reserve em recipientes separados. Coloque o óleo de gergelim em uma frigideira grande e leve ao fogo médio. Quando o óleo estiver quente, acrescente as partes brancas picadas da cebolinha à frigideira, depois adicione a cebola e o alho e refogue por cerca de 3 minutos, mexendo com frequência, até a cebola ficar macia.
2. Adicione o edamame, o gengibre e o molho de pimenta e cozinhe por cerca de 3 minutos, até o edamame ficar quente.
3. Junte o repolho, o tamari e o vinagre à frigideira, tempere com a pimenta-do-reino branca e sal e misture bem. Cozinhe por cerca de 5 minutos, mexendo de vez em quando, até que o repolho esteja macio.
4. Prepare o molho: Em uma tigela pequena, misture a maionese e o molho de pimenta. Experimente e corrija o sal se necessário.
5. Distribua o edamame em tigelas de servir, regue com o molho apimentado e finalize com a parte verde da cebolinha picada e o gergelim preto.

Salsão com manteiga de amêndoas

RENDIMENTO: 1 PORÇÃO

2 talos de salsão sem as folhas

2 colheres (sopa) de manteiga de amêndoas sem açúcar (pronta ou caseira – p. 202)

Corte os talos de salsão em palitos de 10 × 2 cm e coloque-os em um prato. Espalhe a manteiga de amêndoas sobre o salsão e sirva fresco.

Cenoura e salsão com dip de manteiga de amêndoas

RENDIMENTO: 1 PORÇÃO

2 talos de salsão sem as folhas

2 colheres (sopa) de farinha de linhaça

2 colheres (sopa) de manteiga de amêndoas sem açúcar (pronta ou caseira – p. 202)

10 cenouras baby

1. Corte os talos de salsão em bastões de 10 cm × 2 cm.
2. Em uma tigela pequena, misture a farinha de linhaça e a manteiga de amêndoas até obter um creme macio. Use o creme como dip para as cenouras e o salsão.

Espetinhos caprese

RENDIMENTO: 24 ESPETINHOS

24 tomates-cereja

24 bolinhas de mozarela

24 folhas grandes de manjericão fresco

24 espetinhos de bambu com nó ou outro espeto para petisco

azeite de oliva a gosto

Espete um tomate, uma folha de manjericão dobrada ao meio e uma bolinha de mozarela em cada espetinho. Coloque os espetinhos em uma travessa e regue com o azeite. Calcule 3 espetos por pessoa.

Snack de maçã

RENDIMENTO: 1 PORÇÃO

1 maçã pequena sem sementes cortada em fatias

2 colheres (sopa) de manteiga de amêndoas sem açúcar (pronta ou caseira – p. 202)

1 colher (sopa) de chia

1 colher (sopa) de farinha de linhaça

2 colheres (sopa) de coco em flocos sem açúcar

1. Disponha as fatias de maçã em um prato.
2. Misture a manteiga de amêndoas com a chia e a farinha de linhaça em um recipiente pequeno que possa ir ao micro-ondas e leve à potência máxima por 15 a 30 segundos, até que a manteiga fique levemente derretida.
3. Regue a maçã com a mistura de manteiga e polvilhe o coco em flocos.

Avocado aloha

RENDIMENTO: 4 PORÇÕES

2 avocados maduros

¼ de xícara (chá) de coco em flocos sem açúcar

1 xícara de macadâmias cortadas ao meio

Corte os avocados ao meio e retire o caroço. Corte as metades ao meio mais uma vez e então encha as cavidades com as macadâmias e o coco.

Nozes temperadas

RENDIMENTO: 1 PORÇÃO

¼ de xícara (chá) de nozes sem a casca

1 colher (chá) de azeite de abacate

½ colher (chá) de tempero para torta de abóbora (pronto ou caseiro – p. 203)

Coloque as nozes em uma tigela pequena. Borrife o azeite de abacate e polvilhe o tempero. Misture bem e sirva.

Salgadinhos de avocado

RENDIMENTO: 1 PORÇÃO

1 avocado picado

1 colher (chá) de suco de limão-siciliano

½ colher (chá) de alho em pó

¼ de xícara (chá) de parmesão ralado

½ colher (chá) de tempero italiano (pronto ou caseiro – p. 204)

1. Preaqueça o forno a 170 °C. Forre uma assadeira com papel-manteiga.
2. Em uma tigela média, amasse o avocado até obter uma mistura homogênea. Junte o suco de limão, o alho em pó, o parmesão e o tempero italiano. Misture bem.
3. Distribua colheradas da mistura de avocado na assadeira bem separadas e alise-as com as costas da colher. Leve ao forno por 15 a 18 minutos ou até que as bordas estejam douradas.

Nozes com mozarela

RENDIMENTO: 1 PORÇÃO

¼ de xícara (chá) de nozes sem casca cortadas ao meio

1 palito de mozarela em palito

Arrume as nozes em um prato e adicione o palito de mozarela.

Amêndoas com queijo

RENDIMENTO: 1 PORÇÃO

1 miniqueijo Babybel

½ xícara (chá) de amêndoas

Retire a embalagem do queijo e coloque-o em um prato com as amêndoas.

Pepino com iogurte

RENDIMENTO: 4 PORÇÕES

1 pepino médio

2 colheres (sopa) de iogurte grego natural integral sem açúcar ou outro iogurte rico em proteína

120 g cream cheese

2 colheres (sopa) de manteiga com sal

4 colheres (chá) de tempero para bagel (pronto ou caseiro – p. 205)

1. Corte o pepino ao meio no sentido do comprimento e na metade para ficar com 4 pedaços.

2. Em uma tigela pequena, junte o iogurte, o cream cheese, e a manteiga e misture bem até ficar um creme homogêneo.
3. Cubra os pedaços de pepino com o creme e polvilhe o tempero para bagel.

Chips de couve com nozes-pecãs

RENDIMENTO: 3 PORÇÕES

1 maço grande de couve kale sem os talos

2 colheres (sopa) de azeite de oliva

1 colher (sopa) de sal marinho

¾ de xícara (chá) de nozes-pecãs picadas

1. Preaqueça o forno a 180 °C. Unte levemente uma assadeira com o spray culinário antiaderente ou forre-a com um tapete de silicone.
2. Coloque a couve em um saco plástico grande. Adicione o azeite de oliva, feche o saco e massageie as folhas para untá-las bem.
3. Coloque as folhas de couve na assadeira e deixando-as bem esticadas. Leve ao forno por 12 minutos, até a couve ficar crocante. Retire do forno, polvilhe o sal e sirva com as nozes-pecãs.

Dip de avocado

RENDIMENTO: 1 PORÇÃO

1 avocado picado

3 colheres (sopa) de suco de limão-siciliano

1 colher (sopa) de coentro fresco picado

1 colher (sopa) de maionese

Amasse o avocado e misture com a maionese, o suco de limão e o coentro em uma pequena tigela até obter creme homogêneo. Sirva com legumes à sua escolha cortados em bastões ou com biscoitos multigrãos.

Guacamole fácil

RENDIMENTO: 8 PORÇÕES

¼ de xícara (chá) de cebola finamente picada

3 avocados maduros picados

2 colheres (sopa) de suco de limão-taiti ou siciliano

1 tomate italiano grande sem sementes picado

¼ de xícara (chá) de coentro fresco picado (folhas e talos tenros)

½ colher (chá) de cominho em pó

½ colher (chá) de sal

1. Coloque a cebola em uma tigela pequena, cubra com água morna e deixe de molho por 10 minutos.
2. Coloque os pedaços de avocado em um prato, junte o suco de limão e amasse o avocado com um garfo até ficar cremoso, mas não totalmente liso.
3. Leve o avocado amassado a uma tigela média, junte o tomate, o coentro e o cominho. Escorra a cebola e acrescente à tigela. Tempere com o sal e misture tudo muito bem.
4. Experimente e ajuste os temperos, se necessário. Sirva com legumes à sua escolha.

Dip de feijão-branco

RENDIMENTO: 2 PORÇÕES

½ xícara (chá) de feijão-branco cozido e escorrido

2 colheres (sopa) de tahine ou shoyu

1½ colher (sopa) de suco de limão-siciliano

1 colher (sopa) de azeite de oliva

1 colher (chá) de raspas de limão-siciliano

1 colher (sopa) de endro fresco picado

1 dente de alho

Coloque todos os ingredientes em um processador e bata até formar um creme homogêneo. Sirva com legumes à sua escolha cortados em bastões.

Dip de queijo cottage com pepino

RENDIMENTO: 2 PORÇÕES

½ xícara (chá) de queijo cottage

1 colher (sopa) de suco de limão-siciliano

½ colher (chá) de alho em pó

½ colher (chá) de cebola em pó

¼ de colher (chá) de pimenta-do-reino moída

1 colher (sopa) de endro fresco picado

1 pepino pequeno cortado em bastões

1. Coloque o queijo, o suco de limão, o alho, a cebola, a pimenta e o endro no liquidificador e bata até formar um creme homogêneo.
2. Disponha o dip em uma tigela pequena e mergulhe os bastões de pepino nele.

Dip de maionese italiana com legumes

RENDIMENTO: 4 PORÇÕES

1 xícara (chá) de maionese

1 colher (sopa) de tempero italiano (pronto ou caseiro – p. 204)

2 pepinos grandes cortados em bastões

2 cenouras grandes cortadas em bastões

8 aspargos frescos aparados e cortados em pedaços pequenos

8 rabanetes cortados ao meio ou em quatro

1. Em uma tigela pequena, misture bem a maionese e o tempero italiano, até ficar homogêneo.
2. Arrume os pepinos, as cenouras, os aspargos e os rabanetes em travessas e sirva com o dip.

Azeitonas, grão-de-bico e legumes marinados com tomilho e endro

RENDIMENTO: 4 PORÇÕES

2 pepinos grandes cortados em fatias

2 xícaras (chá) de azeitonas

2 cenouras médias cortadas em fatias

400 g de grão-de-bico cozido e escorrido

½ xícara (chá) de vinagre de vinho tinto

¼ de xícara (chá) de tomilho fresco

¼ de xícara de endro fresco

Em uma tigela grande, junte os pepinos, as azeitonas, as cenouras e o grão-de-bico e tempere com o vinagre e as ervas. Mexa bem para combinar os sabores, cubra e leve à geladeira por, pelo menos, 15 minutos.

Salada de pepino, tomate e queijo feta

RENDIMENTO: 1 PORÇÃO

1 pepino médio cortado em fatias

1 xícara (chá) de tomates-cereja cortados ao meio

¼ de cebola pequena picada

1 dente de alho picado

1 colher (sopa) de azeite de oliva

1 colher (sopa) de vinagre de vinho tinto

2 colheres (sopa) de queijo feta amassado

Coloque o pepino, os tomates, a cebola e o alho em uma tigela pequena. Tempere com o azeite e o vinagre e misture bem até que todos os legumes estejam envoltos no tempero. Espalhe o queijo por cima e sirva.

Wrap de alface com peito de peru e maionese

RENDIMENTO: 1 PORÇÃO

1 colher (sopa) de maionese

1 colher (sopa) de vinagre de vinho tinto

1 colher (sopa) de farinha de linhaça

2 folhas de alface lisa grandes

60 g de peito de peru defumado fatiado

1 fatia de queijo emmental cortada ao meio

1. Misture a maionese, o vinagre e a farinha de linhaça em uma tigela pequena.
2. Coloque as folhas de alface sobre uma superfície lisa. Em seguida, distribua a mistura de maionese sobre as folhas de alface e, sobre ela, as fatias de peru e de queijo. Enrole os dois wraps e sirva.

Ovo cozido com avocado

RENDIMENTO: 1 PORÇÃO

1 ovo grande cozido cortado ao meio

½ avocado cortado em fatias

Coloque o ovo em um prato e disponha as fatias de avocado ao lado.

Ovos recheados

RENDIMENTO: 1 PORÇÃO

2 ovos grandes cozidos

1 colher (sopa) de maionese

1 colher (sopa) de chia

¼ de colher (chá) de cúrcuma em pó

1 pimentão verde sem sementes cortado em bastões

1. Descasque os ovos, corte-os ao meio e retire as gemas com delicadeza.
2. Em uma tigela pequena, misture as gemas, a maionese, a chia e a cúrcuma. Com uma colher, distribua a mistura de maionese nas claras cozidas.
3. Arrume os ovos recheados em um prato e acompanhe com os bastões de pimentão.

Rolinhos de peito de peru

RENDIMENTO: 1 PORÇÃO

60 g de peito de peru fatiado

1 colher (sopa) de mostarda escura

60 g de queijo emmental fatiado

Em uma superfície plana, coloque as fatias de peito de peru separadamente. Por cima de cada fatia, coloque uma fatia de queijo. Espalhe a mostarda por cima e enrole.

Salada com purê de edamame

RENDIMENTO: 4 PORÇÕES

1½ xícara (chá) de edamame em grãos congelado

2 xícaras (chá) de água fervente

2 dentes de alho

1 colher (sopa) de suco de limão-taiti

2½ colheres (sopa) de maionese

1 colher (sopa) de hortelã fresca picada

1 colher (sopa) de endro fresco picado

2 colheres (sopa) de coentro fresco picado

¼ de colher (chá) de mostarda de Dijon

¼ de colher (chá) de sal

¼ de colher (chá) de pimenta-do-reino moída

4 xícaras (chá) de folhas de espinafre fresco

1 xícara (chá) de repolho roxo picado

1. Em uma tigela grande, coloque o edamame e a água fervente. Cubra e deixe descansar por 5 minutos. Escorra a água e enxágue o edamame até esfriar.
2. Coloque o edamame, o alho, o suco de limão, a maionese, a hortelã, o endro, o coentro, a mostarda, o sal e a pimenta a um processador e bata até misturar, mas ainda conservar alguma textura. Passe para uma tigela e leve à geladeira até o momento de servir.
3. Distribua o espinafre e o repolho em partes iguais em quatro pratos. Cubra com o purê de edamame e sirva.

Nozes-pecãs com frutas vermelhas e coco

RENDIMENTO: 1 PORÇÃO

¼ de xícara (chá) de nozes-pecãs

2 colheres (sopa) de coco em flocos sem açúcar

¼ de xícara (chá) de mirtilos frescos

¼ de xícara (chá) de morangos frescos

Coloque as nozes-pecãs, as frutas e o coco em uma tigela pequena e sirva.

Nozes-pecãs com chocolate

RENDIMENTO: 1 PORÇÃO

30 g de gotas de chocolate amargo (70% ou mais)

¼ de xícara (chá) de nozes-pecãs

Derreta o chocolate e mergulhe as nozes nele ou coma o pedaço de chocolate com as nozes.

Framboesas com nozes-pecãs

RENDIMENTO: 1 PORÇÃO

½ xícara (chá) de framboesas frescas

¼ de xícara (chá) de nozes-pecãs

Coloque as framboesas e as nozes-pecãs em uma tigela e sirva.

Taça de frutas vermelhas com amêndoas

RENDIMENTO: 1 PORÇÃO

¼ de xícara (chá) de morangos frescos cortados ao meio

¼ de xícara de amoras frescas

¼ de xícara (chá) de mirtilos frescos

¼ de xícara (chá) de framboesas

2 colheres (sopa) de amêndoas laminadas

Em uma taça, coloque as frutas e as lâminas de amêndoas por cima e sirva.

Mirtilos com coco

RENDIMENTO: 1 PORÇÃO

½ xícara (chá) de mirtilos

2 colheres (sopa) de coco em flocos sem açúcar

Coloque os mirtilos e o coco em uma tigela e sirva.

Morangos com creme de leite e chia

RENDIMENTO: 1 PORÇÃO

1 xícara (chá) de morangos frescos cortados ao meio

2 colheres (sopa) de creme de leite

1 colher (sopa) de coco em flocos sem açúcar

1 colher (sopa) de chia

Coloque os morangos em uma tigela pequena. Junte o creme de leite e polvilhe a chia e o coco.

Pera com ricota

RENDIMENTO: 1 PORÇÃO

½ pera média madura cortada em fatias

¾ de xícara (chá) de ricota fresca (ou ricota vegana)

uma pitada de canela em pó

Trabalhando rapidamente para que a pera não oxide, distribua as fatias em um prato. Coloque a ricota ao lado e polvilhe a canela no queijo e na pera, se desejar.

Amêndoas com chocolate mocha e mozarela

RENDIMENTO: 6 PORÇÕES

1 xícara (chá) de amêndoas cruas sem sal

½ colher (chá) de azeite de oliva

1 colher (chá) de grânulos de café instantâneo

1 colher (sopa) de cacau em pó

1 colher (chá) de adoçante estévia em pó

6 palitos de mozarela em palito.

1. Em uma frigideira antiaderente pequena, toste as amêndoas em fogo baixo por cerca de 3 minutos, mexendo de vez em quando até ficarem perfumadas. Adicione o azeite de oliva e mexa. Retire do fogo.
2. Coloque o café, o cacau e o adoçante em um liquidificador potente e bata até que os grânulos de café se transformem em pó.
3. Coloque a mistura de café e as amêndoas em uma tigela média e mexa bem. Escorra o excesso de azeite e espalhe as amêndoas sobre uma superfície forrada com papel-manteiga para esfriar.
4. Depois que as amêndoas estiverem frias, guarde-as em um recipiente hermeticamente fechado e em temperatura ambiente. Sirva com os palitos de mozarela.

Smoothie de mirtilos

RENDIMENTO: 1 PORÇÃO

2 colheres medidoras de colágeno em pó

1 colher-medida de MCT em pó ou óleo de coco

1 xícara (chá) de folhas de espinafre fresco picadas

½ xícara (chá) de mirtilos frescos

2 colheres (sopa) de manteiga de amêndoas sem açúcar (pronta ou caseira – p. 202)

2 colheres (sopa) de linhaça2 colheres (sopa) de chia

½ colher (chá) de essência de amêndoas

uma pitada de noz-moscada em pó (opcional)

Coloque o colágeno, o MCT, o espinafre, os mirtilos, a linhaça, a chia e a manteiga de amêndoas em um liquidificador e bata até formar um purê, adicione a essência de amêndoas e a noz-moscada e pulse mais uma vez para ficar homogêneo.

Smoothie de frutas vermelhas

RENDIMENTO: 1 PORÇÃO

¼ de xícara (chá) de morangos frescos cortados ao meio

¼ de xícara (chá) de amoras frescas

¼ de xícara (chá) de framboesas frescas

¼ de xícara (chá) de iogurte grego natural integral sem açúcar ou outro iogurte rico em proteína

1 xícara (chá) de espinafre baby

1 colher (sopa) de chia

1 colher (sopa) de farinha de linhaça

cubos de gelo a gosto

Coloque as frutas, o iogurte, o espinafre, a chia e a farinha de linhaça em um liquidificador e adicione alguns cubos de gelo. Bata até ficar homogêneo. Adicione água se desejar uma consistência mais líquida.

Smoothie de framboesas e amêndoas

RENDIMENTO: 1 PORÇÃO

½ xícara (chá) de iogurte grego natural integral sem açúcar ou outro iogurte rico em proteína1 colher (sopa) de manteiga de amêndoas sem açúcar (pronta ou caseira – p. 202)

½ xícara (chá) de couve kale fresca picada

¼ de xícara (chá) de framboesas frescas

1 colher (sopa) de chia

Coloque todos os ingredientes no liquidificador e bata até a mistura ficar homogênea.

Smoothie de amendoim

RENDIMENTO: 1 PORÇÃO

¼ de xícara (chá) de iogurte grego natural integral sem açúcar ou outro iogurte rico em proteína1 colher (sopa) de farinha de linhaça

2 colheres (sopa) de cacau em pó sem açúcar

½ colher (chá) de essência de baunilha

2 colheres (sopa) de manteiga de amendoim sem açúcar

cubos de gelo (opcional)

Coloque o iogurte, o cacau, a manteiga de amendoim, a farinha de linhaça e a baunilha no liquidificador. Junte os cubos de gelo, se desejar. Bata até obter uma mistura homogênea.

Smoothie de amendoim e café

RENDIMENTO: 1 PORÇÃO

½ xícara (chá) de leite de amêndoas sem açúcar

2 colheres (sopa) de chia

2 colheres (sopa) de farinha de linhaça

1 colher (chá) de cacau em pó sem açúcar

2 colheres (sopa) de manteiga de amendoim sem açúcar

¼ de colher (chá) de essência de baunilha

½ banana madura (de preferência congelada)

2 colheres (sopa) de café pronto sem açúcar

⅓ de xícara (chá) de gelo picado

uma pitada de sal

Coloque o leite de amêndoas, a chia, a farinha de linhaça, o cacau, a manteiga de amendoim, a baunilha, a banana, o café e o gelo em um liquidificador de alta potência. Processe até ficar homogêneo, prove e tempere com sal.

Smoothie de amêndoas e mirtilo

RENDIMENTO: 1 PORÇÃO

- 1 colher medidora de proteína em pó vegana
- 2 colheres (sopa) de manteiga de amêndoas (pronta ou caseira – p. 202)
- 1 xícara (chá) de leite de amêndoas
- ½ xícara (chá) de mirtilos frescos
- 2 colheres (sopa) de farinha de linhaça

Coloque todos os ingredientes no liquidificador e bata até obter uma mistura homogênea.

Smoothie vegano de canela

RENDIMENTO: 1 PORÇÃO

- 2 colheres medidoras de proteína vegetal em pó
- ¾ de xícara (chá) de iogurte vegano de leite de amêndoas sem açúcar (pronto ou caseiro – p. 205)
- 1 colher (chá) de canela em pó
- 1 xícara (chá) de leite de amêndoas sem açúcar
- ½ colher (chá) de essência de baunilha
- 2 colheres (sopa) de farinha de linhaça
- 1 xícara (chá) de cubos de gelo

Coloque todos os ingredientes no liquidificador e bata até ficar homogêneo.

Pudim de chia

RENDIMENTO: 1 PORÇÃO

- 1 colher (sopa) de linhaça
- 2 colheres (sopa) de nozes-pecãs picadas
- ½ xícara (chá) de leite de coco sem açúcar
- ¼ de xícara (chá) de chia
- Canela em pó a gosto

Em uma tigela pequena, junte a linhaça, as nozes-pecãs e a canela. Despeje o leite de coco devagar na tigela, mexendo até que os ingredientes estejam misturados. Acrescente a chia e mexa delicadamente. Cubra a tigela e leve à geladeira por, pelo menos, 4 a 5 horas ou durante uma noite, até que o pudim engrosse.

Pudim de chia com coco e framboesa

RENDIMENTO: 2 PORÇÕES

400 ml de leite de coco sem açúcar

½ colher (chá) de essência de baunilha

Adoçante estévia ou adoçante de fruta-dos-monges a gosto

¼ de colher (chá) de tempero para torta de abóbora (pronto ou caseiro – p. 203)

½ xícara (chá) de chia

½ xícara (chá) de framboesas frescas

1. Coloque o leite de coco, a baunilha, o adoçante e o tempero para torta de abóbora em uma tigela média e misture bem. Desfaça pequenos grumos que possam se formar para obter um líquido homogêneo. Junte a chia e mexa novamente.
2. Cubra a tigela e leve à geladeira por 4 horas ou mais até engrossar.
3. Distribua o pudim em tigelas individuais e cubra com as framboesas.

Pudim de chia com coco e nozes

RENDIMENTO: 4 PORÇÕES

4 xícaras (chá) de leite de amêndoas sem açúcar

4 colheres (sopa) de chia

½ colher (chá) de adoçante estévia

½ colher (chá) de canela em pó

½ xícara (chá) de nozes picadas

½ xícara (chá) de nozes-pecãs picadas

¼ de xícara (chá) de sementes de girassol

¼ de xícara (chá) de coco em flocos sem açúcar

Em uma tigela média, junte o leite de amêndoas, a chia, o adoçante e a canela. Cubra e leve à geladeira por, pelo menos, 2 horas ou durante uma noite, até engrossar. Quando estiver firme e pronto para servir, distribua o pudim em tigelas individuais e cubra com as nozes, as sementes de girassol e o coco.

Pudim de chia com amendoim e chocolate

RENDIMENTO: 2 PORÇÕES

PARA O PUDIM

- ¼ de xícara (chá) de cacau em pó sem açúcar
- 1 colher (sopa) de adoçante estévia
- ½ colher (chá) de canela em pó (opcional)
- uma pitada de sal
- ½ colher (chá) de essência de baunilha
- 1½ xícara de leite de amêndoas sem açúcar
- ½ xícara (chá) de chia

PARA A COBERTURA

- 2 colheres (sopa) de manteiga de amendoim sem açúcar
- ¼ de xícara (chá) de framboesas frescas

1. Prepare o pudim: em uma tigela pequena, peneire o cacau. Junte o adoçante, a canela, o sal e a baunilha e misture bem. Adicione o leite de amêndoas aos poucos e mexa até obter uma mistura homogênea.
2. Acrescente a chia e misture bem. Cubra e leve à geladeira por, pelo menos, 3 a 5 horas ou durante uma noite. Depois de 30 a 45 minutos de geladeira, misture os ingredientes novamente e volte à geladeira.
3. Prepare a cobertura: coloque a manteiga de amendoim em uma tigela pequena e leve ao micro-ondas, em temperatura máxima, por 20 a 30 segundos para derretê-la.
4. Disponha o pudim em tigelas individuais e cubra com a manteiga de amendoim derretida e as framboesas.

Iogurte com amendoim e chocolate

RENDIMENTO: 1 PORÇÃO

- ½ xícara (chá) de iogurte grego natural integral sem açúcar ou outro iogurte rico em proteína
- 1 colher (sopa) de cacau em pó sem açúcar
- 1 colher (sopa) de manteiga de amendoim sem açúcar
- 2 colheres (sopa) de chia

Coloque todos os ingredientes em uma tigela pequena e misture bem.

Parfait vegano

RENDIMENTO: 1 PORÇÃO

½ xícara (chá) de iogurte vegano de leite de amêndoas sem açúcar (pronto ou caseiro – p. 205)

1 colher medidora de proteína em pó vegetal sabor baunilha

1 colher (sopa) de farinha de linhaça

⅓ de xícara (chá) de mirtilos frescos

¼ de xícara (chá) de nozes-pecãs

Misture o iogurte, a proteína e a farinha de linhaça em uma tigela pequena. Em um copo ou taça para sobremesa, monte camadas alternadas dessa mistura, os mirtilos e as nozes-pecãs.

Muffin de framboesa e linhaça

RENDIMENTO: 1 PORÇÃO

1 ovo grande

1 colher (sopa) de óleo de coco derretido

1 colher (chá) de essência de baunilha

4 colheres (sopa) de farinha de linhaça

½ colher (chá) de fermento químico em pó

¼ de colher (chá) de canela em pó

3 colheres (chá) de adoçante (com ou sem eritritol)

2 colheres (sopa) de framboesas frescas

1 colher (sopa) de gotas de chocolate amargo sem açúcar

1 colher (sopa) de chantili

1. Coloque o ovo, o óleo de coco e a baunilha em um recipiente que possa ir ao micro-ondas. Misture bem e adicione a farinha de linhaça, o fermento, a canela e o adoçante. Misture bem.
2. Junte as framboesas e as gotas de chocolate e misture novamente. Leve ao micro-ondas em potência máxima por 90 segundos.
3. Espere o muffin esfriar um pouco e cubra com o chantili.

Minimuffins de maçã com chocolate e canela

RENDIMENTO: 6 MINIMUFFINS

½ xícara (chá) de manteiga de amêndoas sem açúcar (pronta ou caseira – p. 202)

¼ de xícara (chá) de cacau em pó sem açúcar

¼ de xícara (chá) de óleo de coco derretido

2 colheres (sopa) de manteiga de maçã sem açúcar (pronta ou caseira – p. 206)

½ colher (chá) de essência de amêndoas

sal

canela em pó a gosto

1. Preaqueça o forno a 160 °C. Unte seis forminhas de minimuffins com spray culinário antiaderente.
2. Em uma tigela média, coloque a manteiga de amêndoas, o cacau, o óleo de coco e a manteiga de maçã e misture. Adicione a essência de amêndoas, o sal e a canela e misture bem até formar uma massa homogênea.
3. Distribua a massa nas forminhas com uma colher e leve ao forno por 10 minutos ou até que, ao inserir um palito no centro das massas, ele saia seco.
4. Desenforme os minimuffins e sirva.

Bolo de caneca de chocolate e manteiga de amendoim

RENDIMENTO: 1 PORÇÃO

1 colher (sopa) de manteiga

1 ovo grande levemente batido

1 colher (sopa) de farinha de coco

1 colher (sopa) de adoçante estévia ou adoçante de fruta-dos-monges

1 colher (sopa) de manteiga de amendoim sem açúcar

1 colher (sopa) de cacau em pó sem açúcar

½ colher (chá) de fermento químico em pó

2 colheres (sopa) de gotas de chocolate amargo sem açúcar

1. Em uma caneca grande que possa ir ao micro-ondas, coloque a manteiga e leve à potência máxima por 15 a 30 segundos, até a manteiga derreter.
2. Junte o ovo, a farinha de coco, o adoçante, a manteiga de amendoim, o cacau e o fermento em pó à caneca e misture bem.
3. Adicione as gotas de chocolate e mexa delicadamente para distribuí-las por igual. Leve novamente ao micro-ondas em potência máxima por 60 segundos. Deixe esfriar um pouco antes de servir.

Barrinha vegana

RENDIMENTO: 16 BARRINHAS

½ xícara (chá) de amêndoas

½ xícara (chá) de nozes cortadas ao meio

½ xícara (chá) de macadâmia

½ xícara (chá) de sementes de abóbora

1 xícara (chá) de coco ralado sem açúcar

1 colher (chá) de canela em pó

½ xícara (chá) de manteiga de amendoim sem açúcar

¼ de xícara (chá) de óleo de coco

2 colheres (chá) de pasta de baunilha

1. Unte levemente uma assadeira de 15 cm × 25 cm com spray culinário antiaderente e forre com papel-manteiga.
2. Coloque as amêndoas, as nozes, a macadâmia e as sementes de abóbora em um processador e bata levemente. Passe para uma tigela grande e misture o coco e a canela.
3. Junte a manteiga de amendoim, o óleo de coco e a pasta de baunilha em uma panela pequena e leve ao fogo baixo por 3 a 5 minutos, mexendo sempre, até derreter e ficar homogêneo. Adicione as sementes processadas à panela e misture bem até formar uma massa.
4. Coloque a massa na assadeira, apertando e alisando-a com as costas de uma colher até ficar toda da mesma espessura. Cubra e leve à geladeira por, pelo menos, 2 a 3 horas ou até ficar firme. Corte em 16 barrinhas.

"Sorvete" de banana e chocolate

RENDIMENTO: 2 PORÇÕES

- 2 bananas maduras sem casca
- 1 colher (sopa) de cacau em pó sem açúcar
- 2 colheres (sopa) de manteiga de amêndoas sem açúcar (pronta ou caseira – p. 202)
- 3 colheres (sopa) de nibs de cacau
- ¼ de xícara (chá) de leite de amêndoas sem açúcar
- 1 colher (sopa) de chia
- 2 colheres (sopa) de farinha de linhaça

Leve todos os ingredientes a um processador e bata até obter uma mistura homogênea. Coloque em um recipiente que vá ao freezer e deixe até endurecer.

RECEITAS BÁSICAS

Manteiga de amêndoas

RENDIMENTO: 500 gramas

500 g de amêndoas

1. Preaqueça o forno a 200 °C.
2. Disponha as amêndoas em uma única camada em uma assadeira forrada com papel-manteiga e leve ao forno por cerca de 10 minutos. Retire a assadeira do forno a cada 3 minutos e mexa as amêndoas para que tostem uniformemente. Quando estiverem tostadas, retire do forno e deixe esfriar.
3. Leve as amêndoas para um processador na velocidade máxima e bata até obter uma farinha. Reduza a velocidade e continue batendo até obter a consistência de pasta. Pare algumas vezes o processador e raspe as laterais do recipiente com uma espátula de silicone.
4. Transfira a manteiga para um recipiente hermeticamente fechado e conserve na geladeira.

Nota: Se usar amêndoas com pele, sua manteiga ficará com uma cor mais escura e terá mais fibras.

Tempero para torta de abóbora

RENDIMENTO: 5 colheres de sopa

- 3 colheres (sopa) de canela em pó
- 2 colheres (chá) de gengibre em pó
- 2 colheres (chá) de noz-moscada em pó
- 1 colher (chá) de pimenta-da-jamaica moída
- 1 colher (chá) de cravo-da-índia em pó

Misture tudo e guarde em um recipiente fechado.

Molho ranch

RENDIMENTO: 15 porções

- 1 xícara (chá) de maionese
- ½ xícara (chá) de coalhada ou iogurte natural
- ½ colher (chá) de salsinha desidratada
- ½ colher (chá) de cebolinha desidratada
- ½ colher (chá) de endro desidratado
- ¼ de colher (chá) de alho em pó
- ¼ de colher (chá) de cebola em pó
- uma pitada de sal
- uma pitada de pimenta-do-reino moída

Misturar tudo muito bem (ou bater com um mixer) e levar à geladeira por, no mínimo, 30 minutos.

Creme azedo (sour cream)

RENDIMENTO: 4 porções

- ½ xícara (chá) de creme de leite fresco gelado
- 1½ colher (chá) de suco de limão-taiti
- sal a gosto

Coloque todos os ingredientes em uma tigela média e bata com um batedor de arame ou na batedeira até ficar no ponto de chantili. Conserve na geladeira.

Salsa mexicana

RENDIMENTO: 3 porções

- 1 tomate médio picado em cubos pequenos
- 3 talos de coentro picadinhos
- 2 colheres (sopa) de cebola picada em cubos pequenos
- 1 pimenta jalapeña sem sementes picadinha
- 1 colher (sopa) de suco de limão-taiti

Misture todos os ingredientes em uma tigela pequena. Cubra e deixe marinando por 1 a 2 horas para agregar os sabores.

Tempero italiano

RENDIMENTO: 8 colheres (sopa)

- 2 colheres (sopa) de manjericão seco
- 2 colheres (sopa) de orégano seco
- 1 colher (sopa) de alecrim seco
- 2 colheres (sopa) de salsa seca
- 1 colher (sopa) de tomilho seco
- 1 colher (sopa) de pimenta-calabresa
- 1 colher (chá) de alho em pó

Misture todos os ingredientes em uma tigela pequena. Coloque em um recipiente hermeticamente fechado e guarde em local fresco.

Purê de couve-flor

RENDIMENTO: 6 porções

- 8 xícaras (chá) de floretes de couve-flor
- 2 dentes de alho inteiros levemente amassados
- 2 colheres (sopa) de manteiga sem sal
- ¼ de xícara (chá) de parmesão ralado
- ¼ de xícara (chá) de creme de leite (opcional)
- sal e pimenta-do-reino moída a gosto

1. Corte os floretes maiores para que fiquem todos do mesmo tamanho.
2. Cozinhe a couve-flor no vapor por cerca de 15 minutos até que fique macia.
3. Em uma panela, aqueça a manteiga em fogo médio e refogue o alho por cerca de 1 minuto. Retire o alho da panela e reserve.
4. Leve a couve-flor e o alho a um processador ou liquidificador e bata até formar um creme homogêneo.
5. Coloque esse creme na panela em que o alho foi refogado, acrescente o parmesão, o creme de leite e tempere com sal e pimenta. Misture bem até o purê ficar cremoso e aquecido.

Tempero para bagel

RENDIMENTO: ½ xícara (chá)

2 colheres (sopa) de sementes de papoula

1 colher (sopa) de gergelim branco

1 colher (sopa) de gergelim preto

1⅓ colher (sopa) de alho desidratado

1⅓ colher (sopa) de cebola desidratada em flocos

2 colheres (chá) de sal marinho ou sal grosso

Coloque todos os ingredientes em uma tigela pequena e misture bem. Coloque em um recipiente hermeticamente fechado e mantenha em local seco e fresco.

Iogurte vegano de leite de amêndoas

RENDIMENTO: 1 litro

1 litro de leite de amêndoas sem açúcar

½ colher (sopa) de amido de milho

5 g de fermento lácteo para iogurte

½ colher (chá) de ágar-ágar

1. Reserve ¼ de xícara (chá) do leite de amêndoas em uma tigela pequena e coloque o restante em uma panela.
2. Misture o leite reservado com o amido e o ágar-ágar dissolvendo-os bem e adicione ao leite na panela.
3. Leve ao fogo baixo até que o leite atinja 85 °C (se não tiver um termômetro culinário para medir, desligue o fogo quando pequenas

bolhas de fervura começarem a aparecer na superfície, não deixe ferver). Pode levar algum tempo para chegar a essa temperatura, então, mexa o leite de vez em quando para não grudar no fundo da panela.

4. Quando o leite atingir a temperatura, retire a panela do fogo e espere esfriar até 45 °C (se não tiver termômetro, teste a temperatura encostando a parte de cima da pele da mão no leite, ele deve estar quente sem arder a pele).
5. Assim que o leite atingir a temperatura, adicione o fermento lácteo, mexa delicadamente e coloque em um recipiente de vidro com tampa. Envolva o recipiente com uma toalha grossa e guarde no forno desligado para evitar que ele perca temperatura (a temperatura ideal de fermentação é cerca de 40 °C). Deixe fermentar por 12 horas.
6. Após o período de fermentação, mexa o iogurte delicadamente para misturar a parte sólida da parte líquida e leve à geladeira por, pelo menos, 6 horas.

Manteiga de maçã

RENDIMENTO: 2 xícaras (chá)

1½ kg de maçãs descascadas e picadas

1 colher (chá) de canela em pó

1 colher (chá) de gengibre em pó

¼ de colher (chá) de cravo-da-índia em pó

¼ de xícara (chá) de água

1. Coloque todos os ingredientes em uma panela grande e leve ao fogo médio. Assim que ferver, abaixe o fogo, tampe parcialmente a panela e deixe cozinhar por cerca de 1 hora, mexendo de vez em quando até as maçãs ficarem bem macias.
2. Bata as maçãs com um mixer ou no liquidificador, com o caldo que se formou na panela, até formar um purê liso.
3. Volte a maçã batida para a panela e leve ao fogo médio. Quando começar a ferver, abaixe o fogo e cozinhe por, pelo menos, 15 minutos, até formar uma pasta escura e cremosa. Para saber se o ponto está certo, coloque um pouco da manteiga de maçã em um prato gelado e incline levemente o prato, ela não deve escorrer.

CAPÍTULO 10

A Dieta Galveston para a vida

Talvez você tenha adotado uma dieta ou um plano nutricional e tenha chegado a um ponto em que apenas queria manter o peso — ou não recuperar o que perdeu. Não há muitos planos que ofereçam um meio concreto para atingir esse objetivo, mas a Dieta Galveston o faz. Ela foca não apenas em manter o peso perdido, mas também em manter seu novo estilo de vida. E aí está a diferença. As pessoas mais bem-sucedidas em manter o peso de modo permanente são as que continuam a adotar os hábitos de alimentação e comportamentos de estilo de vida positivos que as ajudaram a atingir suas metas.

Você experimentou a Dieta Galveston por cerca de um mês. Você se acostumou ao jejum intermitente e incorporou à sua rotina de compras e preparação de alimentos a ideia de combinar uma nutrição anti-inflamatória com macronutrientes nas proporções corretas, e de obter micronutrientes em quantidades ideais a fim de evitar deficiências nutricionais. Essas três ações, principalmente quando transformadas em hábitos positivos, a ajudarão a se manter bem-sucedida daqui em diante.

Pense em seus novos hábitos como caminhos na floresta. Você cria trilhas passando repetidas vezes pelos mesmos lugares até que surge um caminho claramente marcado. Sempre que der um passeio na floresta, seguirá esse caminho fácil e lindo em vez de abrir caminho entre arbustos e espinheiros para chegar ao seu destino. A trilha bem usada também passa uma sensação de bem-estar e você vai querer percorrê-la repetidas vezes. É assim que acontece com os hábitos novos de alimentação e estilo de vida que você incorporou.

A Dieta Galveston trata de restaurar sua saúde e seu bem-estar em uma fase importante que abrangerá quarenta por cento ou mais de sua vida! Você restaurou seu corpo a um peso saudável e provavelmente curou vários problemas de saúde. Naturalmente, vai desejar continuar nesse caminho!

Portanto, a questão é: como continuar a levar esse estilo de vida? A resposta é mudar para o que chamo de "modo de manutenção": Você inclui esses hábitos em sua rotina com firmeza cada vez maior à medida que avança. Entretanto, você pode fazer algumas modificações — depois que as ações principais estão definidas, flexibilidade é o nome do jogo.

Continue a fazer o jejum intermitente

Agora o seu corpo já está habituado ao jejum intermitente, portanto deve ser um hábito fácil de manter durante toda a vida. Inicialmente, imaginei que o adotaria só por alguns meses. Porém, o que começou como um experimento, realmente se tornou um modo de vida que me ajudou a assumir o controle do meu peso, a reduzir a inflamação e a me sentir ótima todos os dias.

Apesar de o jejum intermitente ser um meio modesto de perder quilos, seu verdadeiro poder está em mantê-los longe de você. Nada mais de recuperar peso e fazer dietas ioiô. Hoje, o jejum intermitente faz parte dos meus conselhos para a manutenção do peso padrão para as mulheres que oriento.

O resultado é que, pela primeira vez, temos uma ferramenta — um hábito — que funciona para impedir a volta do peso e para manter baixos os níveis de inflamação.

A ciência corrobora o que digo. No passado, quando as pessoas emagreciam, geralmente, eram aconselhadas a monitorar e a contar calorias para não recuperar o peso. Mas as estatísticas nos dizem que esse método não funciona: 95% das pessoas que fazem dietas recuperam o peso em um ano, muitas vezes com "juros". E, pior, 50% do peso perdido era de gordura e os outros 50%, de massa muscular.

Em 2021, um grupo de pesquisadores do Centro Médico da Universidade do Kansas concluiu um estudo interessante que envolveu o jejum intermitente para a manutenção do peso conquistado. Eles constataram que o jejum intermitente é uma alternativa eficaz à contagem de calorias como meio de evitar a recuperação de peso, e que pode ser uma ferramenta poderosa para ajudar as pessoas a conservar um peso saudável.

Continue a fazê-lo!

Coma de maneira mais inteligente e viva melhor com alimentos anti-inflamatórios

A esta altura, você já deve ter compreendido que os alimentos que ingere desempenham um papel essencial na manutenção de baixos níveis de inflamação em seu corpo, na melhoria de seu metabolismo, na manutenção do peso e no fortalecimento de sua saúde.

Como a Dieta Galveston é, de fato, um padrão de alimentação diferente de uma dieta radical, ela está entre os planos de combate à inflamação mais eficazes que existem. Os elementos principais daqui para a frente são comer uma variedade de alimentos (especialmente vegetais) ricos em antioxidantes, fitoquímicos, fibras e gorduras saudáveis, além de proteínas magras e outros nutrientes. Esses alimentos e nutrientes são os passos proativos fundamentais a serem dados para evitar doenças, controlar o peso e evitar que os sintomas da meia-idade voltem.

Agora você tem ainda mais flexibilidade na seleção de alimentos. No programa de manutenção, você pode ampliar suas escolhas de alimentos anti-inflamatórios. Você já pode, por exemplo, adicionar mais frutas, como uva, melão, mamão, abacaxi, pêssego e praticamente qualquer outra fruta fresca ao seu repertório, em quantidades de uma a duas porções por dia.

Você também pode aumentar a ingestão de carboidratos com uma porção ou duas de alimentos com amido como batata-doce, abóbora moranga, raízes e grãos integrais. Todos esses alimentos têm um enorme potencial anti-inflamatório. Apenas certifique-se de monitorar os macros dos carboidratos para que correspondam à quantidade permitida para a manutenção.

Lembre-se, a Dieta Galveston é um plano para a vida toda, que gira em torno de escolhas — as suas — de comer e viver bem. E, como já ressaltei, ela não tem nada a ver com força de vontade e tudo a ver com aprender sobre seu corpo e reforçar comportamentos para a vida que criarão uma versão mais saudável de você.

Alimentos anti-inflamatórios são uma grande parte de tudo isso. Eles reduzem o risco de doenças que aparecem a longo prazo — portanto, coma-os todos os dias! Contudo, a inflamação pode voltar depressa se você voltar aos alimentos errados. Assim, combata-a para sempre com nutrição adequada.

Mude as proporções de suas fontes de energia

À medida que a proporção cintura-quadril, peso e outros marcadores de boa saúde melhoram, comece a mudar a proporção dos macros ao longo de algumas semanas. Isso significa que você pode comer mais bons carboidratos e menos gorduras, e continuar ingerindo uma quantidade moderada de proteínas.

Isso implica reajustar os macros — em outras palavras, mudar as porcentagens de carboidratos e de gorduras. Quando você atingir um ponto em que estiver mais saudável, sentindo-se bem e gostando de seu peso, não precisará mais seguir uma fórmula de macros que coloca o corpo no modo de queima de gordura. Estabilize tudo ajustando-os.

Por que isso acontece? Porque agora tudo deve estar fantástico. Os seus hormônios estão melhor regulados, o metabolismo está mais saudável e você tem mais energia. O seu corpo agora pode lidar com uma porcentagem diferente de macros.

Você continuará a escolher alimentos anti-inflamatórios que beneficiem seu corpo — e em quantidade maior. Você se concentrará na busca da energia, mas com macros diferentes, e fará isso aos poucos. "Aos poucos" é o segredo. O processo avançará devagar e, assim, é mais provável que as mudanças se fixem.

Veja o que fazer:

- Comece com uma semana ou mais com 60% de gorduras, 20% de proteínas e 20% de carboidratos.
- Avance nas semanas seguintes com 50% de gorduras, 20% de proteínas e 30% de carboidratos.
- Estabilize, no longo prazo, com 40% de gorduras, 20% de proteínas e 40% de carboidratos.

Naturalmente, é importante continuar a monitorar os macronutrientes enquanto faz esses ajustes. Vá com calma e preste atenção a como seu corpo se sente com esses ajustes — e seja paciente. Cada novo ajuste pode levar algumas semanas para se tornar um hábito.

Também monitore o seu peso. Na etapa de manutenção, pese-se uma ou algumas vezes por semana. O National Weight Control Registry (Registro Nacional de Controle de Peso) — o mais amplo estudo feito nos Estados Unidos com pessoas que tiveram sucesso na perda de peso no longo prazo — registrou, por exemplo, que as pessoas que tiveram êxito em manter o peso sobem na balança pelo menos uma vez por semana.

Não se esqueça de também monitorar as mudanças que não são mostradas na balança. Acompanhe sua relação cintura-quadril, como já discutimos. À medida que você volta a adicionar mais alimentos à dieta, é importante reconhecer se um alimento reintroduzido está causando inflamação ou desconforto. Nesse caso, pense em reduzir a quantidade ou eliminá-lo de sua dieta.

Não se assuste com um ganho de peso de dois quilos; isso é normal. Contudo, se você constatar que o peso está subindo mais, ou que a relação cintura-quadril não é o que deveria ser, fique atenta. Esse é um sinal para voltar brevemente à proporção de 70% de gorduras, 20% de proteínas e 10% de carboidratos.

Ao ajustar as proporções na manutenção, considere estas dicas:

- As receitas neste livro podem ser modificadas de alguma forma para aproveitar melhor os macros na manutenção.
- Substitua os vegetais pobres em carboidratos por grãos integrais, legumes, abóboras e frutas ricas em amido.
- Reduza a quantidade de gorduras saudáveis nas refeições e lanches. Um exemplo seria comer meio avocado em vez de um inteiro ou usar uma colher (sopa) de azeite de oliva em vez de duas.
- Continue a selecionar alimentos anti-inflamatórios. Manutenção não significa voltar a montes de carboidratos processados/refinados! Minha regra diz que se um alimento é "feito" na natureza e não exige um rótulo, está aprovado! Mas se o alimento é feito em uma fábrica, não se parece com algo que ocorre na natureza (grãos não crescem com o formato de sucrilhos, por exemplo) ou é uma "substância parecida com um alimento" com sabores criados por um cientista (como alguns salgadinhos), está reprovado.

Ao comprar condimentos, é essencial rever os ingredientes e evitar açúcares adicionados e ingredientes inflamatórios sempre que possível.

A alegria da mudança

Coisas incríveis acontecem quando se faz a Dieta Galveston para a vida toda!

Aos 43 anos, Valerie foi submetida a uma histerectomia total. Embora nunca tenha tido problemas de peso, ela notou que os quilos aumentavam com o passar dos anos. Aos 50, seu peso havia aumentado muito por causa da menopausa, chegando a mais de 60 quilos em um corpo miúdo, especialmente ao redor da cintura.

"Eu acumulei uma quantidade de gordura no abdome que nunca tinha tido na vida. Meu corpo tem curvas e eu adoro, mas nunca fui 'gorducha'. Bem, eu perdi 3 quilos em duas semanas! Agora, atingi minha meta de peso de 54 quilos."

"Mais importante, não tenho mais inchaço, nem constipação e eliminei o açúcar adicionado de minha alimentação. Além disso, a gordura abdominal se foi. Eu me sinto ótima! Consegui tudo isso sem pílulas, truques ou uma alimentação fora da realidade que ninguém consegue manter."

Laurie também estava passando pela menopausa e, depois de seis semanas no programa, perdeu 5 quilos, além de ver outras mudanças positivas. "Notei que meus quadris não doíam mais depois de dirigir ou ficar sentada por um longo período", ela contou. "Esse é um alívio fantástico, pois a dor se tornava cada vez pior e me fez imaginar se eu precisaria colocar uma prótese no quadril. Sou uma parteira muito ocupada em Michigan e pretendo trabalhar ainda por vários anos, contanto que me sinta saudável. E eu me sinto muito saudável depois de comer de acordo com o que o programa me ensinou".

Depois que Mayra recebeu os resultados de seus exames de sangue recentes, ela ficou eufórica. "Não sou mais pré-diabética e não tenho mais colesterol limítrofe. À medida que continuar com o programa e os exercícios, perderei o excesso de peso restante, mas a melhor parte é que não tenho nenhum sintoma da menopausa. Eles eram brandos antes e, agora, desapareceram."

E Debbie é adepta do jejum intermitente "para sempre". "Segui o plano de alimentação e pratiquei o jejum intermitente 16:8. Perdi 34 quilos e nunca me senti melhor. Queria ter conhecido o jejum intermitente antes, pois ele me ajudou a manter o peso perdido. No passado, eu perdia e recuperava peso, mas isso acabou."

Planos de refeições de manutenção

Aqui estão alguns exemplos do que seria um plano de refeições quando você está em manutenção. Ofereço uma amostra de cardápios de dois dias para refeições convencionais e vegetarianas. Em sua maioria, esses cardápios fazem referência às receitas ajustadas para a manutenção, mas também incluem algumas receitas apresentadas anteriormente neste livro.

Cardápio convencional

DIA 1

REFEIÇÃO 1: PARFAIT OU SMOOTHIE DA MARY CLAIRE (p. 152)
Lanche 1: Torrada com banana (p. 221)
REFEIÇÃO 2: BOLO DE CARNE COM PURÊ DE COUVE-FLOR E BATATA-DOCE ASSADA (p. 214)
Lanche 2: Noite de tâmaras (p. 222)
Macros: gorduras: 43%; proteínas: 21%; net carbs: 36%; fibras: 29 g

DIA 2

REFEIÇÃO 1: TORRADA COM AVOCADO PARA A MANUTENÇÃO (p. 215)
Lanche 1: Salada de grão-de-bico e tomate (p. 222)
REFEIÇÃO 2: FRANGO AO LIMÃO COM ALCAPARRAS E FARRO (p. 216)
Lanche 2: Salada de frutas de verão (p. 223)
Macros: gorduras: 40%; proteínas: 24%; net carbs: 36%; fibras: 34 g

Cardápio vegetariano

DIA 1

REFEIÇÃO 1: TOFU COM MOLHO DE AMENDOIM E ARROZ INTEGRAL (p. 217)
Lanche 1: 2 ovos cozidos
REFEIÇÃO 2: SALADA COM PROTEÍNA VEGANA E POUCA GORDURA (p. 218)
Lanche 2: Maçã assada com canela e uva-passa (p. 223)
Macros: gorduras: 47%; proteínas: 16%; net carbs: 37%; fibras: 27 g

DIA 2
REFEIÇÃO 1: PANQUECA DE AVEIA (p. 219)
Lanche 2: Smoothie de amêndoas e mirtilo (p. 196)
REFEIÇÃO 2: ESTROGONOFE DE COGUMELOS COM ARROZ INTEGRAL CREMOSO (p. 220)
Lanche 2: Dip de limão-siciliano e ricota com pera (p. 223)
Macros: gorduras: 48%; proteínas: 16%; net carbs: 36%; fibras: 31 g

Versões de manutenção de receitas da Dieta Galveston

Receitas das refeições 1 e 2

A seguir, há sete versões de receitas de manutenção incluídas anteriormente neste livro. Todas apresentam pequenas mudanças que se refletem em alteração nas proporções do que você come para o programa de manutenção.

Bolo de carne com purê de couve-flor e batata-doce assada

Nesta versão de manutenção da receita do Bolo de carne com purê de couve-flor da página 175, aumentei os carboidratos trocando a farinha de amêndoas pela de aveia (que é mais rica em carboidratos). Sirva uma fatia deste bolo de carne com uma pequena batata-doce assada e você terá uma deliciosa refeição de bons carboidratos com muitos benefícios anti-inflamatórios.

RENDIMENTO: 6 PORÇÕES

- 2 colheres (sopa) de azeite de oliva
- ¼ de xícara (chá) de cebola picada
- 650 g de carne orgânica magra moída
- 1 xícara (chá) de farinha de aveia
- 2 ovos grandes
- ⅓ de xícara (chá) de polpa de tomate sem açúcar
- ½ xícara (chá) de parmesão ralado
- ½ colher (chá) de sal
- ½ colher (chá) de pimenta-do-reino moída
- ½ colher (chá) de alho em pó
- 6 batatas-doces pequenas
- 2 xícaras (chá) de purê de couve-flor (p. 204)
- 6 colheres (sopa) de manteiga com sal (opcional)

1. Preaqueça o forno a 180 °C.
2. Aqueça o azeite de oliva em uma frigideira pequena, adicione a cebola e refogue por cerca de 3 minutos, até ficar transparente.
3. Em uma tigela grande, misture bem a carne moída, a cebola refogada, a farinha de aveia, os ovos, a polpa de tomate, o parmesão, o sal, a pimenta e o alho em pó. Molde a mistura em um bolo de formato oval deixando-o bem firme. Coloque o bolo em uma assadeira antiaderente e leve ao forno por 1 hora.
4. Depois de 15 minutos que o bolo já estiver no forno, espete as batatas-doces com uma faca e leve-as ao forno sobre a grelha ao lado da assadeira.
5. Retire o bolo da assadeira com cuidado, descartando a sobra de gordura, e coloque-o em uma travessa, deixe descansar por 10 minutos e corte em fatias. Enquanto isso, teste as batatas e, se estiverem macias, retire-as do forno.
6. Disponha as fatias em pratos e acompanhe com porções de purê de couve-flor e uma batata-doce. Se desejar, coloque uma colher de manteiga sobre cada porção de purê.

Torrada com avocado para a manutenção

Aqui está um exemplo de como mudar uma receita simples para obter um pouco menos de gordura. Para mudar a receita da página 154, eu simplesmente reduzi o azeite de oliva e usei meio avocado em vez de um inteiro.

RENDIMENTO: 1 PORÇÃO

½ colher (chá) de azeite de oliva

2 ovos grandes

2 fatias de pão de grão germinado

½ avocado cortado em fatias

sal e pimenta-do-reino moída a gosto

pimenta-calabresa (opcional)

1. Em uma frigideira grande, aqueça o azeite em fogo médio-alto. Coloque os ovos na frigideira e prepare-os de acordo com sua preferência, fritos ou mexidos.
2. Enquanto isso, torre o pão no ponto desejado.
3. Coloque as torradas em um prato. Disponha as fatias de avocado sobre elas, os ovos e tempere com sal e pimenta. Polvilhe pimenta-calabresa, se desejar. Sirva quente.

Frango ao limão com alcaparras e farro

Na manutenção, você pode começar a comer mais grãos para aumentar um pouco os carboidratos. Esta versão do Frango ao limão com alcaparras (p. 172) inclui farro, um grão integral rico em fibras e proteínas que é uma delícia.

RENDIMENTO: 4 PORÇÕES

450 g de peito de frango sem pele e sem osso cortados ao meio

Sal e pimenta-do-reino moída a gosto

4 colheres (sopa) de manteiga clarificada (ghee) ou azeite de oliva

1 limões-sicilianos (suco de 1 limão e 1 limão cortado em fatias)

1 dente de alho cortado em fatias

2 colheres (sopa) de alcaparras escorridas

1 cebola grande cortada em fatias

4 xícaras (chá) de vagens picadas sem as pontas

¼ de xícara (chá) de amêndoas laminadas tostadas

4 xícaras (chá) de farro cozido morno

2 colheres (sopa) de manteiga com sal

1. Seque os pedaços de frango com papel-toalha e tempere-os com sal e pimenta.
2. Leve uma frigideira grande ao fogo médio-alto e adicione 1 colher (sopa) de manteiga clarificada. Quando a manteiga estiver quente frite os pedaços de frango, por 8 a 10 minutos, virando-os uma vez. Transfira para uma travessa, cubra e mantenha-os aquecidos.
3. Junte o suco de limão e mais 1 colher (sopa) de manteiga à frigideira, adicione o alho e as alcaparras e deixe ferver em fogo médio-alto. Adicione as fatias de limão, volte os pedaços de frango à frigideira e abaixe o fogo. Deixe cozinhar por 5 minutos.
4. Leve outra frigideira média ao fogo médio e aqueça a manteiga restante. Quando aquecer, adicione a cebola e as vagens e cozinhe por cerca de 3 minutos, até a cebola ficar transparente e as vagens al dente.
5. Junte as amêndoas à frigideira e misture bem.
6. Coloque o farro cozido e ainda morno em uma tigela e adicione a manteiga com sal para que ela derreta, misture bem. Disponha os pedaços de frango no centro de uma travessa, e as cebolas, as vagens e o farro ao redor deles.

Tofu com molho de amendoim e arroz integral

Este é um prato vegetariano de inspiração asiática, mas sem todos aqueles molhos adocicados. Esta versão de manutenção de Tofu com molho de amendoim (p. 165) oferece mais carboidratos com a adição do arroz integral, que é rico em fibras e magnésio.

RENDIMENTO: 4 PORÇÕES

390 g de tofu firme (momen) em um único pedaço

¼ de xícara (chá) de manteiga de amendoim sem açúcar

2 colheres (sopa) de tamari

2 colheres (sopa) de água

2 colheres (sopa) de adoçante estévia

4 xícaras (chá) de arroz integral cozido no vapor morno

1 colher (chá) de óleo de gergelim torrado

½ colher (chá) de pimenta-calabresa

1 colher (sopa) de gengibre fresco ralado

2¼ xícaras (chá) de brócolis picado

1 colher (sopa) de óleo de coco

1. Enrole o pedaço de tofu com duas folhas de papel-toalha. Coloque o tofu em um prato e coloque outro prato por cima dele. Disponha um recipiente pesado, como uma lata cheia, em cima do prato e deixe o pedaço de tofu sob pressão por pelo menos 30 minutos. Em seguida, corte o tofu em cubos de 1,5 cm; deverá render cerca de 1½ xícara.
2. Em uma tigela pequena, misture a manteiga de amendoim, o tamari, a água e o adoçante. Adicione o óleo de gergelim, a pimenta e o gengibre.
3. Cozinhe o brócolis no vapor por cerca de 5 minutos, até ficar macio. Mantenha aquecido.
4. Aqueça o óleo de coco em uma frigideira grande em fogo médio e, quando ele estiver derretido, grelhe o tofu por 10 a 15 minutos, virando de vez em quando, até dourar levemente.
5. Acrescente o molho à frigideira e misture até todo o tofu ficar envolto pelo molho. Disponha o arroz integral em tigelas individuais, cubra com a mistura de tofu e sirva acompanhado com o brócolis.

Salada com proteína vegetal e pouca gordura

Aqui está outro exemplo de como reduzir ligeiramente a gordura em uma receita – diminuindo o azeite de oliva e o tahine e usando meio avocado em vez de um inteiro. Esta é a versão de manutenção da Salada com proteína vegetal (p. 160).

RENDIMENTO: 2 PORÇÕES

PARA MARINAR O TEMPEH

- 2 colheres (sopa) de vinagre balsâmico
- 1 colher (sopa) de molho tamari ou shoyu
- 1 colher (sopa) de xarope de bordo
- ½ colher (chá) de alho em pó
- sal e pimenta-do-reino moída a gosto
- 120 g de tempeh cortado em cubos

PARA O TOFU

- 140 g de tofu soft ou firme (momen) cortado em cubos
- ½ colher (chá) de alho em pó
- 1 colher (sopa) de molho tamari ou shoyu
- sal e pimenta-do-reino moída a gosto

PARA A SALADA

- 1 xícara (chá) de brócolis cozido no vapor picado
- 2 xícaras (chá) de rúcula ligeiramente picada
- 1 xícara de pepino cortado em cubos
- 1 avocado picado
- 4 colheres (sopa) de sementes de cânhamo
- 2 colheres (chá) de tahine
- 1 colher (chá) de azeite de oliva
- suco de limão-siciliano a gosto

1. Prepare o tempeh: Misture o vinagre balsâmico, o tamari, o xarope de bordo, o alho em pó, o sal e a pimenta em uma tigela rasa. Adicione o tempeh e deixe marinar de duas horas a oito horas.
2. Preaqueça o forno a 200 °C. Unte uma assadeira pequena com spray culinário antiaderente ou forre-a com um tapete de silicone.
3. Transfira os cubos de tempeh para a assadeira e leve ao forno por 20 minutos. Regue com um pouco da marinada, se desejar.

4. Prepare o tofu: Coloque os cubos de tofu em uma assadeira e tempere com o alho em pó, o tamari, o sal e a pimenta e asse a 200 °C por 30 minutos, até o tofu ficar levemente dourado. (Se desejar, asse-o ao mesmo tempo em que assa o tempeh.)
5. Monte a salada: Coloque o brócolis, a rúcula, o pepino e o avocado em uma travessa grande. Adicione os cubos de tempeh e de tofu assados e misture bem. Polvilhe as sementes de cânhamo. Tempere com o tahine e o azeite e misture bem. Finalize com o suco de limão e sirva.

Panqueca de aveia

Este delicioso prato para o café da manhã ou o brunch substitui a farinha de linhaça da Panqueca de linhaça (p. 155) por farinha de aveia. A farinha de aveia é ligeiramente mais rica em carboidratos e é uma excelente fonte de fibras, vitaminas e minerais. Na verdade, tente usá-la no lugar da farinha de trigo para aumentar os bons carboidratos em qualquer receita que você tiver.

RENDIMENTO: 4 PORÇÕES

1 xícara (chá) de farinha de aveia

4 ovos grandes levemente batidos

⅓ de xícara (chá) de leite de amêndoas sem açúcar (ou outro tipo de leite vegetal), ou um pouco mais se necessário

2 colheres (chá) de suco de limão-siciliano

1 colher (chá) de fermento químico em pó

1 colher (chá) de essência de baunilha

1 colher (chá) de canela em pó

uma pitada de sal

½ colher (chá) de óleo de coco

4 colheres (sopa) de manteiga de amêndoas sem açúcar (pronta ou caseira – p. 202)

2 xícaras (chá) de mirtilos congelados

1. Em uma tigela grande, misture bem a farinha de linhaça, os ovos, o leite de amêndoas, o suco de limão, o fermento, a baunilha, a canela e o sal. Se a mistura ficar muito espessa, como uma massa de bolo, adicione, aos poucos, mais leite de amêndoas ou água, para que a massa fique mais líquida.
2. Aqueça uma frigideira grande antiaderente em fogo médio e coloque o óleo de coco. Quando o óleo estiver quente, coloque ¼ da massa e espalhe-a delicadamente com uma colher. Deixe fritar de um lado

por 2 ou 3 minutos ou até aparecerem bolhas e as bordas ficarem firmes, então vire e frite do outro lado por 2 ou 3 minutos. Mantenha as panquecas aquecidas em um prato coberto enquanto prepara as demais com o restante da massa. Não precisa colocar mais óleo na frigideira a cada panqueca que for fritar.

3. Enquanto isso, derreta a manteiga de amêndoas em uma pequena tigela no micro-ondas ou no fogão. Leve os mirtilos, em uma tigela média, também ao micro-ondas até descongelarem, ficarem aquecidos e suculentos.
4. Coloque as panquecas em um prato, espalhe um pouco de manteiga de amêndoas sobre elas e finalize com os mirtilos.

Estrogonofe de cogumelos com arroz integral cremoso

Na receita da página 176, o estrogonofe é servido com arroz de couve-flor. Aqui, ele é acompanhado por arroz integral, uma fonte fantástica de carboidratos de qualidade e fibras. Também aumentei a quantidade de iogurte e de salsinha e diminuí a de gordura.

RENDIMENTO: 4 PORÇÕES

PARA O ESTROGONOFE

5 xícaras (chá) de cogumelos-de-paris cortados ao meio

6 dentes de alho picados

1 cebola média cortada em fatias finas

2 xícaras (chá) de caldo de legumes

4 colheres (chá) de páprica defumada

2 colheres(sopa) de iogurte natural integral

sal e pimenta-do-reino moída a gosto

½ xícara (chá) de salsinha fresca picada

PARA O ARROZ CREMOSO

3 colheres (sopa) de azeite de oliva

4 xícaras (chá) de arroz integral cozido

2 dentes de alho amassados

1½ colher (chá) de sal

1 colher (chá) de pimenta-do-reino moída

½ xícara de caldo de legumes

2 colheres de manteiga clarificada (ghee) ou manteiga sem sal

2 colheres (sopa) de creme de leite fresco

1. Prepare o estrogonofe: Leve os cogumelos, o alho, a cebola, o caldo e a páprica em uma panela elétrica de cozimento lento e ajuste o timer para 4 horas. Você pode usar uma panela comum de fundo grosso e deixar cozinhar em fogo baixo lentamente, até o cogumelo ficar macio e o caldo engrossar.
2. Quando os cogumelos estiverem cozidos, junte o iogurte, tempere com sal e pimenta, e mantenha o estrogonofe aquecido.
3. Prepare o arroz cremoso: Leve uma panela grande ao fogo médio. Adicione o azeite e, quando estiver aquecido, coloque o arroz de couve-flor, o alho, o sal e a pimenta. Cozinhe por 3 minutos, mexendo delicadamente com uma colher de pau. Junte o caldo, tampe a panela, reduza o fogo e deixe cozinhar devagar por 12 minutos, mexendo de vez em quando com delicadeza.
4. Passado esse tempo, adicione a manteiga e o creme de leite à panela e deixe cozinhar em fogo baixo por 5 minutos, até o arroz ficar cremoso.
5. Sirva o estrogonofe com o arroz integral cremoso.

RECEITAS DE LANCHES

Torrada com banana

As bananas estão entre as frutas que você pode consumir na Dieta Galveston. Elas são uma ótima fonte de potássio e eletrólitos, e uma boa maneira de aumentar seus macros de carboidratos.

RENDIMENTO: 1 PORÇÃO

2 fatias de pão de grão germinado

1 colher (sopa) de manteiga de amêndoas sem açúcar (pronta ou caseira – p. 202)

1 banana média cortada em rodelas

Canela em pó (opcional)

Torre o pão no ponto desejado. Espalhe a manteiga de amêndoas sobre a torrada e cubra com as rodelas de banana. Se desejar, polvilhe canela.

Noite de Tâmaras

Tâmaras são uma deliciosa fonte de doçura natural. Além disso, são uma boa fonte de potássio, magnésio e ferro. As tâmaras também estão em alta nos índices que medem a atividade antioxidante. Assim, acompanhadas por um pouco de chocolate amargo, elas nos dão uma boa dose de antioxidantes e ótimos benefícios anti-inflamatórios.

RENDIMENTO: 1 PORÇÃO

28 g de chocolate amargo (70% ou mais)

2 tâmaras medjool sem caroço

Coloque o chocolate em uma tigela pequena e derreta-o no micro-ondas em potência baixa por 2 a 3 minutos. Mergulhe ou envolva as tâmaras no chocolate derretido.

Salada de grão-de-bico e tomate

Ao preparar receitas com vegetais como grão-de-bico, você obtém muitos carboidratos de qualidade, proteína e fibras em um único prato. Este lanche é fácil de fazer e repleto de benefícios.

RENDIMENTO: 1 PORÇÃO

1 xícara (chá) de grão-de-bico cozido

1 xícara (chá) de tomates-cereja cortados ao meio ou em quatro

2 azeitonas pretas extragrandes sem caroço cortadas em fatias

1 colher (sopa) de cebola picada

1 colher (sopa) de vinagre balsâmico

Em uma tigela média, junte o grão-de-bico, os tomates-cereja, as azeitonas e a cebola. Tempere com o vinagre e deixe marinar por 10 a 15 minutos antes de comer.

Salada de frutas de verão

Na manutenção, você come mais frutas frescas. Uma forma de apreciá-las é preparar uma salada como esta, que leva frutas coloridas e ricas em antioxidantes.

RENDIMENTO: 1 PORÇÃO

1 banana média cortada em rodelas

½ xícara (chá) de morangos frescos cortados em fatias

½ xícara (chá) de melancia cortada em cubos

Junte a banana, os morangos e a melancia em uma tigela média e bom apetite!

Maçã assada com canela e uva-passa

Um jeito fácil de aumentar a ingestão de carboidratos é combinar frutas em uma receita como esta. Aqui, combinamos maçã com uvas-passas, frutas ricas em carboidratos de qualidade, além de muitas fibras.

RENDIMENTO: 1 PORÇÃO

1 colher (chá) de manteiga com sal

¼ de xícara (chá) de uvas-passas

1 maçã média cortada ao meio sem as sementes

¼ de colher (chá) de canela em pó

Coloque a manteiga e as uvas na cavidade da maçã e polvilhe a canela. Disponha em uma tigela pequena e leve ao micro-ondas em potência média por 1 a 2 minutos ou até a maçã ficar levemente macia.

Dip de limão-siciliano e ricota com pera

Peras estão entre as frutas com maior quantidade de fibras. Aprecie-as com este dip delicioso.

RENDIMENTO: 4 PORÇÕES

1 xícara (chá) de ricota

1 limão-siciliano

2 colheres (sopa) de azeite de oliva

2 colheres (sopa) de manjericão fresco

4 peras cortadas em fatias

Coloque a ricota, o suco do limão, o azeite e o manjericão em uma tigela pequena. Misture bem e sirva com as fatias de pera.

Comendo fora de casa

A Dieta Galveston é tão versátil e abrange tantos alimentos que você não está condenada a cozinhar todas as suas refeições em casa; você só precisa fazer escolhas adequadas quando for para comer fora.

Os restaurantes estão servindo alimentos saudáveis e frescos com frequência cada vez maior. Muitos cardápios incluem variedades de carnes e peixes grelhados, legumes frescos de todos os tipos e muitos outros ingredientes saudáveis. Como resultado, não é difícil sair para comer enquanto vive o estilo de vida da Dieta Galveston.

Como regra, lembre-se apenas de escolher itens do cardápio com base no padrão de alimentação de proteínas magras, vegetais (como uma salada como acompanhamento e/ou legumes pobres em carboidratos) e um amido saudável, como uma batata-doce pequena ou uma porção pequena de arroz integral.

Por exemplo, escolha um prato composto por carne magra (como contrafilé ou filé mignon) grelhada ou frango ou peru assados ou peixe no vapor. Para acompanhar, escolha vegetais ou saladas com molho vinagrete, e pronto.

Não receie pedir substituições ou adições. Hoje, mais do que nunca, os restaurantes ficam satisfeitos em acomodar pedidos especiais, como retirar as fritas e dobrar os legumes de um prato. Os alimentos não alinhados com suas metas não serão perdidos e não ficarão encarando e tentando você!

Por mais saudáveis que as opções estejam se tornando, as porções, na maioria dos restaurantes, são muito maiores do que você comeria em casa. Assim, lembre-se, de parar de comer quando estiver satisfeita, não coma tudo. Leve o que sobrar para casa, para consumir em uma outra refeição.

Aqui vão algumas dicas específicas para comer fora que serão úteis quando você adotar o estilo de vida da Dieta Galveston.

Lanchonetes e hamburguerias. Em muitos desses estabelecimentos, você pode pedir para prepararem os hambúrgueres e outros sanduíches recheados de proteínas em folhas de alface gigantes em vez de em pães. Essa opção é uma ótima forma de eliminar carboidratos processados de sua refeição.

Bowls e entradas de saladas. Adoro vê-las nos cardápios, principalmente porções que geralmente substituem refeições completas nos cardápios. Você pode pedir um bowl (ou salada) composto por proteína, alface, legumes, um pouco de queijo, molho e guacamole, por exemplo. Qualquer salada pode ser uma ótima entrada quando acompanhada por frango grelhado ou camarões, legumes e avocado em fatias. Adicionar nozes à mistura pode ser desafiador, mas muitos restaurantes oferecem carne ou frango grelhados que podem vir acompanhados de salada, arroz ou uma pequena vasilha de feijão-preto ou charro[1]. Alguns restaurantes mexicanos oferecem tortillas ricas em fibras que podem ser recheadas com carne ou feijão.

Restaurantes asiáticos. Eles oferecem uma variedade de carnes, frutos do mar e legumes preparados em uma wok. O segredo aqui é pedir o prato com um molho light e um pouco de arroz integral. Molho black bean, por exemplo, pode ser uma escolha saudável. Outras boas escolhas incluem legumes no vapor ou levemente refogados; certifique-se de pedir uma porção extra de legumes com cada prato.

Além disso, legumes ou frango moo shu ou moo goo gai pan geralmente vêm com muitos vegetais como repolho, cogumelos, cenoura, castanhas, broto de bambu e, às vezes, castanha-de-caju, e aromatizados com gengibre e alho. Experimente uma sopa asiática como entrada. Ela realmente vai deixá-la satisfeita.

Churrascarias. Opções tradicionais como bife, frango ou peixe grelhado, saladas e legumes frescos são fáceis de encontrar. Certifique-se apenas de que os pratos não venham acompanhados de molhos ou coberturas adocicados. Ou verifique se a proteína pode ser acompanhada por cogumelos refogados. Muitos restaurantes oferecem saladas como entrada que podem ser montadas de acordo com a Dieta Galveston.

Restaurantes gregos e mediterrâneos. Escolha os itens deliciosos e saudáveis que encontrará nesses cardápios, como carnes grelhadas e saladas gregas. Para um prato vegetariano, peça homus com pepino em fatias (sempre melhor que o pão pita).

Italianos. A culinária italiana não é composta só de massas! Na verdade, na Itália há muitas regiões onde elas quase não são consumidas. Quando você vai a um restaurante italiano, procure a *secondi* parte do cardápio — na qual os pratos sem massas geralmente estão escondidos. Monte sua refeição com uma proteína magra como bife, frango ou peixe. Evite o pão e aproveite os legumes frescos temperados com azeite de oliva.

---

1 Feijão de preparo tradicional mexicano. [N. da T.]

Indianos. Frango tandoori é sempre uma aposta certa. Acompanhe-o com legumes ou uma pequena porção de grão-de-bico ao curry. Essa culinária normalmente usa muitos temperos anti-inflamatórios.

Pizza. Prefira massas integrais e cubra-as com muitos legumes como pimentão, cebola e cogumelos. Não esqueça algumas azeitonas, para um pouco de gordura.

Café da manhã. Se você tomar o café da manhã fora de casa (ou em um intervalo de seu jejum matinal), escolha ovos, uma pequena porção de frutas e, talvez, um pouco de bacon. Omeletes de legumes também são uma ótima escolha.

Outras diretrizes para a mudança de seu estilo de vida

À medida que as três ações descritas em *A Dieta Galveston* se tornarem hábitos, você desejará fazer outras escolhas inteligentes e saudáveis para o seu estilo de vida. Dormir o suficiente, praticar exercícios e fazer uma autorreflexão contínua a ajudarão a solidificar esses hábitos.

Durma bem e fique saudável – a vida toda

Economizar no sono pode parecer uma boa forma de inserir algumas horas produtivas a mais em seu cotidiano movimentado, mas a sua saúde pagará um preço alto por isso.

Caso você note que sente mais fome e deseja alimentos não saudáveis quando não dorme o suficiente, responsabilize os hormônios. Estudos mostram que quando dormimos quatro ou cinco horas por noite, a grelina, o hormônio da fome, aumenta — e ficamos realmente famintas no dia seguinte.

Além disso, quando você não dorme, seu corpo libera cortisol. A elevação do cortisol manda o fígado liberar a glicose armazenada. E ele também limita a insulina. Assim, os níveis de açúcar no sangue sobem, fazendo com que você queira comer certos alimentos, geralmente carboidratos doces. Outros estudos também associaram a falta de sono à depressão e à ansiedade, ambas prevalentes na meia-idade, assim como a resistência à insulina, que desencadeia a elevação da pressão arterial, doenças cardíacas e diabetes tipo 2.

Uma das melhores formas de melhorar o sono é criar um ritual — algo parecido com o que fazíamos com as crianças quando eram pequenas. A rotina da hora de dormir da minha filha incluía um banho e ler uma história na hora de deitar.

Faça algo semelhante para você agora. Um ritual noturno consistente mostra ao cérebro e ao corpo que deve começar a desacelerar para a noite. Algumas ideias para criar seu próprio ritual de sono são as seguintes:

- Use ruído branco ou tampões de ouvido, ou silencie o celular para diminuir interrupções. Ainda melhor, deixe o celular em outro aposento para evitar a tentação.
- À noite, diminua a exposição à luz brilhante e azul (dos eletrônicos) de 45 a 60 minutos antes de dormir.
- Defina um horário para dormir. Planeje antes que a sua semana fique agitada. Examine seus horários e inclua um horário viável para ir dormir. Vá para a cama e levante-se no mesmo horário todos os dias. Segundo a maioria das orientações médicas, a quantidade de sono ideal para os adultos é de sete a oito horas por noite.
- Adote cochilos. Tire um breve cochilo quando puder. Se você trabalha por turnos e não dorme o suficiente, os cochilos podem ajudá-la a ficar acordada quando precisar e evitar a falta de sono. Mesmo que esse não seja o seu caso, não se prive de um cochilo de 15 a 30 minutos quando estiver cansada. Qualquer período mais longo que esse poderá interromper sua programação de sono à noite.
- Evite estimulantes como cafeína, álcool e nicotina pelo menos seis horas antes de ir para a cama. Essas três substâncias têm o potencial de afetar a qualidade e a duração do sono.

Mantenha-se ativa

Se você começou a fazer exercícios ou intensificou sua rotina de treinos ao adotar a Dieta Galveston, desejará manter essa programação, principalmente para controlar o peso e os sintomas da meia-idade.

Os exercícios são muito importantes agora. Eles alteram sua composição corporal, aumentando a massa muscular magra e reduzindo a massa de gordura. Essas mudanças ajudam a manter seu novo peso saudável.

Eles também melhoram sua densidade mineral óssea (DMO) e, assim, evitam ou detêm a osteoporose, a perda óssea que é uma das maiores preocupações das mulheres ao entrarem na menopausa. Na verdade, a principal recomendação para evitar a osteoporose é exercitar-se regularmente.

Sabe aquelas dores no corpo que você tem enfrentado? Exercite-se para livrar-se delas. A maioria dos sintomas de dor nessa etapa da vida está associada à artrite, dores no quadril ou desconforto no final da coluna. Pode parecer contraintuitivo, mas quanto mais você trabalha "esses pontos difíceis", menos eles doerão no longo prazo.

Em *A Dieta Galveston,* falei muito sobre gordura visceral e seus perigos. Assim como as três ações da dieta visam essa gordura especialmente difícil de perder, o exercício regular realmente "move" a gordura do seu abdome e a distribui mais uniformemente em seu corpo.

Acompanhando a dieta anti-inflamatória, os exercícios protegem contra doenças/complicações relacionadas à obesidade, incluindo diabetes tipo 2, pressão arterial elevada, certos tipos de câncer, gordura no fígado etc. A atividade física regular também reduz o risco de desenvolver câncer de mama.

Eu também adoro exercícios por causa de como eles me fazem sentir mental e emocionalmente. Eles melhoram meu ânimo e aliviam o estresse. Sinto-me mais confiante e produtiva no meu dia a dia quando assumo e mantenho meu compromisso de movimentar o corpo. E você também se beneficiará.

Compreenda que nunca é tarde para começar a ser mais ativa. Se você se sente sobrecarregada pela perspectiva de acrescentar exercícios à sua já movimentada vida ou se sente derrotada por anos de inatividade, não desista. Qualquer quantidade de exercício — uma caminhada diária de 20 minutos, uma aula de ioga de meia hora, algum treinamento de musculação duas vezes por semana, um esporte divertido — que você puder adicionar à sua vida, em qualquer idade, aumentará em muito sua saúde e sua qualidade de vida. As pesquisas são claras: poucas escolhas melhoram a vida e a expectativa de vida tanto quanto os exercícios. Assim, pratique-os, e você se sentirá ótima. Não pense neles como uma opção, mas como uma obrigação!

Finalmente...

Você se lembra do diário que pedi para fazer no início deste livro? Bem, pegue-o agora e reflita um pouco. Observe quão longe você chegou. Mas também olhe para o futuro. Você ainda tem muito para viver. Como quer que essa vida seja? Como descreveria a vida de seus sonhos?

Responda essas perguntas sem limitações, como se tivesse a garantia de não falhar, mas de ter tudo o que quer. Permita-se expressar seus desejos, suas aspirações e o que realmente quer fazer com o resto da sua vida.

Suas metas podem envolver restaurar relacionamentos desfeitos... ou fazer a diferença no mundo... ou até algo mais específico, como ficar saudável e íntegra para usufruir da companhia dos netos algum dia (essa é uma das minhas).

É esse tipo de honestidade e clareza que nos inspira a fazer o que é importante na jornada que nos espera e nos ajuda a viver com a esperança de que algo maravilhoso está para acontecer todos os dias.

Você está entrando na etapa mais gratificante da vida. Desfrute-a!

REFERÊNCIAS

Capítulo 1

AMERICAN HEART ASSOCIATION. *Menopause and Heart Disease*. Disponível em: www.heart.org. Acesso em: 31 jul. 2015.

Chopra, S. *et al.* Weight management module for perimenopausal women: a practical guide for gynecologists. *Journal of Mid-Life Health*, n. 10, p. 165-72, out.-dez. 2019.

Dunneram, Y. *et al.* Dietary patterns and age at natural menopause: evidence from the UK women's cohort study. *Maturitas*, n. 143, p. 165-70, jan. 2021.

Malabanan, A. O.; Holick, M. F.. Vitamin D and bone health in postmenopausal women. *Journal of Women's Health*, n. 12, v. 2, p. 151-56, mar. 2003.

Saccomani, S. *et al.* 2017. Does obesity increase the risk of hot flashes among midlife women?: a population-based study. *Menopause*, n. 24, v. 9, p. 1065-70, set. 2017.

Thurston, R. C. *et al.* 2008. Abdominal adiposity and hot flashes among midlife women. *Menopause*, n.15, v. 3, p. 429-34, maio-jun. 2008.

Capítulo 2

Aune, D. *et al.* Fruit and vegetable intake and the risk of cardiovascular disease, total cancer and all-cause mortality: a systematic review and dose-response meta-analysis of prospective studies. *International Journal of Epidemiology*, n. 46, v. 3, p. 1029-56, jun. 2017.

Ludwig, D. *et al.* The carbohydrate-insulin model: a physiological perspective on the obesity pandemic. *American Journal of Clinical Nutrition*, n. 114, v. 6, p. 1873-85, dez. 2021.

Misra, S.; Mohanty, D. Psychobiotics: A new approach for treating mental illness?. *Critical Reviews in Food Science and Nutritioni*, n. 59, v. 8, p. 1230-36, 2019.

Pereira, M. *et al.* Fast-food habits, weight gain, and insulin resistance (the CARDIA study): 15-year prospective analysis. *The Lancet*, n. 365, v. 9453, p. 36-42, jan. 2005.

Steptoe, A. *et al.* The effects of tea on psychophysiological stress responsivity and post-stress recovery: a randomised double-blind trial. *Psychopharmacology*, n. 190, v. 1, p. 81-89, jan. 2007.

Capítulo 3

Egger, G. The case for using waist to hip ratio measurements in routine medical checks. *Medical Journal of Australia*, n. 156, v. 4, p. 280-85, fev. 1992.

Capítulo 4

Alirezaei, M. *et al.* Short-term fasting induces profound neuronal autophagy. *Autophagy*, n. 6, v. 6, p. 702-10, ago. 2010.

Baik, S. H. *et al.* Intermittent fasting increases adult hippocampal neurogenesis. *Brain and Behavior*, n. 10, v. 1, p. e01444, jan. 2020.

Barnosky, A. R. *et al.* Intermittent fasting vs. daily calorie restriction for type 2 diabetes prevention: a review of human findings. *Translational Research*, n. 164, v. 4, p. 302-11, out. 2014.

Collier, R. Intermittent fasting: the science of going without. *Canadian Medical Association Journal*, n. 185, v. 9, p. e363-64, jun. 2013.

de Cabo, R.; Mattson, M. P. Effects of intermittent fasting on health, aging, and disease. *New England Journal of Medicine*, n. 381, v. 26, p. 2541-51, dez. 2019.

Guolin, L. *et al.* Intermittent fasting promotes white adipose browning and decreases obesity by shaping the gut microbiota. *Cell Metabolism*, n. 26, v. 4, p. 672-85, out. 2017.

Hartman, M. L. *et al.* Augmented growth hormone (GH) secretory burst frequency and amplitude mediate enhanced GH secretion during a two-day fast in normal men. *Journal of Clinical Endocrinology and Metabolism*, n. 74, v. 4, p. 757-65, abr. 1992.

Ho, K. Y. *et al.* Fasting enhances growth hormone secretion and amplifies the complex rhythms of growth hormone secretion in man. *Journal of Clinical Investigation*, n. 81, v. 4, p. 968-75, abr. 1988.

Horne, B. D. *et al.* Intermittent fasting and changes in galectin-3: a secondary analysis of a randomized controlled trial of disease-free subjects. *Nutrition, Metabolism, and Cardiovascular Diseases*, n. 32, v. 6, p. 1538-48, jun. 2022.

Jordan, S. *et al.* Dietary intake regulates the circulating inflammatory monocyte pool. *Cell*, n. 178, v. 5, p. 1102-14.e17, ago. 2019.

Klempel, M. C. *et al.* Intermittent fasting combined with calorie restriction is effective for weight loss and cardio-protection in obese women. *Nutrition Journal*, n. 11, p. 98, nov. 2012.

Lean, M. Ej. *et al.* Primary care-led weight management for remission of type 2 diabetes (DiRECT): an open-label, cluster-randomised trial. *The Lancet*, n. 391, p. 541-51, fev. 2018.

Longo, V. D. *et al.* Interventions to slow aging in humans: are we ready? *Aging Cell*, n. 14, v. 4, p. 497-510, ago. 2015.

Longo, V. D.; Mattson, M. P. Fasting: molecular mechanisms and clinical applications. *Cell Metabolism*, n. 19, v. 2, p. 181-92, jan. 2014.

Mattson, M. *et al.* Meal frequency and timing in health and disease. *Proceedings of the National Academy of Sciences of the United States of America* n. 111, v. 47, p. 16647-53, nov. 2014.

Mattson, M. P. *et al.* Impact of intermittent fasting on health and disease processes. *Ageing Research Reviews*, n. 39, p. 46-58, out. 2017.

Mindikoglu, A. L. *et al.* Intermittent fasting from dawn to sunset for 30 consecutive days is associated with anticancer proteomic signature and upregulates key regulatory proteins of glucose and lipid metabolism, circadian clock, DNA repair, cytoskeleton remodeling, immune system and cognitive function in healthy subjects. *Journal of Proteomics*, n. 217, p. 103645, abr. 2020.

Nair, P. M.; Khawale, P. G. Role of therapeutic fasting in women's health: an overview. *Journal of Mid-Life Health*, n. 7, v. 2, p. 61-4, abr.-jun., 2016.

Natalucci, G. *et al.* Spontaneous 24-h ghrelin secretion pattern in fasting subjects: maintenance of a meal-related pattern. *European Journal of Endocrinology*, n. 152, v. 6, p. 845-50, jun. 2005.

Patterson, R. E. *et al.* Intermittent fasting and human metabolic health. *Journal of the Academy of Nutrition and Dietetics*, n. 115, v. 8, p. 1203-12, ago. 2015.

Patterson, R. E.; Sears, D. D. Metabolic effects of intermittent fasting. *Annual Review of Nutrition*, n. 37, p. 371-93, ago. 2017.

Ravussin, E. *et al.* Early time-restricted feeding reduces appetite and increases fat oxidation but does not affect energy expenditure in humans. *Obesity*, n. 27, v. 8, p. 1244-54, ago. 2019.

Tinsley, G. M.; La Bounty, P. M. Effects of intermittent fasting on body composition and clinical health markers in humans. *Nutrition Reviews*, n. 73, v. 10, p. 661-74, out. 2015.

Varady, K. A. *et al.* Short-term modified alternate-day fasting: a novel dietary strategy for weight loss and cardioprotection in obese adults. *American Journal of Clinical Nutrition*, n. 90, v. 5, p. 1138-43, nov. 2009.

Wilkinson, M. J. *et al.* Ten-hour time-restricted eating reduces weight, blood pressure, and atherogenic lipids in patients with metabolic syndrome. *Cell Metabolism*, n. 31, v. 1, p. 92-104.e5, jan. 2020.

Wegman, M. P. *et al.* Practicality of intermittent fasting in humans and its effect on oxidative stress and genes related to aging and metabolism. *Rejuvenation Research*, n. 18, v. 2, p. 162-72, abr. 2015.

Capítulo 5

Au, A. *et al.* Estrogens, inflammation and cognition. *Frontiers in Neuroendocrinology*, n. 40, p. 87-100, jan. 2016.

Bosma-den Boer, M. M. *et al.* Chronic inflammatory diseases are stimulated by current lifestyle: how diet, stress levels and medication prevent our body from recovering. *Nutrition & Metabolism*, n. 9, v. 1, p. 32, abr. 2012.

Gambardella J.; Santulli, G. Integrating diet and inflammation to calculate cardiovascular risk. *Atherosclerosis*, n. 253, p. 258-61, out. 2016.

Myles, I. A. Fast food fever: reviewing the impacts of the western diet on immunity. *Nutrition Journal*, n. 13, p. 61, jun. 2014.

Nettleton, J. A. *et al.* Dietary patterns are associated with biochemical markers of inflammation and endothelial activation in the Multi-Ethnic Study of Atherosclerosis (MESA). *American Journal of Clinical Nutrition*, n. 83, v. 6, p. 1369-79, jun. 2006.

Rogero, M. M.; Calder, P. C. Obesity, inflammation, toll-like receptor 4 and fatty acids. *Nutrients*, n. 10, v. 4, p. 432, mar. 2018.

Sears, B.; Ricordi, C. Anti-inflammatory nutrition as a pharmacological approach to treat obesity. *Journal of Obesity*, 2011.

Serafini, M.; Peluso, I. Functional foods for health: the interrelated antioxidant and anti-inflammatory role of fruits, vegetables, herbs, spices and cocoa in humans. *Current Pharmaceutical Design*, n. 22, v. 44, p. 6701-15, 2016.

Shieh, A. *et al.* Gut permeability, inflammation, and bone density across the menopause transition. *JCI Insight*, n. 5, v. 2, p. e134092, jan. 2020.

Zhu, F. *et al.* Anti-inflammatory effects of phytochemicals from fruits, vegetables, and food legumes: a review. *Critical Reviews in Food Science and Nutrition*, n. 58, v. 8, p. 1260-70, maio 2018.

Capítulo 6

Arnold, K. *et al.* Improving diet quality is associated with decreased inflammation: findings from a pilot intervention in postmenopausal women with obesity. *Journal of the Academy of Nutrition and Dietetics*, n. 118, v. 11, p. 2135-43, nov. 2018.

Lennerz, B.; Lennerz, J. K. Food addiction, high-glycemic-index carbohydrates, and obesity. *Clinical Chemistry*, n. 64, v. 1, p. 64-71, jan. 2018.

Lenoir, M. *et al.* Intense sweetness surpasses cocaine reward. *PLoS ONE*, n. 2, v. 8, p. e698, ago. 2007.

Madsen, H. B.; Ahmed, S. H. Drug versus sweet reward: greater attraction to and preference for sweet versus drug cues. *Addiction Biology*, n. 20, v. 3, p. 433-44, maio 2015.

Seidelmann, S. B. *et al.* Dietary carbohydrate intake and mortality: a prospective cohort study and meta-analysis. *Lancet Public Health*, n. 3, v. 9, p. e419-28, set. 2018.

Tabung, F. K. *et al.* The Association between dietary inflammatory index and risk of colorectal cancer among postmenopausal women: results from the Women's Health Initiative. *Cancer Causes Control*, n. 26, v. 3, p. 399-408, mar. 2015.

Wise, P. M. *et al.* Reduced dietary intake of simple sugars alters perceived sweet taste intensity but not perceived pleasantness. *American Journal of Clinical Nutrition*, n. 103, v. 1, p. 50-60, jan. 2016.

Capítulo 7

Abbasi, B. *et al.* The effect of magnesium supplementation on primary insomnia in elderly: a double-blind placebo-controlled clinical trial. *Journal of Research in Medical Sciences*, n. 17, v. 12, p. 1161-69, dez. 2012.

Bacciottini, L. *et al.* Phytoestrogens: food or drug?. *Clinical Cases in Mineral and Bone Metabolism*, n. 4, v. 2, p. 123-30, maio-ago. 2007.

Barbagallo, M. *et al.* Magnesium in aging, health and diseases. *Nutrients*, *n.* 13, v. 2, p. 463, jan. 2021.

Barnard, N. D. *et al.* The Women's Study for the Alleviation of Vasomotor Symptoms (WAVS): a randomized, controlled trial of a plant-based diet and whole soybeans for postmenopausal women. *Menopause*, n. 28, v. 10, p. 1150-56, jul. 2021.

Cangusso, L. M. *et al.* Effect of vitamin D supplementation alone on muscle function in postmenopausal women: a randomized, double-blind, placebo-controlled clinical trial. *Osteoporosis International*, n. 26, v. 10, p. 2413-21, out. 2015.

Chacko, S. A. *et al.* Relations of dietary magnesium intake to biomarkers of inflammation and endothelial dysfunction in an ethnically diverse cohort of postmenopausal women. *Diabetes Care*, n. 33, v. 2, p. 304-10, fev. 2010.

Chen, S. *et al.* Dietary fibre intake and risk of breast cancer: a systematic review and meta-analysis of epidemiological studies. *Oncotarget*, n. 7, v. 49, p. 80980-89, dez. 2016.

Cheng, Y. C. *et al.* The effect of vitamin D supplement on negative emotions: a systematic review and meta-analysis. *Depression and Anxiety*, n. 37, v. 6, p. 549-64, jun. 2020.

Durosier-Izart, C. *et al.* Peripheral skeleton bone strength is positively correlated with total and dairy protein intakes in healthy postmenopausal women. *American Journal of Clinical Nutrition*, n. 105, v. 2, p. 513-25, fev. 2017.

Durrant. L. R. *et al.* Vitamins D2 and D3 have overlapping but different effects on the human immune system revealed through analysis of the blood transcriptome. *Frontiers in Immunology*, n. 13, p. 790444, fev. 2022.

Estébanez, N. *et al.* Vitamin D exposure and risk of breast cancer: a meta-analysis". *Scientific Reports*, n. 8, v. 1, p. 9039, jun. 2018.

Fowke, J. H. *et al.* Brassica vegetable consumption shifts estrogen metabolism in healthy postmenopausal women. *Cancer Epidemiology, Biomarkers & Prevention*, n. 9, v. 8, p. 773-79, ago. 2000.

Hairston, K. G. *et al.* lifestyle factors and 5-year abdominal fat accumulation in a minority cohort: the IRAS family study. *Obesity*, n. 20, v. 2, p. 421-27, fev. 2012.

Kim, J. M.; Park, Y. J. Probiotics in the prevention and treatment of postmenopausal vaginal infections: review article. *Journal of Menopausal Medicine*, n. 23, v. 3, p. 139-45, dez. 2017.

Kroenke, C. H. *et al.* Effects of a dietary intervention and weight change on vasomotor symptoms in the Women's Health Initiative. *Menopause*, n. 19, v. 9, p. 980-88, set. 2012.

Maalmi, H. *et al.* Serum 25-hydroxyvitamin D levels and survival in colorectal and breast cancer patients: systematic review and meta-analysis of prospective cohort studies. *European Journal of Cancer*, n. 50, v. 8, p. 1510-1, maio 2014.

Masoudi, A. N. *et al.* Fatigue and vitamin D status in Iranian female nurses. *Global Journal of Health Science*, n. 8, v. 6, p. 196-202, jun. 2016.

Mossavar-Rahmani, Y. *et al.* Artificially sweetened beverages and stroke, coronary heart disease, and all-cause mortality in the Women's Health Initiative. *Stroke*, n. 50, v. 3, p. 555-62, mar. 2019.

Orchard, T. S. *et al.* Magnesium intake, bone mineral density, and fractures: results from the Women's Health Initiative Observational Study. *American Journal of Clinical Nutrition*, n. 99, v. 4, p. 926-33, abr. 2014.

Parra, D. *et al.* A diet rich in long chain omega-3 fatty acids modulates satiety in overweight and obese volunteers during weight loss. *Appetite*, n. 51, v. 3, p. 676-80, nov. 2008.

Parazzini, F. Resveratrol, tryptophanum, glycine and vitamin E: a nutraceutical approach to sleep disturbance and irritability in peri-and post-menopause. *Minerva Ginecologica*, n. 67, v. 1, p. 1-5, fev. 2015.

Piuri, G. *et al.* Magnesium in obesity, metabolic syndrome, and type 2 diabetes. *Nutrients*, n. 13, v. 2, p. 320, jan. 2021.

Rondanelli, M. *et al.* An update on magnesium and bone health. *Biometals*, n. 34, v. 4, p. 715-36, maio 2021.

Santoro, N. *et al.* Menopausal symptoms and their management. *Endocrinology and Metabolism Clinics of North America*, n. 44, v. 3, p. 497-515, set. 2015.

Zhang, Y. Y. *et al.* Efficacy of omega-3 polyunsaturated fatty acids supplementation in managing overweight and obesity: a meta-analysis of randomized clinical trials. *Journal of Nutrition, Health, and Aging*, n. 21, v. 2, p. 187-92, 2017.

Capítulo 10

Ayas, N. T. *et al.* A prospective study of sleep duration and coronary heart disease in women. *Archives of Internal Medicine*, n. 163, v. 2, p. 205-9, jan. 2003.

Bayon, V. *et al.* Sleep debt and obesity. *Annals of Medicine*, n. 46, v. 5, p. 264-72, ago. 2014.

Hanson, J. A.; Huecker, M. R. Sleep Deprivation. *In*: *StatPearls*. Treasure Island, FL: StatPearls Publishing, 2022.

Steger, F. L *et al.* Intermittent and continuous energy restriction result in similar weight loss, weight loss maintenance, and body composition changes in a 6 month randomized pilot study. *Clinical Obesity*, n. 11, v. 2, p. e12430, abr. 2021.

RECURSOS

Os recursos a seguir são os que recomendo para ajudar sua jornada na Dieta Galveston a se tornar ainda mais bem-sucedida.

Livros

Seu cérebro bem alimentado: um guia indispensável para os surpreendentes alimentos que combatem distúrbios como depressão, ansiedade, demência, TOC, insônia e mais
Dra. Uma Naiboo
Editora Fontanar – 2021

The intermittent fasting revolution: the science of optimizing health and enhancing Performance
Mark P. Mattson
The MIT Press – 2022

Hooked: food, free will, and how the food giants exploit our addictions
Michael Moss
Random House Publishing Group – 2021

Mini-hábitos: como alcançar grandes resultados com o mínimo esforço
Stephen Guise
Objetiva – 2019

Indomável
Glennon Doyle
Harper Collins – 2020

O código da obesidade: decifrando os segredos da prevenção e cura da obesidade
Dr. Jason Fung
nVersos – 2018

O código do diabetes: previna e reverta naturalmente o diabetes tipo 2
Dr. Jason Fung
nVersos – 2018

Em defesa da comida: um manifesto
Michael Pollan
Intrínseca – 2008

The longevity solution: rediscovering centuries-old secrets to a healthy, long life
Dr. James DiNicolantonio e Dr. Jason Fung
Victory Belt Publishing – 2019

Hábitos atômicos: um método fácil e comprovado de criar bons hábitos e se livrar dos maus
James Clear
Alta Life – 2019

Sal, açúcar, gordura: como a indústria alimentícia nos fisgou
Michael Moss
Intrínseca – 2015

Metabolical: the lure and the lies of processed food, nutrition, and modern medicine
Robert Lustig, MD, MSL
Harper Wave – 2021

Trilhas sonoras da mente: a surpreendente solução para quem está cansado de pensar demais
Jon Acuff
Sextante – 2023

Tempo de vida: por que envelhecemos — e por que não precisamos
Dr. David Sinclair e Matthew LaPlante
Alta Cult – 2021

Podcasts [conteúdos em inglês]

Weight Loss for Food-Lovers
You Are Not Broken by Kelly Casperson, MD
The Life Coach School
Unlocking Us with Brené Brown
We Can Do Hard Things with Glennon Doyle
The Improvement Project
Tara Brach

Sites e Mídias Sociais [conteúdos em inglês]

Doctor Referral Program: www.galvestondiet.com/recommended-physicians/

Galveston for Life Community: www.community.galvestondiet.com/home

The Galveston Diet Perimenopause Quiz: www.galvestondiet.com / perimenopause-quiz/

The Galveston Diet Nutritional Anti-Inflammation Quiz: www.galvestondiet.com/nutritional-anti-inflammation-quiz/

The Galveston Diet Supplements: www.shop.galvestondiet.com/

The Galveston Diet Website: www.galvestondiet.com

The Galveston Diet Blogs: www.galvestondiet.com/blogs

The Galveston Diet Supplements: shop.galvestondiet.com

The Galveston Diet Workout: www.galvestondiet.com

Facebook: The Galveston Diet Mary Claire Haver, MD

Instagram: @the.galveston.diet

YouTube: @Mary Claire Haver, MD

TikTok: @drmaryclaire

Cronometer for The Galveston Diet: www.cronometer.com/galveston/

AGRADECIMENTOS

Tenho muitas pessoas a agradecer por me ajudarem a escrever este livro e, com ele, abrir a porta para um público ainda maior. Sou grata:

Às minhas pacientes, que me inspiram todos os dias.

Aos meus seguidores, que me ensinaram a ser uma profissional melhor e me inspiraram a preencher as lacunas em meu treinamento e em meus conhecimentos.

À minha família: Chris Haver, por sua confiança incondicional; Katherine Haver, por me manter firme em meus conhecimentos de ciência da nutrição; e Madeline Haver, que me mantém firme nas mídias sociais e em todos os aspectos da maternidade.

Às primeiras voluntárias que testaram o programa e proporcionaram um feedback inestimável.

Às primeiras colaboradoras do programa: Cara Coza, Heidi Seigel, Stephanie Vasut, Stephanie Haver, Leah Pastor e Dra. Alison Warlick.

Aos que me inspiraram: Dra. Kelly Casperson, Dra. Shannon Claark, Dr. David Sinclair e Dr. Tony Youn.

À equipe da Dieta Galveston: Jen Pearson, Margaret Walsh, Michelle Jones, Ashley Simon, Victoria Thomas, Dwan Drogosch, Jamie Hadley, Sara Joseph, Zach Toth, Ani Hadjinian, Kathy Champagne, Cody Wright e Judy Corsmeier.

À minha equipe editorial: Marnie Cochran, Heather Jackson e Maggie Greenwood-Robinson.

ÍNDICE

A

C

D

E

F

G

Q

R

S

T

V

SOBRE A AUTORA

Dra. Mary Claire Haver é obstetra e ginecologista certificada e Especialista Certificada de Medicina Culinária em nutrição médica. Com uma próspera clínica em Houston, Texas, ela fez o parto de milhares de bebês, completou milhares de exames relativos à saúde feminina e regularmente orienta suas pacientes sobre questões de saúde. Ela desenvolveu um protocolo avançado para perda de peso em um programa de assinatura online, pelo qual ajudou mais de 100 mil mulheres a perder peso, queimar gorduras e entrar em forma de modo permanente. A Dra. Haver mora com o marido e duas filhas em Galveston, Texas.

www.galvestondiet.com [conteúdo em inglês]
@the.galveston.diet

Este livro foi impresso nas oficinas gráficas da Editora Vozes Ltda.,
Rua Frei Luís, 100 – Petrópolis, RJ.